LES PREMIERS COLONS

DE SOUCHE EUROPÉENNE

DANS L'AFRIQUE DU NORD

PAR

L. BERTHOLON

CORRESPONDANT HONORAIRE DU MINISTÈRE DE L'INSTRUCTION PUBLIQUE
SECRÉTAIRE GÉNÉRAL DE L'INSTITUT DE CARTHAGE
MEMBRE DES SOCIÉTÉS D'ANTHROPOLOGIE DE PARIS ET DE LYON
CORRESPONDANT POUR L'AFRIQUE DU NORD DE L'INSTITUT ANTHROPOLOGIQUE
DE GRANDE-BRETAGNE ET D'IRLANDE
DE LA SOCIÉTÉ DANOISE DE GÉOGRAPHIE, ETC.

SECONDE PARTIE

ORIGINE & FORMATION DE LA LANGUE BERBÈRE

PARIS

ERNEST LEROUX, ÉDITEUR
Rue Bonaparte, 28

1907

LES PREMIERS COLONS

DE SOUCHE EUROPÉENNE

DANS L'AFRIQUE DU NORD

PAR

L. BERTHOLON

CORRESPONDANT HONORAIRE DU MINISTÈRE DE L'INSTRUCTION PUBLIQUE

SECRÉTAIRE GÉNÉRAL DE L'INSTITUT DE CARTHAGE

MEMBRE DES SOCIÉTÉS D'ANTHROPOLOGIE DE PARIS ET DE LYON

CORRESPONDANT POUR L'AFRIQUE DU NORD DE L'INSTITUT ANTHROPOLOGIQUE

DE GRANDE-BRETAGNE ET D'IRLANDE

DE LA SOCIÉTÉ DANOISE DE GÉOGRAPHIE, ETC.

SECONDE PARTIE

ORIGINE & FORMATION DE LA LANGUE BERBÈRE

(Extrait de *La Revue Tunisienne*, organe de l'Institut de Carthage)

PARIS

ERNEST LEROUX, ÉDITEUR

Rue Bonaparte, 28

INTRODUCTION

La série de nos recherches sur *Les premiers colons de souche européenne dans l'Afrique du Nord*, parues dans la *Revue Tunisienne*,[1] nous a appris que les traditions les plus antiques mentionnent la migration de peuplades européennes en Afrique mineure.

Ces déplacements se sont faits par périodes successives. Les premiers échappent à l'histoire. Nous ne risquerons aucune hypothèse à leur sujet.

Les dernières migrations, arrivées avant les Phéniciens, reconnaissent deux origines :

1º *Groupe illyro-pélasgique.* — Il provenait du fond de l'Adriatique. Il s'est étendu dans la Berbérie orientale, vers l'Egypte. Ses tribus les plus connues portaient le nom de Libyens. Ce nom est phonétiquement assimilable à celui de Ligyens ou Ligures ;

2º *Groupe turso-pélasgique.* — Dernier venu et paraissant le plus nombreux, ce groupe provenait des bords de la mer Egée. Les découvertes de M. Evans montrent que la Crète fut une de ses étapes. Ses principales tribus portaient les noms de Tyrsènes ou Tourshas, de Mysiens ou Masa, de Phrygiens ou Barbari. Ces noms se retrouvent en Afrique dans ceux de Tarchich des sémites, des Maxyes ou Mazigh, d'Africi et de Berbères.

Quelle langue parlaient ces émigrés ? Pour les Ligyens, il ne saurait y avoir d'hésitation. C'étaient des dialectes européens. Les remarquables recherches de M. d'Arbois de Jubainville ont mis hors de doute que les Ligyens employaient une langue européenne.[2]

Restent les Turso-Pélasges. Une revue sommaire de leurs principales tribus d'Asie Mineure nous éclairera sur la nature des langues qu'ils parlaient. M. d'Arbois de Jubainville les classe, à tort, selon nous, parmi les préaryens. Cependant, l'ensemble des auteurs de l'antiquité les considère comme immigrés d'Europe. Ces peuples provenaient de la Thrace.

Les Mysiens, les Lydiens et les Cariens étaient unis, d'après Hérodote, par une étroite alliance. On montrait, aux environs de Mylasa, un ancien temple de Zeus Carien, qui était possédé en commun par les trois peuples.[3] Le fond du Carien était hellénique, malgré l'épithète de *barbarophones* que leur infligea Homère. La meilleure preuve en est que tous les interprètes de la langue grecque en Egypte étaient des Cariens. Psammétichus, au dire d'Hérodote, se servait de Cariens

---

(1) Années 1898-1899, publiées en un volume, chez Leroux.
(2) Voir surtout : *Les premiers habitants de l'Europe*, t. II, p. 46-215.
(3) HÉRODOTE, L. 1, chap. CLXXI.

comme précepteurs de grec pour ses enfants.[1] Un Carien, Philippos de Theangeleus, fit un livre sur son pays. Strabon en cite la phrase suivante (XIV, page 662) : « La langue carienne n'est pas difficile : elle est formée d'un très grand nombre de mots grecs. » [2] Ce que nous avons dit antérieurement de l'expression βάρβαρος permettrait de traduire *barbarophone* par « à l'accent phrygien ».

Les Mysiens employaient un dialecte voisin du carien. Xanthos, originaire de Sardes, c'est-à-dire Lydien, dit que les Mysiens parlaient une langue mi-phrygienne (μιξοφρύγος) mi-lydienne (μιξολύδιος). [3] Eustathe cite le proverbe local suivant : « C'est une tâche ardue de définir les limites des Mysiens et des Phrygiens. » [4]

Or, la question d'origine des Phrygiens n'est pas à soulever. C'étaient des colons venus de la Thrace. Strabon le dit formellement d'après les anciens écrivains grecs. « Ceux-ci estimaient que les Mysiens et les Gètes étaient des Thraces. Ils affirmaient que c'étaient des colons venus de la Thrace qui s'étaient fixés en Asie sous les noms de Phrygiens, Lydiens et Troyens. » [5]

A propos du mythe des compagnons d'Hercule, nous avons eu l'occasion de rappeler les traditions de l'antiquité sur la parenté des Phrygiens avec les Arméniens, les Mèdes et les Perses.

Dans son livre sur le *Parler primitif des Indho-Germains*, Fick a consacré un chapitre à l'étude des peuplades placées entre les Iraniens et les Européens. [6] Ces peuplades étaient désignées au nord sous les noms génériques de Scythes et Sauromates. Celles du sud formaient les groupes thraces et phrygiens. Dans ces derniers, on comptait nombre de tribus, telles que Péoniens, Mysiens, Dardaniens, Lydiens, Paphlagoniens, Cappadociens. Le phrygien parait avoir été le type moyen de leurs divers dialectes. Fick a prouvé qu'il était très voisin du grec. On pourrait même dire que la langue phrygienne est sœur de la grecque, en supposant l'existence d'une langue mère.

D'ailleurs, au fur et à mesure que les recherches linguistiques se multiplient, on reconnaît que des dialectes aryens apparentés de très près au phrygien se parlaient dans les tribus de l'Asie Mineure. En allant du nord au sud, nous avons, d'après les auteurs compétents de l'antiquité, énuméré les Mysiens, les Lydiens, les Cariens. L'analyse de deux cent onze mots lyciens a permis à M. Deecke de

(1) Hérodote. L. II, chap. CLIV.
(2) Philippos Theangeleus : *Fragm. hist. græc.* Didot-Müller, t. IV, p. 475, *fragm.* 2.
(3) Xanthos : *Lydiaca.* In *Fragm. hist. græc.*, t. II, p. 37-38.
(4) Eustathe : *Commentaires.* 814. *Geogr. græc. min.*, t. II, p. 360.
(5) Strabon : *Chrestomathie*, l. VII, 12. *Geogr. græc. min.*, t. II, p. 567. Didot-Müller.
(6) Fick : *Die ehemalige Sprachenheit der Indogermanen Europas.* Gottingen, 1873, p. 404 et 408-416.

conclure que cette langue était étroitement apparentée au carien. De plus, d'après lui, ces deux dialectes, ainsi que le groupe phrygien-thrace-illyrien, occupent une place intermédiaire entre l'aryen et l'hellénique.[1]

Les Pamphyliens, peuplade établie à l'ouest des Lyciens, parlaient un dialecte voisin. L'inscription de Syllion, étudiée, d'une part par M. Ramsay, d'autre part par M. Sayce, a permis à chacun de ces auteurs de conclure que le pamphylien se rapprochait du cypriote. Ce résultat est d'autant plus remarquable que ces deux savants procédaient isolément à leurs recherches. Or, le cypriote, d'après Bréal, est un dialecte éolien assez voisin de l'arcadien.[2]

En synthétisant toutes ces données, on arrive à cette conclusion, que l'on ne doit pas inférer de la différence des noms de tribus à la différence des races de la population qui les forme. Une succession d'envahisseurs de même provenance a occupé l'Asie Mineure. Leurs tribus portaient des noms différents. Leurs mœurs étaient semblables. Leurs langues paraissaient voisines.

Cet ensemble de documents sur les dialectes égéens nous servira de guide dans nos recherches. Il est permis de présumer, d'après elles, que les émigrants égéens venus dans l'Afrique du Nord avant l'occupation punique s'exprimaient dans une langue peu différente des dialectes helléniques. Quelques bans d'immigrés arrivés à des époques antérieures parlaient sans doute des dialectes européens apparentés à ceux qui dans la suite ont donné naissance aux groupes linguistiques iraniens et européens primitifs.

II

Causes de l'ignorance actuelle des origines de la langue berbère

Diverses causes ont contribué à obscurcir la question des origines et des affinités de la langue berbère. La principale a été l'ignorance des auteurs sur la provenance de l'ensemble de cette population. C'est par les Arabes que l'on a découvert l'existence des Berbères. Par ferveur religieuse, ces dernières populations se vantaient de provenir du même pays que le Prophète. Aussi chaque tribu possédait-elle une tradition, voire même une généalogie originaire du Hedjaz. Avant les Arabes, les Phéniciens avaient préparé le terrain. La noblesse locale était d'origine syrienne ; il devait être alors de bon ton de se dire Cananéen. Il y avait certainement sur l'ancien territoire de Carthage des Cananéens : saint Augustin en mentionne ; mais ceux-ci constituaient l'exception. Ces populations n'existaient guère que sur le littoral.

(1) Deecke : *Études lyciennes. Beïtrage sur Kunde der Indho-germanischen Sprachen.* t. XI, 1884.

(2) Bréal : *Revue Archéologique.* t. XXXIII.

La méconnaissance de la langue berbère a constitué aussi, pendant longtemps, un obstacle. Ce n'est que peu à peu que les dialectes assez différents parlés par les diverses tribus ont été recueillis et fixés par l'écriture. On a pu alors les comparer entre eux. Ces études comparées sont encore plutôt rares. Les auteurs à qui nous devons la connaissance des langues berbères sont généralement des arabisants. Les mots berbères leur sont parvenus le plus souvent écrits en arabe. Enfin, les langues sémites, importées dans le pays depuis plusieurs siècles, ont altéré, dans ce sens, les dialectes du nord de l'Afrique. La grammaire simplifiée de l'arabe parlé a, en partie, pénétré la langue berbère. Il s'est passé un fait analogue à la modification produite par la conquête normande dans les dialectes de l'Angleterre. Les Anglo-Saxons y ont abandonné leur grammaire germanique pour adopter les formes simplifiées des langues romanes. De plus, de nombreux mots du français de l'époque se sont infiltrés dans ce qui est devenu l'anglais. Le berbère a subi de même une imprégnation sémitique profonde. De plus en plus des mots arabes non altérés ou berbérisés ont pénétré dans la langue. Ils ont remplacé les termes berbères.

Le berbère n'est pas une langue écrite. C'est là une autre cause d'altération. On a abandonné, sauf chez les Touareg, l'ancienne écriture si spéciale. Ce sont les caractères arabes que l'on emploie pour figurer les sons berbères. Cet usage n'est pas sans entraîner l'altération de cette langue. Comme les linguistes l'ont remarqué maintes fois, une langue conserve d'autant mieux ses formes archaïques que l'écriture y a pénétré plus tôt. C'est ainsi que le grec, fixé plus tôt que le latin par l'écriture, se rapproche davantage des langues primitives connues. Dans ces conditions, que dire du berbère où l'écriture est encore ignorée, deux mille six cents ans après que la Grèce était en possession de l'écriture !

Je ne connais pas d'ouvrage où les origines berbères soient fixées d'une façon un peu nette. Les textes et les divers documents réunis dans la partie historique de la présente étude fournissent des indications beaucoup plus précises que ce qu'on possédait. Il ne faut donc plus chercher un peu partout les origines de la langue berbère. On se trouve maintenant avoir un guide beaucoup plus précis. Grâce à lui, ces études pourront se poursuivre sur un terrain plus ferme. Auparavant, l'histoire d'Afrique du Nord commençait aux Phéniciens. Avant eux, il était admis que le pays ne possédait que des tribus innommées. Nous avons montré qu'il y avait une erreur dans cette conception. Les prédécesseurs et rivaux des Carthaginois jouissaient d'une certaine civilisation. Ils bâtissaient des villes et possédaient une organisation régulière. Les Carthaginois durent même compter avec beaucoup de leurs tribus. Ils ne purent développer leur empire qu'en les associant dans une large mesure à leur politique. Quelques illustres Carthaginois portent des noms qui ne sont pas sémites, preuve de l'influence exercée par certains indigènes dans les affaires de la grande métropole africaine. Ces prédécesseurs des Phéniciens n'avaient pas disparu pendant leur domination, d'autant plus que la majorité de leurs tribus avaient échappé à la conquête carthaginoise. Leur langue nationale était en usage. Et il n'est pas osé de supposer que les dialectes actuels des autochtones de la Berbérie en sont issus directement, avec les altérations apportées par le temps, par l'absence d'écriture et par les contacts avec des peuples d'origines différentes.

Ce sont précisément ces altérations d'importation sémitique qui ont trompé les linguistes. A notre époque, les Berbères désignent chaque chose plus souvent par deux noms, savoir : 1° le nom primitif ; 2° le nom sémitisé. Souvent le terme sémitique subsiste seul. Le mot berbère est tombé en désuétude ; il est difficile en pareille occurrence de se demander si le fond de la langue n'est pas sémitique. Beaucoup d'auteurs ont conclu dans ce sens. D'autres, comme Renan, ont pensé que l'expression de chamitique ou hamitique s'adapterait mieux à ce groupe spécial. Par ce sens, il entend un dialecte protosémitique. Ce terme pourrait à la rigueur être maintenu, mais il faudrait modifier la signification qu'on lui a attribuée. Le berbère n'est pas plus un dialecte sémitique que l'anglais est une langue romane. Les conquêtes phénicienne, puis surtout arabe, ont fait passer de nombreuses expressions et imprimé un cachet sémitique dans la grammaire de la langue berbère, mais c'est un dialecte primitivement européen. En résumé, par langue chamitique, nous entendons un parler spécial, formé par l'infiltration de termes et de tournures sémitiques dans une langue apparentée à celles de l'Europe.

Les auteurs ont suffisamment mis en relief l'action sémitique sur le berbère. Dans cette étude, nous nous attacherons à en faire ressortir les affinités européennes encore inconnues.

III
Plan de ce travail

Les documents concernant les langues libyennes peuvent être puisés à diverses sources. Nous allons les énumérer :

1° Source égyptienne, période primitive jusque vers mille ans avant notre ère ;

2° Source phénicienne connue par les auteurs grecs et latins, jusqu'à la chute de Carthage ;

3° Source latine connue par les auteurs contemporains, les inscriptions, les écrits des Africains, jusqu'à l'invasion arabe ;

4º Source berbère, depuis l'invasion arabe jusqu'à nos jours.

Comme on le voit, ces documents se groupent par périodes con-temporaines de dominations successives. Elles n'ont certes pas toutes la même importance au point de vue des renseignements. Il est cependant nécessaire de relier ces époques entre elles. C'est le moyen le plus sûr de pouvoir apprécier l'évolution de la langue berbère jusqu'aux temps modernes.

Mais dans quel ordre procéder ? En suivant l'ordre chronologique, on s'expose au reproche de fonder un système sur une hypothèse insuffisamment étayée par les cycles de légendes de l'ancienne Grèce. Pour éviter cette objection, nous avons pensé qu'il serait beaucoup plus logique de choisir une base plus solide. Les études linguistiques permettent, comme nous l'avons résumé, d'avoir une idée exacte des langues qui se parlaient dans l'Europe et l'Asie Mineure à une pé-riode assez reculée. Parmi elles, le grec est la mieux connue. Voilà donc une première base de grande valeur, pour apprécier ce que pouvait être le lybien antique.

Un autre terme de comparaison non moins sérieux peut être tiré de la connaissance des dialectes berbères modernes. De nombreux lexiques nous fournissent une somme importante de mots de ces langues. On en connaît le mécanisme grammatical. Grâce à ces con-ditions, il paraît possible d'aboutir à des conclusions fermes.

En effet, si le berbère moderne présentait des affinités encore suf-fisantes avec le grec, par exemple, ce serait une confirmation que cette langue, ou un dialecte de celle-ci, a été parlée à une époque donnée en Berbérie. Fort de cet acquis, il sera possible, en partant de la période contemporaine, de remonter peu à peu dans l'antiquité, par l'analyse de documents plus anciens. On pourra, de la sorte, relier entre elles les langues libyenne primitive et berbère moderne.

Pour remplir ce programme, nous grouperons nos documents dans l'ordre des périodes : 1º contemporaine ; 2º latine ; 3º phéni-cienne ; 4º protohistorique (connue par les Égyptiens).

ORIGINE ET FORMATION DE LA LANGUE BERBÈRE

PÉRIODE CONTEMPORAINE

CHAPITRE PREMIER

Les Sons et la Prononciation berbères

Indiquons pour commencer le mode de représentation employé par nous dans ce travail pour la figuration des sons berbères.

Les lettres de notre alphabet reproduisent la plupart des consonnes berbères : b, c, d, f, g, h, j, k, l, m, n, q, r, s, t, v, x, z.

A côté de ces sons, il en existe d'autres que les lettres arabes pas plus que les nôtres ne peuvent rendre exactement. Il n'y a que les lettres grecques qui puissent les figurer.

Ce sont : 1º un son reproduit infidèlement par le (ﻍ) raïn des arabisants. Venture de Paradis nous donne la valeur exacte de cette consonne : « C'est, dit-il, le gamma des Grecs. C'est la lettre qui domine dans la langue berbère avec le *thita* » ; [1]

2º Un son que les arabisants rendent par kh (ﺥ). C'est à tort, car il est beaucoup moins dur que cette lettre. C'est le *chi* (χ) des Grecs. M. Basset reconnaît la présence de ce son dans les dialectes zouaoua, rifain et beni-menacer. [2] Il le figure par la lettre grecque χ ;

3º Le son *th* représenté par ﺕ (ts) des arabisants. Ce n'est pas très exact.

« C'est, dit Venture de Paradis, le *thita* des Grecs, comme il se prononce dans θεός. Cette lettre est très fréquente dans la langue berbère. » [3]

4º Le son ﺩ (d'al) a le son du δ grec ; [4]

5º Le son figuré par ks n'est autre que le *xi* (ξ) grec, et notre *x* moderne.

Dans le cours de ce travail, nous nous servirons donc de lettres grecques pour figurer les sons qui leur correspondent et ne se trouvent pas dans notre alphabet. J'avoue avoir été tenté d'écrire avec l'alphabet grec les divers mots berbères qui paraîtront dans ce travail. C'est le seul moyen de figurer convenablement leur prononciation.

---

[1] VENTURE DE PARADIS : *Grammaire berbère*. In *Recueil de voyages et mémoires de la Société de Géographie*, t. VII, 1844, page 11.

[2] R. BASSET : *Grammaire kabyle*, page 6.

[3] VENTURE DE PARADIS. Loc. cit., page 12.

[4] R. BASSET, *Ibid.*, page 5.

Cette prononciation spéciale si voisine de celle du grec avait jusqu'à un certain point frappé plusieurs observateurs. Les remarques
qui suivent, dues à des auteurs très versés dans l'étude des dialectes
berbères, sont dans cet ordre d'idées très concluantes. Nous citons.

M. Rinn s'exprime ainsi :

« 1° Le Berbère fait un emploi constant des consonnes diphtongues
ou consonnes doubles : kr, fl, gl, fr, ks, gn, etc. Cette particularité,
absolument contraire au génie des langues sémitiques, rentre tout à
fait dans les usages des langues touraniennes et *indho-européennes.*

« 2° Il donne quelquefois aux lettres *m* et *n*, devant une consonne,
une prononciation nasale identique à celle qu'elles ont dans les
langues indho-européennes. Ainsi, dans *angi* (abondance), *an* sonnera
comme dans le mot abondance. Ce son est *étranger* aux langues
sémitiques : un Berbère prononce Mansour, comme un Français ; un
sémite arabe détache le son n et dit Mann-sour. » [1]

La prononciation berbère, ainsi que le prouvent ces deux observations, n'est pas sans analogie avec celle de nos langues d'Europe.

Masqueray, auparavant, avait bien eu la sensation des origines
septentrionales du berbère, dans les lignes si remarquables qu'il
consacrait aux populations de l'Aourès :

« En admettant, disait-il, avec le général Faidherbe qu'aucun mot
de l'ancienne langue des blonds Libyens ne soit demeuré dans le
berbère, sinon peut-être le mot *mas*, il est cependant une chose qui
persiste et est presque indestructible chez un peuple : c'est la prononciation, l'accent. Je soupçonne que cette profusion inusitée de
ie, de ch, de th germaniques, cette recherche des j, des ñ, des ts, qui
contribuent à adoucir les contours vifs d'une langue méridionale, cet
assourdissement et le sifflement harmonieux de la Tamazirt d'Oued-
Abdi proviennent du plus grand nombre de blonds qui y étaient
demeurés depuis l'antiquité ou qui s'y portèrent depuis le moyen
âge. » [2]

[1] Rinn : *Les Origines berbères*, page 59.
[2] Masqueray : *Le Djebel-Cherchar. Revue Africaine*, 1878, page 278.

Chapitre II

Les Origines du Verbe berbère

1° Formation du radical verbal berbère sur les différents temps du verbe grec

C'est par le verbe que nous poursuivons la série de nos recherches sur les origines des langues berbères modernes. Ces verbes présentent, en effet, un intérêt archéologique de premier ordre. L'ancienne langue libyenne, voisine du grec, est allée se simplifiant, sous l'invasion de populations hétérogènes. La dégradation linguistique est surtout marquée en ce qui concerne les verbes. Les finales se sont généralement assourdies. Quelques-unes sont tombées, en laissant subsister le seul radical. Les augments et les redoublements ont disparu. Dans cette évolution régressive, les flexions si riches du verbe grec ont cessé d'être usitées. Peu à peu, le verbe s'est réduit à un seul temps. Ce temps lui-même s'est fixé, à la mode sémitique, sur un thème radical. Le grand intérêt de nos recherches est de constater que le thème radical ne s'est pas toujours fixé sur un même temps. Selon les dialectes, parfois même dans un seul dialecte, le thème radical a pu être emprunté à des temps différents.

Des exemples feront mieux comprendre cette explication.[1]

[1] Voici la liste des ouvrages que nous avons consultés pour établir notre travail :

Dialectes divers

Venture de Paradis : *Grammaire berbère. Recueil de voyages et de mémoires*, publié par la Société de Géographie de Paris, t. VII, 1864. — Basset : *Notes de Lexicographie berbère. Journal asiatique* (4 fascicules).

Dialecte zouaoua

Hanoteau : *Essai de grammaire kabyle.* Alger, 1859. — Olivier : *Dictionnaire français-kabyle.* Le Puy, 1878. — R. Basset : *Manuel de langue kabyle.* Paris, 1887.

Dialectes mzabi et chaouïa

Masqueray : *Comparaison du vocabulaire du dialecte des Zenaga avec les vocabulaires correspondants des dialectes des Chaouïa et des Beni-Mzab. Arch. des Miss. scientif.*, III° série, 1879. — Graf Sierakowski : *Das Schauï.* Dresden, 1871. Ce mémoire contient un *Essai de grammaire chaouïa* par M. Tauchon. — Mercier : *Le chaouïa de l'Aurès.* Paris, 1896. — Masqueray : *Le Djebel-Cherchar. Revue africaine*, t. XXII, p. 30 et suiv.

Dialectes touareg, zenaga, tamahaq

Faidherbe : *Le zenaga des tribus sénégalaises.* Paris, 1877. — Masqueray : *Dictionnaire français-touareg (dialecte des Taïtoq).* Paris, 1893. — Cid Kaoui : *Dictionnaire français-tamahaq.* Alger. — René Basset : *Lexicographie berbère* (dialecte des Aouelimmiden). *Journal asiatique*, 1888. — Hanoteau : *Essai de grammaire tamachek.* Paris, 1860.

Dialectes de Djerba, Ghadamès et Tripolitaine

Graber de Hemso : *Remarks on the language of the amazigh.* London, 1836. La

Ainsi, en targui, en zenaga, le radical du verbe *agir* est **ag**. [1] Ce radical paraît fixé d'après l'impératif du verbe ἄγω, ἄγε *agir*. Ces mêmes populations emploient, pour dire *éloigner*, les termes **ougeg** et **esigeg**. Ces deux thèmes verbaux sont certainement fixés sur l'aoriste du même verbe grec ἤγαγον et ἐξήγαγον, ayant le même sens. De même, les Kabyles disent **sengougou** *rassembler*. Ce temps kabyle est évidemment fixé lui aussi sur l'aoriste συνήγαγον *rassembler*. Au contraire, le verbe kabyle **segou** *fréquenter*, paraît provenir de la première personne de l'indicatif présent σ(υν)άγω.

Dans cet exemple, nous relevons des thèmes radicaux empruntés, selon les verbes et les dialectes : 1º à l'impératif ; 2º à l'aoriste ; 3º à l'indicatif du verbe ἄγω.

Voici d'autres exemples :

En targui, on trouve une forme **efeõ** *briller*, provenant de ἔφηνα, aoriste de φαίνω, tandis que le mot **ifaou** *il fait jour*, reproduit l'indicatif de φάω *briller*, variante de φαίνω. Les Zouaoua emploient **herezem** *ménager*, emprunté à la première personne χαρίζομαι, avec chute de la finale, et **χares** *plaire*, emprunté à l'impératif χαρίζοῦ, même sens. On relève le zenaga **eozaõ** *remplir*, qui paraît construit sur l'aoriste ηὔξησα, tandis que le temahaq **segget** *augmenter*, semble provenir de l'impératif αὖξε, ainsi que le zouaoua **ezzi** *grandir*. Le tamahaq forme le mot **sedou** *réunir* sur l'indicatif de σ(υν)δέω, tandis que le zouaoua tire le terme **senteõ** de l'aoriste du même verbe

prononciation des mots est figurée d'après l'orthographe anglaise. — R. BASSET : *Lexicographie berbère. Journ. asiat.*, 1883. (Dialecte de Djerba.) — BOSSOUTROT : *Vocabulaire berbère ancien* (dialecte du djebel Nefoussa). *Revue Tunisienne*, 1900.

Dialecte guanche

BÉTHENCOURT : *Vocabulario del antiguo dialecto de los Canarios* (Acad. royale d'Hist. de Madrid). Travail reproduit et complété par M. J. CAMPBELL, in *Critical examination of Spanish documents relative to the Canary island.* — *Transactions of Canadian Institute*, vol. VII, 1901, août, nº 13, p. 29 et suiv.

Nous noterons pour chaque terme berbère cité comme un exemple le dialecte d'où il provient et le nom de l'auteur chez lequel nous l'avons relevé. Ex. : *ektem* (taïl. Masq.), couper ; *amarta* (zen. Faidh.), tromper ; etc.

Enfin, nous avertissons le lecteur que l'orthographe adoptée par les berbérisants est purement phonétique. Nous l'avons généralement respectée, pour ne pas être accusé d'avoir transformé certains mots pour les besoins de notre cause.

[1] Dans le cours de ce travail, nous isolerons du reste du mot, au moyen de caractères gras, les termes communs aux deux langues berbère et grecque. Les sons disparus d'une des langues ou surajoutés seront imprimés en caractères ordinaires. Cette disposition fera mieux ressortir les déformations survenues dans le berbère. — Nous remplissons un agréable devoir en remerciant M. Nicolas, l'imprimeur de la *Revue Tunisienne*, des acquisitions de caractères qu'il n'a pas hésité à faire et du soin qu'il a bien voulu apporter, avec sa conscience habituelle, à cette impression, sans se laisser rebuter par les difficultés d'un pareil travail.

σύν(ε)ῶσα. Divers dialectes expriment par ouθ (zenaga, kabyle) **aout** (rhadamès, etc.) le verbe *frapper*. Ce terme provient de l'impératif ὤθεε; le temahaq (Kaoui) possède le verbe ouθou *succomber*, fixé sur l'indicatif ὠθέω.

Le targui **ettes** *dormir*, semble tiré de εὔδησα, aoriste tombé en désuétude de εὔδω *dormir*, tandis qu'on pourrait rapprocher la forme zenaga **oudech** *se coucher*, de l'impératif archaïque εὔδεσκε, qui se trouve dans l'Iliade.

Pour exposer d'une façon claire et méthodique nos observations sur ces formations des thèmes radicaux des verbes berbères fixés sur un temps du grec ou plutôt du libyen antique, nous avons dressé un certain nombre de listes de ces formations. Le lecteur pourra les compléter; le sujet n'est pas épuisé.

Dans nos rapprochements, nous nous conformons à l'usage des berbérisants qui énoncent les verbes de cette langue par la deuxième personne du singulier de l'impératif. Cette personne constitue la racine verbale du verbe. Cette racine, comme nous l'étudierons, se modifie selon les temps et les personnes au moyen de préfixes et d'affixes.

Nous exprimons le sens du verbe, soit grec, soit berbère, par l'infinitif français.

1º Exemples de verbes berbères dont le thème radical provient de la première personne de l'indicatif présent d'un verbe grec — ω :

ἀγείρω réunir, assembler.	**adjerou** (mzab.Bass.) assembler.
ἀνάγκω avoir besoin.	**aneγou** (zenag.Masq.) même sens.
ἑνῶ réunir.	**edou, sedou** (tamah.Kaoui), même sens.
ἥδω réjouir.	**edou** (taïloq.Masq.) réjouir.
θρέω pleurer.	**θrou** (zouaoua.Ol.) pleurer.
θολόω troubler.	**θelou** (zouaoua.Ol.) troubler.
κίνεω faire un mouvement.	**kenou** (zouaoua.Ol.) se baisser.
ῥακόω mettre en lambeaux.	**erkou** (zouaoua.Hanot.) pourrir.
σ(υν)άγω rassembler.	**segou** (zouaoua.Ol.) fréquenter.
τίκτω accoucher.	**tiro** (mzab.Bass.) accoucher.
ὑμνέω chanter.	**emounou** (zenaga.Faidh.) chanter.
φάω briller.	**ifaou** (targui) il fait jour.
χρίω pour χρίω frotter.	**γerrou** (gerbien.Basset) frotter.
ὠθέω frapper.	**ouθou** (tamah.Kaoui) succomber.

2º Verbes berbères dont le thème radical provient de la première personne de l'indicatif présent, d'un verbe grec, en — μι.

εἰμί être.	**ili** (divers dialectes) être.
ἠμί dire.	**imi** (djerid.Basset) dire.

3º Verbes berbères dont le thème radical provient de la première personne de l'indicatif présent d'un verbe grec de la voix moyenne en — μαι.

Un type de conjugaison du verbe grec était la *voix moyenne*. Cette forme était usitée pour exprimer les cas où l'action est faite par le sujet pour lui-même. Ce type de conjugaison a été usité en libyen. Un certain nombre de thèmes verbaux berbères ont été fixés sur la première personne de l'indicatif présent de cette voix. La finale — αι du grec est généralement tombée. Le son *m* disparaît aussi parfois; il est d'ordinaire conservé, soit non modifié, soit après avoir subi les altérations phonétiques en *l* ou en *n*, qui lui sont habituelles en berbère.

ἄγαμαι admirer.	akoun (taïtoq.Masq.) admirer.
ἄγχομαι se serrer.	akemen (taïtoq.M.) presser contre.
ἄρνυμαι prendre, lutter.	ernou (zouaoua.Ol.) vaincre.
δολόμαι tromper.	ðelem (zouaoua.Ol.) tromper.
ἐνδύομαι pénétrer.	enðel (tamahaq.Kaoui) enfouir.
ἔραμαι désirer.	erhel (taïtoq.Masq.) désirer.
ἐρχόμαι venir.	elkem (tamahaq.Kaoui) suivre.
ἡγεόμαι diriger, penser.	eɣemem (taït. Masq.) penser.
θύομαι sacrifier.	ðoual (taïtoq.Masq.) immoler un homme à Dieu.
κεῖμαι se reposer.	kim (chaouïa, mzab, kabyle, etc.) s'asseoir.
λογίζομαι calculer, énumérer.	loɣisem (taïtoq.Masq.) nommer.
νήχομαι nager.	neɣel (taïtoq.Masq.) couler.
ὀργιοῦμαι se fâcher.	erguem (zouaoua.Ol.) insulter.
Sinkami (sanscrit) verser, d'où ἰκμαίνω oindre.	sicem (tamah.Kaoui) se baigner.
δυνάγχομαι se froisser.	senahcham (zouaoua.Ol.) humilier
σχίζομαι séparer.	izzoun (pour skizzoun) (tamahaq. Han.) partager.
χαρίζομαι plaire, complaire.	herezem (zouaoua.Ol.) ménager.

4º Verbe unipersonnel.

Voici un exemple de radical de verbe berbère fixé sur la troisième personne de l'indicatif d'un verbe unipersonnel :

ὕεται il pleut (sanscrit : su).	souet (zouaoua.Ol.) il pleut.

5º Verbes berbères dont le thème radical provient de la première personne de l'imparfait de l'indicatif d'un verbe grec.

Cet imparfait paraît avoir été rarement employé par les Libyens. Je ne relève que fort peu de verbes berbères paraissant tirer leur thème radical de l'imparfait.

δέω unir, lier; imparfait ἔδεον	eddiou (taïtoq.Masq.) se marier.

σιγάω se taire ; imparfait ἐσίγων   **souzen** (chaouïa.Sierak.) se taire.

χέω répandre ; imparfait ἔχεον   **choud** (zouaoua.Ol.) répandre.

6° Verbes berbères dont le thème radical provient de la première personne du futur grec.

Les Libyens employaient rarement le futur, comme nous le verrons dans un autre chapitre. Leur habitude était de former ce temps au moyen d'un auxiliaire. Aussi n'ai-je trouvé que peu de verbes dont le thème radical paraissait provenir du futur. Ajoutons que les verbes ainsi formés que j'ai relevés appartenaient à la langue kabyle.

κερδαίνω gagner ; futur κερδανῶ.   **ernadou** (zenaga) même sens.

καίω griller ; futur καύσω.   **ezzou** (zouaoua.Ol.) griller.

σκεδάννυμι verser le sang ; futur attique σκεδῶ.   **sked** (zouaoua.Ol.) ravager.

συγκαίω brûler ; futur συγκαύσω.   **soukes** (zouaoua.Ol.) brûler.

7° Verbes berbères dont le thème radical provient de la première personne de l'aoriste grec.

Ces verbes sont les plus nombreux. L'aoriste était le temps le plus employé en Afrique. C'est d'ailleurs celui qui a persisté dans le verbe berbère moderne. Pour cette raison, le plus grand nombre de thèmes verbaux berbères se sont fixés sur l'aoriste.

Comme pour l'indicatif, on reconnaît trois modes de conjugaisons. Ceux-ci existaient donc dans le verbe libyen, comme dans le verbe grec. Nous aurons conséquemment à énumérer successivement les aoristes des verbes : *a)* en — ω ; *b)* en — μι ; *c)* en — μαι (voix moyenne).

a) Verbes en — ω.

ἄγω mener ; aor. ἤγαγον.   **ougeg** (touareg.Hanot.) éloigner.

αἴσσω sauter ; aor. ἦξα (pour ἤγσα).   **eggez** (Beni-Menacer.Basset) sauter.

αἰτέω demander ; aor. ἤτησα.   **eteter** (zenaga.Faidh.) demander.

ἀμάω moissonner ; aor. ἤμησα.   **imasen** (chaouïa.Sier.) moissonner

ἄρχω ordonner ; aor. ἦρξα.   **sers** (kabyle) ordonner.

αὔξω augmenter ; ηὔξησα.   **eozaθ** (zenaga.Faidh.) remplir.

βαίνω marcher ; aor. ἔβην.   **eoun** (touareg) monter.

γελάω rire ; aoriste ἐγελάξα (egelaksa).   **gelek** (kabyle) se moquer.

δέω enfermer ; aor. ἔδησα.   **edesa** (zenaga.Faidh.) cacher.

ἑλίσσω enrouler ; aor. εἵλιξα.   **zeleg** (kabyle.Ol.) enrouler.

ἐξάγω emmener ; aor. ἐξήγαγον.   **esigeg** (touareg) emmener.

εὕδω dormir ; aor. (tombé en désuétude) εὕδησα.   **ettes** (taït.Masq.) dormir.

εὕω faire griller ; aor. εὗσα.   **isou** (mzab) cuire.

ἐχθραίνω haïr ; aor. ἔχθρηνα.   **eksen** (taïtoq.Masq.) haïr.

ζέω bouillir ; aor. ἔζεσα.   **ezoues** (targui) bouillir.

θάω teter; aor. **ἔθησα.** — eθessa (zenaga.Faidh.) boire.

etteθ (kabyle.Ol.) teter.

καίω allumer, brûler; aor. **ἔκαυσα.** — ekous (tam.Kaoui) s'échauffer.

λέγω parler; aor. **ἔλεξα.** — ales (taïtoq.Masq.) parler.

νεύω s'incliner; aor. **ἔνευσα.** — anez (kabyle.Ol.) s'incliner.

ῥαίω casser; aor. **ἔρραισα.** — errez (tous les dialectes) casser.

ῥέω couler; aor. **ἐῤῥύην.** — enrel (tamahaq.Kaoui) couler.

σεύω lancer; aor. **ἔσευα** (se prononçait esefa).

ezaïef (taïtoq.Masq.) s'élancer.
[Comparez ezoui (kabyle.Hanot.)
secouer.]

στενάζω gémir; aor. **ἐστέναξα.** — tsenasa (kabyle.Ol.) gémir.

συνάγω rassembler; aor. **συνήγαγον.**

sengougou (kab.Ol.) rassembler.

συνδέω réunir; aor. **συνέδησα.** — senteθ (kabyle.Ol.) réunir.

σύρω trainer; aor. **ἐσύρην.** — esourer (kabyle.Ol.) trainer.

φαίνω briller; aor. **ἔφηνν.** — efeθ (tamahaq.Kaoui) briller.

φύω croitre; aor. **ἐφύσα.** — efesi (kabyle.Ol.) croitre.

χέω répandre; aor. **ἐχύθην.** — echeθel (zouaoua.Ol.) propager.

χράω prendre en main; aor. **ἔχρησα.**

ekraθ (taïtoq.Masq.) forcer.

ψυθίζω mentir; aor. **ἐψυθίζα.** — eshuddid (chaouïa) mentir.

ψύττω cracher; aor. **ἐψύττησα.** — esoutef (zouaoua.Ol.) cracher.

b) Radicaux verbaux provenant de l'aoriste des verbes en — μι.

ζεύγνυμι joindre; aor. **ἐζύγην.** — ejoujed (chaouïa) joindre.

ἠμί parler; aor. **ἦν.** — enn, eni (divers dialectes) parler.

ῥήγνυμι rompre; aor. **ἔρρηξα.** — errez (divers dialectes).
[Comparez ci-dessus ῥαίω.]

τίθημι mettre; aor. **ἔθην.** — eθens (taïtoq.Masq.) mettre.

c) Radicaux verbaux provenant de l'aoriste de la voix moyenne en
— μαι.

θέρομαι chauffer; aor. 2, **ἐθέρην.** — eθerel (zouaoua, chaouïa) chauffer.

ἴαομαι guérir; aor. **ἰασάμην.** — iazzi (tamahaq) guérir.

8º Verbes berbères dont le thème radical provient du parfait hellénique; j'ai relevé deux exemples de ce type:

ἐμέω vomir; parfait **ἐμήμεκα.**

emaouek (pour emamek) (zouaoua) vomir.

ξύω gratter; parfait de la voix
moyenne **ἔξυσμαι.**

ezoukmeh (tamah.Kaoui) gratter.

izilmes (rhadamésien) gratter.

9º Verbes berbères dont le thème radical provient de l'impératif
grec. Comme l'aoriste, l'impératif est un des temps conservés dans le
verbe berbère moderne. C'est même l'impératif qui forme le thème
radical des verbes dans les divers dialectes berbères. Aussi parait-il

naturel que la plus grande partie des verbes berbères aient fixé leur thème radical sur la deuxième personne de l'impératif grec.

Comme pour l'aoriste, il faudrait grouper les impératifs par conjugaison, savoir : *a)* verbes en — ω ; *b)* verbes en — μι ; *c)* verbes moyens en — μαι.

a) La plupart des verbes proviennent de la conjugaison en — ω. Nous donnons les verbes grecs et berbères à la deuxième personne du singulier de l'impératif, pour mettre mieux en évidence les affinités.

Grec	Berbère
ἄγε agir.	**ag** (zenaga.Faidh.) agir.
	eg [1] (touareg.Hanot.) agir.
ἄγχε serrer.	**aγi** (taïtoq.Masq.) étrangler.
αἶρε lever.	**ar** (kabyle.Hanot.) lever, ôter.
	err (jeridi, rifain) lever, ôter.
ἁμαρτάνε tromper.	**amarta** (zenaga.Faidh.) tromper.
ἀμύνε défendre.	**emoud** (tamahaq.Kaoui) défendre.
ἀναφλάε exciter.	**ennefli** (tamahaq.Kaoui) exciter, jouir.
ἀσχαλά se mettre en colère.	**esχela** (zouaoua) effrayer.
αὔε retentir.	**aui, aoui** (tamah.Kaoui) chanter.
αὔξε, ἀέξε (homérique).	**ezzi** (kabyle.Ol.) grandir.
ἀφάνιζε réduire.	**efenez** (tamahaq.Kaoui) diminuer.
ἀφάσσε toucher.	**eθes** (φ = θ) (taïtoq.Masq.) toucher.
gaccha (sanscrit) βάσκε marcher.	**eggech** (touareg.Hanot.) entrer.
ἐγείρε s'éveiller.	**ekker** (chaouïa.Sierak.) s'éveiller.
	enker (taïtoq.Masq.) s'éveiller.
ἐγκλέϜιε informer.	**eγlef** (tamahaq.Kaoui) confier.
ἔδε manger.	**ahd** (Beni-Men.Basset) dévorer.
εἴργε pour Ϝείργε enclore.	**fereg** (zouaoua, tamah.) enfermer.
εἰσάγε introduire.	**ezougeh** (touareg) introduire.
ἐκφέρε se porter en dehors.	**effer** (kabyle.Ol.) faire saillie.
ἐράε aimer.	**ari** (touareg) aimer.
	eres (kabyle.Ol.; Beni-Men.Basset) aimer.
ἐρέθε provoquer.	**hereθ** (kabyle) agacer.
ἐρύε écarter.	**err** (taïtoq.Masq.) empêcher.
εὕδεσκε (Iliade, 22-503) se coucher.	**oudech** (zen.Faidh.) se coucher.
ἐφίζε placer dessus.	**efezer** (V. de Par.) étendre.
θέρε allumer.	**sir** (kabyle.Ol.) allumer.
θερίζε moissonner.	**ferez** (f = θ) (taïtoq.Masq.) moissonner.

(1) Remarquons à ce propos que dans l'inscription 205 du *Corpus*, t.VIII, on trouve *egit* pour *agit*.

θίγε toucher, atteindre.   θeger (kabyle.Ol.) lancer.

ἵκε venir.   ek (taïtoq.Masq.) venir.

ikka (taït.Masq.) il est venu.

ἰσχύε être fort.   isχa (taïtoq.Masq.) être fort.

κάμνε se fatiguer.   kammi (kabyle.Ol.) se fatiguer.

κῆδε s'inquiéter.   eken (taïtoq.Masq.) prendre soin.

κολακεύε flatter.   keloulef (ευ = ef) (taïtoq. Masq.) flatter.

λέγε parler.   leγt (tamahaq.Kaoui) parler.

λείχε lécher.   leχ (taïtoq.Masq.) lécher.

μέλε prendre soin.   mel (kabyle.Ol.) montrer.

ξηραίνε dessécher.   sirer (tamahaq.Kaoui ; kabyle.Ol.) dessécher.

ὁδεύε faire route.   eddou (kabyle.Ol.) marcher.

ὁμίλε parler.   amel (gerbien.Basset) parler.

ὀρύσσε fouiller.   erez (kabyle.Ol.) fouiller.

σημαίνε montrer.   semoun (kabyle.Ol.) montrer.

συνεδαφίζε plier.   senedefez (taïtoq.Masq.) niveler.

συστέλλε raccourcir.   zouzell (kabyle.Ol.) raccourcir.

σχές avoir.   exes (gerbien.Basset) avoir.

τίμα apprécier.   demâ (kabyle.Ol.) prétendre, apprécier.

ὑβρίζε outrager.   ebrez (zouaoua.Ol.) outrager.

ὑφαιρεῖ soustraire.   soufer (kabyle.Ol.) soustraire.

φρίσσε frissonner.   frious (kabyle.Ol.) trembler.

χράε acquérir.   krah (taïtoq.Masq.) acquérir.

ὠθέε frapper.   ouθ (kabyle, zenaga) frapper.

outs (chaouïa) frapper.

b) Impératifs de la conjugaison en — μί ayant formé le radical verbal de verbes berbères.

ἀφῆσε laisser.   efesi (kabyle.Ol.) laisser.

c) Impératifs de la voix moyenne en — μκι ayant formé le radical verbal de verbes berbères.

ἀγωνίζου disputer.   ekenez (touareg.Hanot.) disputer.

χαριζοῦ plaire.   χarez (kabyle.Ol.) plaire.

eχerez (taït.Masq.) réjouir.

10° Verbes berbères dont le thème radical provient de l'infinitif grec. Bien que l'infinitif ait disparu de la langue berbère, certains thèmes radicaux paraissent provenir de ce temps.

ἀγχεῖν serrer.   aqqen (taïtoq.Masq.) serrer.

ἄρειν ajuster.   seren (taïtoq.Masq.) ajuster.

ἔδειν brouter.   eden (tamahaq.Kaoui) brouter.

ἐρώειν aller vivement, *ruere*, lat.   erouel (mzab.Basset) courir.

ἐνδύειν faire pénétrer.
endel (tamahaq.Kaoui) enfouir.

ἔχειν avoir.
eken (tamahaq.Kaoui) exécuter.

ἰδεῖν voir.
isin (kabyle.Ol.) savoir.

μίσγειν mêler.
meskel (taït.Masq.) mêler.
[Comparez le latin miscellus.]

συμφέρειν réunir.
senferen (tamahaq.Kaoui) choisir.

φέρειν porter.
feren (kabyle.Ol.) porter.

Certains verbes grecs ont subi des altérations telles qu'il est impossible de déterminer celui de leurs temps qui a servi à fixer le thème radical du verbe berbère. Les verbes grecs ainsi déformés sont ceux dont l'indicatif se termine par deux voyelles, savoir : les verbes en αω, εω, ευω, οω, υω. Quelques verbes en ζω ont subi les mêmes dégénérescences. Seule la racine a persisté. Voici quelques exemples :

ἐξεράω évacuer.
exer (touat.Bass.) évacuer.
[Comparez le latin exire sortir.]

ψηλαφάω caresser.
selef (kabyle.Ol.) caresser.

κοννέω écouter.
ekedd (tamahak.Kaoui) écouter.

ἑρμινεύω faire connaitre sa pensée.
elmid (V. de Par.) apprendre.

ἱκετεύω supplier.
eqqued (tamahaq.Kaoui) supplier.

ζηλόω avoir de l'ardeur.
ezil (V. de Par.) courir.
azel (kabyle, chaouïa) courir.

νεκρόω faire mourir.
eneγ, enekr (divers dialectes) tuer.

φηλόω tromper.
fil (V. de Par.) abandonner.

γηρύω faire entendre sa voix.
ager (touareg) appeler.

δεικνύω montrer.
sekn (taïtoq.Masq.) montrer.

ἐθίζω accoutumer.
eωi, ezzi (taïtoq.Masq.) accoutumer.

νομίζω avoir l'habitude.
nem (touareg, kabyle) avoir l'habitude.

ὀνομάζω nommer.
eneba (chaouïa, arabe moghreb.) appeler.

ὑγιάζω guérir.
ejji (kabyle.Hanot.) guérir.

ἀγγέλλω envoyer.
enki (nefoussa.Bossoutrot) envoyer.

βούλομαι vouloir.
aboul (kabyle.Ol.) projeter.

Thèmes verbaux berbères provenant du latin

Comme supplément à ces remarques, nous pouvons ajouter que certains verbes berbères tirent leur origine de verbes latins. Il s'agit donc là d'une incorporation relativement récente. Cette survivance de la domination romaine n'a, pas plus d'ailleurs que l'influence hellénique, été signalée par les berbérisants ; Masqueray est le seul à avoir remarqué l'abondance des termes latins parmi les substantifs du chaouïa.

Le même type de fixation du thème radical du verbe berbère sur un temps de verbe existe pour le latin comme pour le grec. Cette particularité, datée par la période romaine, permet de penser que la dégénérescence de la langue berbère s'est faite parallèlement avec celle de la civilisation locale, à la suite de l'invasion arabe.

1° Exemples de thèmes verbaux berbères formés sur l'infinitif latin. Ce sont les plus nombreux :

amare aimer.	âmel (kabyle.Ol.) aimer.
augere augmenter.	ouger (touareg.Hanot.) surpasser.
cadere tomber.	chodor (zen.Masq.) tomber.
	odar (zen.Faidh.) faire tomber.
κάρδος. carduus, chardon, d'où le verbe local cardare.	cardach (chaouïa) carder.
ducere amener.	doukel (zouaoua, tam.) réunir.
efferre porter hors.	effer, effir (kabyle, targui) cacher.
egere porter hors.	eger (kabyle.Hanot.) jeter.
exire sortir.	exer (touat.Basset) descendre.
	[Comparez ἐξεράω évacuer.]
metari mesurer.	meter (kabyle.Ol.) mesurer.
metere moissonner.	meger (kabyle.Ol.) moissonner.
ruere se précipiter (ἐρόειν).	erouer (rifain.Bass.) fuir.
sapere goûter.	aber (chaouïa) goûter.
siccare sécher.	ecar (tamahaq.Kaoui) sécher.

2° Exemples de thèmes verbaux berbères formés sur l'indicatif latin :

cado tomber.	oudou (tamahaq.Kaoui) tomber.
foro percer.	afiou (kabyle.Ol.) percer.
ignio cuire.	igna (taït.Masq.) cuire, être cuit.
ordino (ordo) arranger.	ourdou (tamah.Kaoui) arranger.
	aden (chaouïa.Sier.) ordonner.
scando monter.	skedou (taïtoq.Masq.) franchir en sautant.
sicco sécher.	seccou (kabyle.Ol.) sécher.

3° Exemples de thèmes verbaux berbères formés sur l'impératif latin :

duce, adduce conduire.	adeg (touareg.Hanot.) conduire.
extere bannir, extirper.	ester (tamahaq.Kaoui) bannir.
muta changer.	moutti (taïtoq.Masq.) changer.
neca tuer.	eneca (chaouïa) tuer.
	[Comparez νεκρόω faire mourir.]
ora parler.	ora (zenaga.Faidh.) parler.
oriri ouvrir.	ari (divers dialectes) ouvrir.
somnia songer; somnus, sommeil.	somme (zenaga.Faidh.) dormir.

tussi tousser.	**toussi** (chaouïa.Merc.) tousser.
ure brûler.	**err** (kabyle.Ol.) brûler.

4º Exemples de thèmes verbaux berbères formés sur le prétérit latin :

adeo, prétérit **adivi**.	**adef** (chaouïa.Mercier) entrer.
cado, prétérit **cecidi**.	**jejidi** (chaouïa.Mercier) tomber. [1]
fundo, prétérit **fudi**.	**efesi** (tamahaq.Kaoui) dissoudre.
rideo, prétérit **risi** pour **ridsi**.	**edhz** (tamahaq.Kaoui) rire.

2º Les causes de la fixation des thèmes verbaux sur des temps spéciaux

En synthétisant les notions acquises dans les pages précédentes, on arrive à expliquer aisément la fixation sur un temps du verbe grec ou latin des radicaux des verbes berbères. Cette fixation si inattendue et si curieuse au premier abord a été déterminée par deux causes principales : 1º l'emploi plus vulgarisé de certains temps par les Libyens ; 2º la forme spéciale de certains temps du grec, qui fait d'eux comme la racine du verbe.

A — Emploi plus vulgarisé de certains temps

Pas plus dans le grec antique que dans les langues modernes, on ne se servait avec une égale fréquence des divers temps du verbe. L'aoriste, l'indicatif et l'impératif étaient d'un emploi plus courant. Le futur, comme nous le montrerons, n'était déjà plus usité à l'époque romaine. On le formait à l'aide d'un auxiliaire. Cet usage courant de certains temps explique pourquoi ils ont servi plus spécialement à former le thème radical d'un verbe berbère. Les sons entendus le plus fréquemment furent forcément ceux qui se fixèrent de préférence. L'aoriste était le temps le plus usité. Rien de plus naturel qu'il soit devenu le thème radical de la nouvelle formation des verbes berbères. Comme la troisième personne de l'aoriste grec se termine par le son ε, elle représente pour ainsi dire la racine de ce temps. En effet, les autres personnes sont indiquées par des désinences variables. Il en résulte que presque constamment c'est la troisième personne de l'aoriste grec qui paraît avoir servi à créer l'aoriste berbère. Ainsi **ekous** (tamahaq) *il s'est échauffé,* reproduit phonétiquement ἔκαυσε *il a brûlé ;* **errez** *il a cassé* est la reproduction de ἔρρηξε, même sens. Il suffira de parcourir les listes que nous avons données de ces formations pour se convaincre que c'est bien là le mécanisme d'appropriation de l'antique dialecte libyen à la formation de la

---

[1] Nous avons vu précédemment que le verbe tamahaq «oudou», *tomber*, est construit sur l'indicatif latin *cado,* avec chute de la gutturale initiale.

nouvelle langue qui s'est constituée lors des invasions sémitiques du Moghreb.

D'ailleurs, aujourd'hui, nous assistons à des formations identiques chez les indigènes non instruits mis au contact de Français. Ils prennent pour former un verbe le son qu'ils entendent le plus souvent. Ce son constitue un thème radical et sert à établir un verbe qui se conjugue à la mode arabe. Exemple : Les tirailleurs ont créé le radical **sacr** pour dire *jurer, sacrer*. Ils conjuguent à l'arabe **nesacr, tesacr, isacr,** *je jure, tu jures, il jure,* etc. Ce sont des formations analogues à celles que nous avons relevées pour le berbère par rapport au grec. Il est inutile d'en multiplier les exemples.

B — FORME SPÉCIALE DE CERTAINS TEMPS DU GREC

Parmi les temps grecs, l'impératif constitue, à la deuxième personne, la racine du verbe. Exemple : ἄγε *agis*. Les autres temps du verbe grec ne sont constitués en réalité que par des préfixes ou des suffixes adaptés à ce vocable ἄγε. C'est donc bien là la racine de ce verbe. Cette particularité explique pourquoi tant de verbes berbères paraissent tirer leur thème verbal de la 2ᵉ personne de l'impératif grec. On se rend compte ainsi de ce fait qu'en berbère la 2ᵉ personne de l'impératif constitue la racine verbale.

Les exceptions à ces deux règles, qui ont présidé à la constitution des verbes berbères, paraissent tirer leur origine d'usages locaux. C'est ainsi que les thèmes verbaux provenant du futur appartiennent pour la plupart à des verbes kabyles. L'emploi du futur devait donc avoir persisté chez les Zouaoua. Pareillement, ce sont les dialectes touareg qui ont le plus souvent formé leurs thèmes verbaux sur la voix moyenne.

3ᵉ Affinités européennes de la conjugaison berbère

L'analyse de la conjugaison berbère nous fera connaître ses affinités avec celle des langues européennes anciennes.

Le paradigme de l'aoriste, temps principal de cette langue, est le suivant :

Singulier

1ʳᵉ personne	....	— eγ
2ᵉ —	....	0 — ed, eδ ou edẕ
3ᵉ — masc.	....	i —
3ᵉ — fém.	....	0 —

Pluriel

1ʳᵉ personne	....	n —
2ᵉ — masc.	....	0 — m
2ᵉ — fém.	....	0 — m 0
3ᵉ — masc.	....	— n
3ᵉ — fém.	....	— nt

A — Préfixes verbaux

Les préfixes paraissent être les pronoms personnels arabes. L'analogie entre ces pronoms et ceux des langues européennes a facilité leur introduction dans le berbère. Un rapide examen le prouve. Le pronom personnel de la 2ᵉ personne est σύ, σέ (attique), τύ (dorien), tu (latin). Il s'écrit en berbère θ ou t, selon les dialectes. En arabe, il est ت = t.

Le pronom de la 3ᵉ personne n'existe pas, à proprement parler, en grec et dans les langues italiques. On le rend par celui-ci, celui-là : αὐτός, iste, ille. Les Français ont tiré de ce dernier terme leur il. Les Arabes ont le préfixe pronominal ي = i, et au féminin ت = t. Ce dernier est le même en berbère. Seulement, on verra ailleurs que les Berbères caractérisent les féminins par un t ou θ placé comme préfixe et très souvent aussi comme suffixe aux mots dont ils spécifient le genre. Ce mode de désignation du féminin était antérieur à l'invasion islamique.

La 1ʳᵉ personne du pluriel est en sanscrit nāu, en zend nô, en latin nos, en petit slave na, en grec (au duel) νώ ; en arabe et en berbère, elle est figurée par le préfixe ن = n.

La 2ᵉ personne du pluriel dans les langues européennes paraît primitivement formée sur la 2ᵉ personne du singulier : en sanscrit tva, d'où le duel grec σφώ, le latin vos pour tvos ; en arabe, cette personne est figurée par le préfixe ت = t ; en berbère, par t ou θ.

En résumé, les préfixes de la conjugaison berbère peuvent tirer leur origine des langues européennes : leur identité avec les préfixes sémitiques explique leur persistance dans le berbère.

B — Suffixes verbaux

Les suffixes de l'aoriste berbère ne sont pas sémitiques. L'aoriste arabe n'emploie de suffixe au singulier que pour le féminin : ي = i final. Les suffixes du pluriel sont uniformément ou à toutes les personnes.

Pour comprendre la valeur des désinences du verbe berbère, il est bon de rappeler comment se sont établies celles des verbes européens, en prenant le grec pour exemple.

Le verbe grec, dont on admire les nombreuses flexions susceptibles de traduire toutes les variations de la pensée, ne s'est certainement pas créé de toutes pièces dans cet état de perfection. Il est très facile de mettre en lumière le mécanisme de sa formation, qui donnera en même temps la clé de celle du verbe berbère.

Primitivement, ce verbe a été monosyllabique, ex.: ἄγ — signifiait « le fait de conduire ». Pour préciser qu'à l'instant le fait de conduire était produit par soi, on suffixait à ἄγ — un pronom personnel ἔγω je — par abréviation jω, puis ω — d'où le terme αγεγω, αγjω, ἄγω, signifiant l'action de conduire est accomplie maintenant par moi : *je conduis*. Même formation en berbère **ageɣ** *je conduis*, affixation à **ag** de **eɣ**, pour ἔγω, *je*.

Pour indiquer que l'action est faite dans le moment par une seconde personne, on affixait à la fin le son **s**, ayant la valeur d'un pronom de la 2ᵉ personne, en grec et en latin.

Dans les langues germaniques, le pronom suffixe de la 2ᵉ personne est —**st**. La seconde personne berbère **eð, edz** tient le milieu entre ces deux formations : ἄγεις *tu agis*, **agis** latin, θ-**agedz** berbère.

La 3ᵉ personne s'exprimait en grec par un son ει à l'indicatif. Le berbère figure ce son soit par une muette, comme en kabyle, soit par un **a** comme en taïtoq ou en chaouïa. Ex.: ωθει *il frappe*, iouθe (kabyle), iouθa (chaouïa) ; ἄγει *il conduit*, iage berbère.

Pas de pronom suffixe de la 1ʳᵉ personne du pluriel en berbère. Le grec se servait de l'affixe —μεν.

La 2ᵉ personne du pluriel grecque se termine en τε, celle du berbère en **em**. Cette désinence est assimilable au sanscrit **jushme**, ou au grec ὑμεῖς *vous*. En d'autres termes, l'affixe européen —τε est remplacé ici par son équivalent **em** = ὑμεῖς, que les dialectes grecs usitaient isolé, et non comme suffixe.

Il y a identité entre les deux 3ᵉˢ personnes de l'aoriste au pluriel : **αν** en grec, **en** en berbère.

Telles sont les désinences pronominales de la conjugaison berbère. Ces désinences ont perdu pour les indigènes leur caractère de pronom, aussi ont-ils placé devant chaque personne le préfixe sémitique correspondant à celle-ci. Ce phénomène est très normal. On l'observe dans la plupart des langues dérivées. La langue française fournit un exemple de cette évolution. Malgré la présence des désinences variables selon les personnes et vestiges d'anciens suffixes pronominaux, on fait procéder chaque personne d'un pronom isolé spécial. Ex. : j'ai, tu as, il a, nous avons, vous avez, ils ont. Toutes les langues modernes fournissent des exemples identiques.

Cette exposition de la formation du verbe berbère montre à quel degré de dégradation la langue libyenne a été réduite par régression. Les anciennes flexions avaient été oubliées. Le verbe, remplacé par un thème verbal tiré du son le plus souvent entendu. A ce thème ainsi constitué, affixation de pronoms personnels employés d'ordinaire isolément. Voilà pourquoi on trouve pour la première personne du singulier l'affixation de ἔγω, avec chute de ω final ; pourquoi, à la seconde personne du pluriel, on relève l'affixation de ὑμεῖς, également avec la chute de la finale, alors que dans le grec régulier ces pronoms étaient toujours isolés. Enfin, comme pour la plupart des nouvelles langues formées des débris d'un langage plus ancien, des pronoms personnels préfixes forment avec les désinences finales, dont la valeur a été oubliée, une sorte de pléonasme.

Il y a eu là un travail de dégradation linguistique fort curieux.

Le temps, constitué comme nous l'avons exposé, rend l'idée de présent.

C — FORMATION DES TEMPS

Passé

L'idée du passé s'exprimait en sanscrit par le préfixe **a**; ex.: **adhâm** *j'ai placé;* en grec par le préfixe ε : ἔθην *j'ai placé*. Les variations du passé s'exprimaient par des suffixes différents intercalés entre le radical et la désinence finale en **a**, savoir : d'une lettre **δ** pour le passé rapproché et **κ** pour le passé éloigné (parfait, plus-que-parfait).

Prenons un exemple que les redoublements ne viennent pas compliquer : τιμῶ *estimer*.

Le passé le plus proche (imparfait) sera indiqué seulement par le préfixe ε : ἐ-τίμων. L'aoriste par le préfixe ε et l'intercalation, entre le radical et la désinence différente de celle du présent, d'un σ : ἐ-τίμη-δ-α. Le parfait vrai remplacera par un redoublement de la première syllabe le préfixe ε et intercalera un κ avant la désinence finale ; exemple : τε-τίμη-κ-α. Le plus-que-parfait aura la même forme, plus accentuée, en faisant précéder celle-ci du préfixe du passé ε ; ex.: ἐ-τε-τιμή-κ-α.

Il y a une graduation très régulière dans cette détermination par un préfixe de plus en plus accentué selon les temps et l'intercalation d'un son ayant eu primitivement un sens entre le radical et la désinence.

En berbère, cette intercalation a disparu, de sorte qu'on ne peut plus saisir les nuances du passé. L'intelligence de la population, par sa régression, a cessé d'apprécier ces différences de temps. Les primitifs ne possèdent qu'imparfaitement les notions de temps et de distance. Pour cette raison, les finales demeurent au passé les mêmes qu'à l'aoriste. Le seul changement est l'emploi du préfixe **ai**, intermédiaire entre **a** sanscrit et ε grec. Exemples :

aiθelou (zouaoua) *il a troublé* — ἐθόλου.

aikenou (zouaoua) *il s'est baissé* — ἐκίνει.

aiθerel (zouaoua) *il a chauffé* — ἐθερετο.

Futur

Le futur dans le grec classique était indiqué par l'insertion de **δ** entre le thème radical et le suffixe personnel. Ex.: θή,δω *je placerai*. Cette forme est tombée en désuétude chez les Libyens. A l'époque romaine, on se servait déjà d'un verbe auxiliaire suivi de l'indicatif. L'habitude en était si arrêtée que les auteurs indigènes qui écrivaient en latin, tels que Tertullien, Cyprien, Corippe, etc., employaient l'auxiliaire **volo** avec l'indicatif. Corippe dit, dans *la Johannide* (IV, 89): *Servire* **volunt** pour *servient*. On pourrait multiplier les exemples.

Le grec moderne a adopté une forme analogue. On emploie, comme en anglais, l'auxiliaire « vouloir » θέλω, θά. La même évolution par dégénérescence s'est accomplie pour le berbère.

Aujourd'hui, les Berbères indiquent le futur par le préfixe **aθ** (kabyle, chaouïa), **ad** (touareg) ou **ha**, assimilable à θά, du grec. On trouve en effet les deux formes ἐθέλω et θέλω correspondant à **aθ** (berbère) et à θά (grec moderne.) Un Grec moderne dira : *je placerai* θά-θέσω ; un Targui aθ-θens-eγ : *je cacherai* aθ-effer-eγ, etc.

Impératif

Comme nous venons de l'expliquer, l'impératif représente, à la 2e personne du singulier, en berbère, la racine du verbe. En grec, il en est de même pour beaucoup de verbes : il n'y a, en plus, qu'une désinence ε, que l'on pourrait figurer de même en berbère, avec un son muet. Comme nous l'avons montré, c'est par l'impératif que l'on peut le mieux apprécier les rapports linguistiques entre le berbère et le grec. Nous en avons donné suffisamment d'exemples pour qu'il ne soit pas nécessaire d'y revenir *(pages 17-18)*.

Participe

Le participe berbère est, avec l'impératif, le temps le mieux conservé. Il se forme par l'adjonction au thème radical du suffixe **an**. Ce participe prend un article préfixe. Il a le sens du présent et du passé. C'est une formation comparable à celle du participe présent grec, construit à l'aide du suffixe —ων identique à **an**. Rappelons que dans l'antiquité cette dernière forme devait déjà exister. Les noms de tribus libyennes ayant l'aspect de participe le prouvent : Atar-**antes**, Garam-**antes**, Byz-**antes**, etc. Nous pouvons, comme pour l'impératif, faire les rapprochements suivants :

ἄγ	ων	agissant	ag	**an**
φηλό	ων	abandonnant	a-fil	**an**
ἀμύν	ων	défendant	amoud	**an**
ἀφάνιζ	ων	diminuant	efenez	**an**
ὁμίλ	ων	parlant	amel	**an**
ἐγείς	ων	éveillant	enker	**an**
ὀρύσσ	ων	fouillant	erez	**an**
μέλ	ων	soignant, montrant	a-mel	**an**
αἴρ	ων	levant, ôtant	err	**an**

L'impression laissée par l'étude de la conjugaison berbère peut se résumer ainsi : la conjugaison berbère découle de la conjugaison grecque atrophiée et dégénérée. L'atrophie a réduit cette conjugaison à trois temps : l'aoriste, l'impératif et le participe. La dégénérescence a diminué à l'extrême les suffixes destinés à indiquer les personnes. Cette altération régressive ne permet plus d'exprimer les diverses variations de temps qu'au moyen d'auxiliaires.

4° Origine européenne de quelques formes verbales du berbère

La langue berbère, en s'imprégnant de sémitisme, a créé, par analogie, des formes verbales différenciées surtout au moyen de préfixes. Certains dialectes sont très riches de ces formes verbales. Le dialecte zouaoua de Kabylie n'en possède pas moins de dix simples et une quantité d'autres produites par la combinaison de ces formes simples entre elles. A l'exception de quelques-unes qui proviennent de l'arabe, ces formes sont particulières à la langue berbère ; quelques-unes paraissent n'être que la reproduction de verbes helléniques composés.

Nous allons étudier, comme exemples, la première forme, qui est la plus répandue. Elle est caractérisée par le son **s** préfixé au thème verbal ; ce préfixe indique l'idée de faire faire l'action. Cette forme n'existe pas en arabe avec ce préfixe.

Certaines de ces formes verbales reproduisent des verbes grecs à peine altérés. En voici des exemples :

sen edefez (taïtoq. Masq.) niveler.	συνεδαφίζε niveler.
sen teδ (zouaoua) réunir.	συνέδησα (aoriste) même sens.
sen gougou (zouaoua) rassembler.	συνήγαγον (aoriste) même sens.
sen feren (tamahaq) choisir.	συμφέρειν (inf.) réunir.
sen ker (taïtoq. Masq.) mettre en mouvement.	συναγείρε rassembler.

Il est évident que les verbes cités comme exemples sont des altérations d'anciens verbes grecs composés avec la préposition **σύν**, altérée en **sen** dans le berbère moderne.

Quelques formes verbales berbères précédées du son *sem* sont regardées par les berbérisants comme composées de **s**, caractéristique de la première forme, et **m**, marque de la seconde forme. Comme ceux que nous venons d'énumérer, ils représentent des altérations de verbes grecs composés avec **σύν** ; le **ν** hellénique est devenu **m**. Cette mutation phonétique est des plus fréquentes en berbère.

sem egouret (tam. Kaoui) inviter.	συναγείρω rassembler.
sem eyet (tamahaq. Kaoui) réunir.	**samdayati** (sanscrit) réunir.
sem mendheren (tam. Kaoui) réfléchir.	μενθήρη préoccupation, d'où un verbe libyen probable : συμμενθήρειν, tombé en désuétude dans le grec classique.

Dans d'autres formes berbères, le son **n** ou **m** a disparu; seule la sifflante initiale σ a persisté. Tels sont, comme exemples :

soukes (zouaoua.Ol.) brûler.	συγκαύσε brûler.
sedou (tamahaq.Kaoui) réunir.	συνδέω réunir.
zouzell (zouaoua.Ol.) raccourcir.	συστέλλε restreindre.
sedoukel (tam.Kaoui) accoupler.	συνδυάζω même sens.
segou (zouaoua.Ol.) fréquenter.	συνάγω rassembler.

La forme obtenue par le préfixe **s** peut provenir de la préposition εἰς (dans) altérée :

zougeh (touareg) introduis.	εἰσάγε même sens.

S peut rappeler aussi εκ, ἐξ (hors), préposition qui parfois est correctement conservée.

sibles (tamahaq.Kaoui) irriter.	ἐξυβρίζω même sens.
esigeg (tamahaq.Kaoui.) éloigner.	ἐξήγαγον même sens.
seyerem (tam.Kaoui) faire savoir.	ἐξαγορεύμαι même sens.
exer (touat.Bass.) évacue.	ἐξεράω même sens (**exire**).

Les auteurs ont poursuivi l'étude des dialectes berbères par l'intermédiaire de gens se servant de l'arabe. C'est pour cette raison qu'ils ont constitué autant de formes. Si on échappe par la pensée aux règles de grammaire sémitique, on remarque dans les langues européennes des formations analogues à celle du berbère. Et cependant, les grammairiens n'ont jamais eu l'idée d'en constituer des formes verbales.

Nous relevons au hasard, comme verbes qui seraient classés dans la première forme berbère :

ἠθῶ filtrer.	σήθω tamiser, cribler.
κεδάννυμι disperser.	σκεδάννυμι mettre en déroute.
τρέπω tourner.	στρέφω tordre.
τύπτω frapper de près.	στυφελίζω frapper fort, renverser.
fallo (latin) tomber.	σφάλλω faire tomber.
χάζω séparer.	σχάζω ouvrir en coupant.
	σχίζω séparer en fendant.

Dans ces divers exemples, la présence de σ initial parait renforcer l'action, en donnant un sens de faire faire, comme en berbère.

Quelques verbes latins présentent de grandes analogies avec les formations de ce type. En voici quelques exemples :

cedo faire place.	**se**cedo reculer.
cerno séparer.	**se**cerno séparer, disjoindre.
duco conduire.	**se**duco emmener.
grego attrouper.	**se**grego disperser.
jugo joindre.	**se**jugo disjoindre.
lego unir.	**se**lego choisir, enlever.
paro apprêter.	**se**paro séparer.

Enfin, signalons le rapprochement que l'on peut établir entre la sifflante **s** berbère préfixée et la sifflante ζ grecque suffixée. Quelle que soit leur place, l'une et l'autre donnent au radical le sens transitif, ou indiquent l'idée de faire faire. Voici quelques rapprochements entre les verbes berbères en **s** et les verbes grecs en ζω :

s enem (tam.Kaoui) accoutumer.	νομίζω de νόμος usage.
s egget (tam.K.) augmenter.	αὔξω pour αυγζω.
se mouγer (Kab.Ol.) agrandir.	μεγαλίζω de μέγας, grand.
sou θeθ (Kabyle.Ol.) allaiter.	θηλάζω de θηλή, mamelle.
sek ourneni (Kab.Ol.) arrondir.	κορωνιάω se recourber pr κορωνίζω.
s ibles (tamahaq.K.) s'irriter.	ὕβρίζω même sens, de ὕβρις excès, ardeur.
s emelil (kabyle.Ol.) joindre.	ὁμαλίζω rendre semblable, égaliser.
se louer (kabyle.Ol.) lisser.	λευρίζω lisser (inusité) de λευρός lisse.
s bertch (mzab.Basset) se noircir.	περκάζω (Hesychius) rendre noir, de πέρκος noir.

Chapitre III

Origine et Formation des Qualificatifs berbères

Les qualificatifs berbères se relient directement aux verbes. C'est, en effet, au moyen de verbes que les Berbères expriment le plus souvent la qualité d'un objet.

1º Le verbe peut être conjugué à l'aoriste et aussi au futur ;

2º Il peut être employé seulement au participe présent, précédé de **a** article ;

3º Le qualificatif peut constituer un adjectif, comme dans les diverses langues européennes et aussi sémitiques ;

4º Le qualificatif peut être tiré d'un thème verbal que l'on fait précéder du son **m**, avec ou sans modification de prononciation dans l'intérieur du mot ;

5º Le qualificatif est, enfin, très souvent exprimé par une périphrase.

1º Verbes qualificatifs berbères

Les grammairiens les rapprochent des verbes de la IXᵉ forme arabe. Nous croyons que l'on peut émettre quelques réserves au sujet de cette assimilation établie par Hanoteau[1] et adoptée par les autres berbérisants.

Pour éliminer les rapprochements avec la IXᵉ forme de verbes arabes, nous ferons remarquer que celle-ci ne s'obtient qu'en préfixant un *alif* (ا) et en ajoutant un *chadda* (ّ) à la troisième radicale. On observera aussi que tandis que les formes berbères qualificatives sont usitées couramment, la XIᵉ forme arabe ne s'emploie pas dans le langage. Il n'est pas rationnel qu'une forme inusitée d'une langue ait passé à l'état courant dans une autre.

Après avoir écarté toute influence sémitique dans la formation des verbes berbères dits « qualificatifs », nous en étudierons la conjugaison. Les préfixes berbères indiquant dans les autres verbes les diverses personnes du temps ont disparu. Il ne reste que les pronoms suffixes, au singulier. C'est ainsi que l'on a :

> berikeγ   je suis noir.
> berikeδ   tu es noir.
> berik   il est noir.
> berikeθ   elle est noire.

Le pluriel est unique pour les trois personnes. Il s'exprime par :

> berikiθ nous sommes, vous êtes, ils sont noirs.

Nous aurions une tendance à considérer cette formation verbale

---

(1) Hanoteau : *Grammaire kabyle*, p.194 et suiv.

qualificative comme une simplification du verbe grec par les Berbères, présentant une analogie complète avec celle que les nègres, voire même les indigènes du nord de l'Afrique, font subir à la langue française lorsqu'ils disent : moi noir, pour : je suis noir. Un rapprochement du berbère avec le grec permettrait de se rendre compte qu'il s'agit d'une altération de même sorte produite dans la première des deux langues :

Singulier

berik eγ	πέρκ (ος) ἐγ (ώ)	noir moi.
berik eᵭ	πέρκ (ος) δ (ύ)	noir toi.
berik	πέρκ (ος)	noir.
berik eθ	πέρκ (η) αὐτ (ή)	noire elle.

Pluriel

| berik iθ | πέρκ (οι) αὐτ (οί) | noirs ceux-ci. |

Cette simplification de la conjugaison aux trois personnes du pluriel cesse quand elle est employée au futur. Elles prennent les désinences que nous avons signalées dans le verbe régulier.

Voici une liste de quelques verbes qualificatifs berbères ; nous en rapprochons, à titre étymologique, l'adjectif grec dont ils paraissent provenir :

i-afan (riff.Basset) il est laid.	ἀφάνης terne.
i-barad (ghat.Basset) il est petit.	παῦρος petit.
i-chechaᵭ (tam.K.) il est mauvais.	κακός mauvais.
	kishku (sanscrit).
i-feltes (taïtoq.Masq.) il est plat.	πλάτυς plat.
ie-graz(tam.Kaoui)il est agréable.	χαρίεις agréable.
i-kena (taït.Masq.) il est fertile.	γονή fertilité,
	d'ou γόνιμος fertile.
i-kena (zouaoua.Ol.) il est courbe.	κενός creux.
i-kor (chaouïa, targui, mzab.) il est dur.	χέρσος dur, sec.
i-naï (taït.Masq.) il est jeune.	νέος jeune.
i-taki (tam.Kaoui) il est prompt.	ταχύς prompt.
i-θeer (zouaoua.Ol.) il est visible.	θεωρητός visible.

Quelques-uns de ces verbes qualificatifs ont été construits ainsi parce que le mot dont ils sont dérivés commençait par une voyelle. Exemples :

idjnos (zen.Faid.) il est maigre,	provient de ἰσχνός maigre.
iddiket (tam.K.) il est tranquille,	de ἡσύχος tranquille.
iereren (taït.Masq.) il est blond,	pour ereθren, de ἐρυθρανός rouge.
igguet (tam.K.) il est abondant,	de ἔγκυος plein, abondant.
inagga (tam.K.) il est nécessaire,	de ἀναγκαῖος nécessaire.
iousi (tam.K.) il est bon, beau,	de ἐύς bon.

iterouz (mzab.Bass.) il est pareil, de **itara** (européen primitif), **iteru** (latin) pareil, semblable.

ixaï (chaouïa) il est pointu, de ὀξύς pointu.

izouer (zoua.Ol.) il est puissant, de **ishiras** (sanscrit), ἱερός, pour ἰσχρός fort.

2º Participes présents usités comme qualificatifs

M. Basset[1] considère, et avec juste raison, certains adjectifs en *an* comme des participes présents. Pareille formation se retrouve en grec. Fréquemment, le participe présent y est employé comme épithète.

Voici quelques exemples de ces formations berbères avec leurs similaires helléniques :

a-berkan (zouaoua.Bass.) noir. περκιάζων part. prés.: noircissant.

iken (zouaoua) semblable. εἰκών part. prés.: de εἴκω être semblable.

a-koran (zouaoua.Ol.) dur. χερσεύων p.pr.: être ferme, inculte.

a-mogran (zouaoua.Ol.) grand. formé sur μέγας grand.

mannoun (nefoussa.Bos.) certain. μηνύων indiquant, désignant.

ahraouan (zouaoua.Ol.) large. formé sur εὐρύς large.

seloufoun (taït.Masq.) caressant. ψηλαφῶν part. prés.: caressant.

a-zidan (zouaoua.Ol.) doux. ἥδων part. prés.: charmant.

a-zouran (zouaoua.Ol.) fort. ἰσχυρῶν part. prés.: étant fort.

3º Adjectifs qualificatifs proprement dits

Quelques qualificatifs paraissent jouer le rôle d'adjectifs avec singulier et pluriel. Leur conjugaison semble facultative. Nous en donnons quelques exemples, avec leur similaire européen :

a-magouz (kabyle.Ol.), pluriel imagaz, indolent. μαλακός mou.

a-ourar (kabyle.Ol.), pluriel iouraren, jaune. γλουρός (phryg.) χλωρός (grec) jaune, d'où le latin **aurum**.

oska (taït.Masq.), pluriel oskaten, fort, puissant. ἰσχύω, ἰσχυρός fort.

taleggi (taït.Masq.), pluriel tileggouin, malheureux. τίλκ, d'où l'adjectif local ταλέκος malheureux.

A ce groupe se rattachent les qualificatifs suivants, d'origine européenne :

a-bous (zenaga.Faidh.) bon. bonus (latin) bon [*a*bous est pour *bonous*].

alouhou (kabyle.Ol.) faible. ἐλαχύς même sens.

cheoun-i (tam.Kaoui) bleu. κίανος cyanus (latin) bleu.

[1] R. BASSET : *Grammaire kabyle*, p. 36.

dir (kabyle.Ol.) mauvais.

efous (chaouïa) droit.

eraou (chaouïa.Sier.) large.

heddig (tam.Kaoui) propre.

a-kouel (taït.Masq.) vert (végétaux).

louggouar (kabyle.Ol.) lisse.

n-aflous (nefoussa.Bossout.) de bonne foi.

oullou (zen.Faidh.) nécessaire.

θelourou (zen.Faidh.) trouble.

zamoum (zouaoua.Robin)[1] courageux, indépendant.

δύσ préfixe indiquant la difficulté, sens de mauvais.

εὐθύς droit (θ = f).

εὐρύς, urau (sanscrit, zend) large.

ἰδικός propre, particulier.

χλοερός, χλωρός vert.

λιγυρός souple.

ἁπλούς honnête.

ὅλος, ὅλλος (archaïque) complet, intact.

θολερός trouble, bourbeux.

ζαμενής impétueux.

4° Qualificatif tiré d'un thème verbal précédé du son m

Ce type de qualificatif provient d'une influence sémitique. Il se rencontre très fréquemment. Ce serait sortir de notre cadre que de nous en occuper longuement. Bornons-nous à constater que beaucoup, malgré leur allure sémitisée, peuvent se rapporter à une étymologie hellénique. Exemples :

a-m-aked attentif, de eked (tam. Kaoui) écouter.

ἤκουσα (aoriste) écouter.

i-m-era large, de ar (taït.Masq.) ouvrir.

formé sur εὐρύς, large.

a-m-estour exilé, de ester (tam. Kaoui) bannir.

ἐξορίζω exiler.

extero (latin) extirper.

i-me-gelak moqueur, de gelek (kabyle.Ol.) se moquer.

ἐγελάξα (aoriste) rire.

a-m-ixen hostile, de exen (taït. Masq.) haïr.

ἔχθρην (aoriste) haïr.

a-me-sfiki pillard, de sfiki (tam. Kaoui) piller.

σφίγγω saisir.

---

[1] « Ce mot kabyle, presque oublié, signifierait à la fois : courageux, qui a de la notoriété et ne se laisse pas diriger. » ROBIN : *Les Ouled-Zamoum*, in *Revue Africaine*, t. XIX, p. 33.

Chapitre IV

L'Origine de l'Article berbère

Les berbérisants ne sont pas d'accord en ce qui concerne l'article.

« L'article n'existe pas en kabyle », dit M. Basset. [1] M. Mercier [2] s'exprime ainsi : « Nous commençons par le nom, l'article n'existant pas en chaouïa, non plus que dans tous les autres dialectes berbères. » M. Hanoteau [3] nous paraît s'être davantage rendu compte de la valeur des préfixes nominaux berbères : « Les sons initiaux des noms kabyles ont, dit-il, une valeur qu'on ne peut méconnaître. Je ne pense pas qu'ils représentent les modifications de l'article, mais je suis disposé à les regarder comme servant à indiquer les genres et les nombres des substantifs. »

L'article existe, en effet, dans les dialectes berbères. Pour mettre hors de doute son existence, il est nécessaire de remonter aux origines de ces dialectes.

Nous serons amené à sortir du cadre adopté jusqu'alors pour nous reporter à ce que nous savons des langues thraco-phrygiennes et helléniques, ancêtres du berbère.

Or, dans ces langues, l'article présente comme particularité de se souder au substantif.

1° *Affixation de l'article* ὁ :

Un exemple emprunté à Aristophane de Byzance est probant : « Les Grecs, dit-il, appellent les Euphèbes Κούρους et les Thraces Ἀγούρους. » [4]

D'autres exemples peuvent être rapprochés de celui-ci. Le thème λαμπ *briller* a donné naissance aux mots ὁλυμπός et λαμπάς. On peut relever ὄβριμος *fort* et βρίμη *force* ; ὁβριάρεως et βριάρεως, nom d'un géant ; [5] Ὀϊλεύς (Homère, Apollodore) et Ἰλεύς [6] père d'Ajax ; ἀμαυρός *obscur* et μαῦρος *noir* ; ἀμάρα *fossé* et *mare* mer ; ἀμόργη *marc d'olive* et *margon* (vieux latin), même sens ; ἀμαλός *mou* et μαλακός, même sens ; ὄνομα *nom* et *nomem* (latin), *náman* (sanscrit), *namo* (gothique), etc.

2° *Affixation des articles* t, s, ts :

Ces articles affixes masculins ou féminins nous sont conservés par des exemples tirés de dialectes différents. C'est ainsi que nous trouvons chez les Hittites le terme *tarchou*, chez les Étrusques *tarchon*, correspondant au grec ἄρχων *chef*. Il est évident qu'il s'agit du même

---

[1] R. Basset : *Manuel de langue kabyle*, p. 35.
[2] G. Mercier : *Le Chaouïa de l'Aurès*, p. 4.
[3] Hanoteau : *Grammaire kabyle*, p. 15.
[4] Nauck-Aristophane, fragment, p. 88. Ἀχαιοί δέ τούς ἐφήβους καλούσι κούρους Θρᾶκες δέ ἀγούρους.
[5] Hésiode : *Théog.*, vers 149 et 817.
[6] Hésiode, fragment XLVIII.

mot précédé d'un article affixé. Le peuple carien, Κάριοι, est appelé par les Egyptiens **Tse**kariou. Les mots ὁά τυρος *satyre,* τί τυρος *berger,* paraissent formés de τυρός précédé d'un article affixe. Le Mysien τέλεφη avait son nom formé de **t**, article affixe, et ἔλαφη *biche.* La ville de Smyrne **Σ**μύρνα tire son nom de l'article affixé à Μύρινα en souvenir de la mythique reine des Amazones. Peut-être θ άλασσα *la mer,* est-il une forme féminine de ἄλασσα, même sens, avec affixation de l'article.

Le déchiffrement des inscriptions cypriotes a mis hors de doute cette habitude de préfixer l'article au substantif. Les Cypriotes écrivent τα να θα να ν pour τάν ᾽Αθάναν, τω να ι λω ν pour τῶν ἄλλων, etc., ainsi que le remarque M. Bréal.[1]

Nous ne multiplierons pas les exemples. Il nous suffit d'avoir établi par ces quelques citations l'usage habituel chez les riverains de la mer Egée d'affixer l'article au substantif. Cet usage a disparu de bonne heure des dialectes helléniques; par contre, il a persisté dans plusieurs autres langues; parmi elles, le libyen. En effet, les mêmes habitudes d'affixation de l'article ont existé chez les Libyens. Les noms géographiques conservés par les auteurs forment une série très probante.

Voici quelques exemples, pris au hasard :

a) Parmi les noms de villes d'Afrique : *Th-agora* (θ αγορά) *le marché; The-lepte* (θε λεπτή) *la dénudée, l'aride; T-isuros* (Τ᾽ ἐγυρός) *le bien fortifié; Te-pelte* (τή πέλτη) *le bouclier; Ti-pasa* (τή πάσα) *la complète, l'importante,* etc. Nous compléterons cette liste dans une autre partie de ce travail;

b) Parmi les mots libyens conservés par les auteurs : **Ze**geries (Hérodote, IV, 192) *les collines,* nom donné à une variété de rats; **Sa**matho (Polyhistor)[2] *la grande,* nom d'une ile;

c) Parmi les surnoms des inscriptions lapidaires d'Afrique : (*Corpus,* t. VIII.)

En effet, l'une des caractéristiques de certains *cognomina* des épitaphes d'Afrique est la présence de l'article libyen avec ses diverses formes, tel que nous allons le retrouver dans le berbère moderne.

Cet article est soudé au cognomen d'origine grecque ou latine. La présence d'un article devant les mots latins est intéressante à constater. En effet, le latin d'Italie ne connaissait par l'article. Dans les inscriptions nous trouvons la forme *i* et *ia* pour le masculin, *i* pour le féminin :

i*alnoatus* (insc. 280).   *alnus,* aune, arbre.

i*acheni* (Gen., *Bull. arch.,* 1892,
   p. 205, nº 24).   ἀχήν pauvre.

(1) Bréal : *Déchiffrement des inscriptions cypriotes. (Journal des savants.)*
(2) Polyhistor : *Fragm. hist. græc.,* t. III, p. 238. Edit. Didot-Müller.

isperatus. — *speratus* (latin).

istabilicius. — variante de *stabilis*.

isthefanus. — στέφανος couronne. Stephane.

istercula (F.). — n. p. romain.

ia*mcar* (8988). —) μάκαρ heureux, μέγας grand ; *moghar* (berbère).

ia*mgur* (7753). —

ia*melicus* (3332). — μελικός musicien ; *melek* (phénicien) roi.

ia*sucta* (1048). — *sancta* (latin) sainte.

i*asina* (insc. 5039) (II.). — κσινής innocent.

i*statera* (3780). — στατήρ statère.

i*spes* (F.). — *spes* (latin).

i*spica* (F.). — *spica* (latin) épi ; comp. Stachaon, chef libyen ; στάχυς épi. Stachume-lis (1309).

i*abra* (*Bull. arch.*, 1891, p. 147, n° 20). — ἁβρά gracieuse.

3° Le préfixe **a** s'emploie au masculin. Exemples :

a*cimarius* (C. 6093). — χίμαρος chevreau ; mot latinisé avec le suffixe **ius**, sens de berger.

a*zimer* (zouaoua) agneau.

a*msiginus* (C. 7418). — μεσέγγυος, latinisé avec le suffixe **inus**, sens de médian, moyen.

Le préfixe **a** paraît parfois féminin. Exemples :

a *maia* (C. 5210). — μαῖα mère ; *ima* (berbère).

a*pormia* (*Bull. arch.*, 1892, p. 203). πόριμος industrieux.

4° La forme **ta**, prononcée d'une façon sifflante : tha, sa ou z, s'employait également au masculin et au féminin. Nous verrons qu'à l'époque moderne cette forme est réservée au seul féminin :

ta*murianus* (C. 1607). — le saulnier.

t*annonianus* (C. 8221). — préposé à l'annona (blé).

t*aratara* (H. C. 1672). — ἀρητήρ prêtre.

ta*ccusa* (C. 3306). — ἑκοῦσα, qui agit volontiers.

ta*macar* (*B. arch.*, 1888, p. 478, F.). μάκαρα heureuse.

ta*camtissa* (C. 9644). — κάμπτω courber, d'où le participe local : κάμπτεισσα courbée.

t*ascuri* (F. C. 2200). — ἄσκυρον millepertuis, nom féminisé.

th*ereba* (C. 2078). — ἔρεβος obscurité, non féminisé.

tha*dea* (C. 186). — dea, déesse.

s*alginus* (*Bull. arch.*, 1886, p. 459). ἀλγεινός qui cause de la douleur.

sa*brutto* (C. 1242). — Brutus.

sa*garis* (C. 4945). — χάρις grâce.

s*ahnam* (C. 2306). — ἄνεμος âme.

s*adufa* (C. 8851). — ἡδυφαής au doux éclat.

s *alit* (C. 1254).	ἀλήθεια vérité.
sa *mana* (C. 9143. *Bull. arch.*, 1892, p. 90).	μήνη lune, Mên.
za *plutius* (C. 7219).	πλούσιος riche.
z *iperis* (C. 9248).	Ὑπερῆις (N. P.).
zi *ora* (C. 2967).	ὥρα heure.

Cette étude sur l'affixation de l'article, d'abord dans les dialectes égéens, puis dans ceux de l'Afrique du Nord, dès une période reculée, permet de reconnaître l'article berbère moderne, nié par les auteurs.

ARTICLE MASCULIN

Dans cette langue, les noms masculins singuliers commencent toujours par un des trois sons *a, i, ou*. Il est difficile de ne pas retrouver dans ces sons l'équivalent de l'article hellénique **ó** préfixé.

Les sons *a* et *i*, qui se confondent en berbère, paraissent une altération du précédent, et rappellent ceux des inscriptions lapidaires de l'époque romaine. En tout cas, cette voyelle initiale de tout nom masculin est bien l'antique article. La meilleure preuve en est que lorsque les Berbères se servent de mots arabes, ils emploient indifféremment leur article ou celui des Arabes. Ainsi, les Kabyles disent : **el** *hammal* ou **a** *hammal*, le portefaix ; **el** *medina* ou **the** *medine-i*, la ville, etc.

L'étymologie des mots berbères complète d'une façon plus frappante encore cette démonstration de l'article berbère préfixé, comme il est facile de s'en convaincre par les exemples qui suivent :

a **boukal** (kab. Han.) vase.	ἡ βούκαλις sorte de gargoulette.
a **bsis** (kab. Ol.) miette.	ἡ ψίξ miette.
a **cherchour** (kab. Han.) cascade.	ὁ γέργερος (Hes.) *gurges*, gorge et chute d'eau.
a **yer** (taït. Masq.) bouclier.	γέρρον (Hesyc.) bouclier persan.
ag **gour** (kab. Ol.) mois.	ὁ γῦρος le cycle.
a **gris** (kab. Ol.) grêle.	ὁ κρύος le froid.
a **groun** (zenaga) vieillard.	ὁ γέρων vieillard.
a **guelm** ous (targui) voile des Touareg.	κάλυμα voile.
a **ïou** (chaouïa. Sicrak) jeune garçon.	ὁ υἱός fils.
a **kar** ou (kab. Ol.) tête.	ἡ κάρα (grec, carien) tête.
a **χam** (zouaoua, touareg, Beni-Menacer) habitation.	ἡ κώμη bourg, village.
a **kioun** (kab. Ol.) chien.	ὁ κύον chien.
a **leyou** (taït. Masq.) parole.	ὁ λόγος discours, parole.
a **mass** (chaouïa. Masq.) moitié.	ὁ μέσος milieu, moitié.

ámeyar (taït.,zenaga,kab.) chef
  grand. — μέγας grand ; *magaros* (celtique).

aourès n.p.: la montagne [par ex-
  cellence]. — ὄρος montagne.

asakou (kab.Ol.) sac. — ὁ σάκκος même sens.

aθel (taït.Masq.) jeune branche. — ὁ θαλλός rameau.

Un certain nombre de substantils latins ont été berbérisés et sont précédés de l'article, comme ceux que nous ont conservés les inscriptions lapidaires :

achechti (kab.Ol.) hospitalité. — ghostis (v. europ.) hostis (latin) hôte.

afalcou (chaouïa.Masq.) faucon. — falco (latin) faucon.

afoulous (divers) poulet. — pullus poussin.

afournou (kab.Ol.) feu de broussailles. — furnus four, fourneau.

agna (taït.Masq.) plur. agnaten
  frère. — natus, cognatus.

agrado (ch.Masq.) marche d'es-
  calier. — gradus marche, degré.

amensi (taït.Masq.) souper. — mensa table.

atemoun (chaouïa.Masq.) timon. — temô gen.-onis timon.

avaren (rhadamès) farine. — farina, farine.

Les exemples que l'on vient de parcourir montrent bien qu'il s'agit d'un article soudé au substantif. On a même pu faire la remarque que le son **n**, prononcé **a** par les Libyens, comme il l'était en Grèce par les Doriens, a souvent modifié le genre du substantif. Celui-ci, primitivement féminin, est devenu masculin.

L'examen de l'étymologie des substantifs montre que, dans nombre de noms berbères commençant par **a**, ce son n'est pas un article, mais fait partie du radical. Dans ce cas, on peut admettre qu'il y a eu crase entre l'article et le radical. Comme, par exemple, dans les substantifs suivants :

afasso (zenaga.Faidh.) silence. — ἀφασία silence, mutisme.

agadah (taït.Masq.) suffisance. — ἱκανή suffisante.

ayerem (taït.Masq.) ville. — ἀγερμός réunion, agglomération.

agingara (aouelimmiden.Barth.)
  antilope. — αἴγαγρος chèvre sauvage.

agmoun (kab.Ol.) colline. — ἄγμος lieu abrupt.
  acumen (latin) même sens.

ahel (taït.Masq.) jour. — ἁέλιος (dorien) ἥλιος soleil.

akenas (rhadm.Bass.) flèche. — ἄκων javelot.

akerou (kabyle) cap. — ἄκρον cap, sommet.

aloum,alim (divers) paille,roseau. — ἔλυμος (phrygien) κάλαμος roseau.

aneggi (taït.Masq.) nécessité. — ἀνάγκη nécessité.

angi (taït.Masq.) abondance. ἔγκυος sens de plénitude.
angelous (tamerzed.gerbieu)
  petit garçon. ἀγγέλος ange.
arioul (kab.Ol.) âne. asinus âne.
aroura (touar.Han.) aurore. aurora aurore.
askiou (kab.Ol.) matrice. ἀσκίον outre.
atri (taït.Masq.) étoile. ἀστήρ même sens.

Comme nous l'avons déjà signalé plus haut, la présence du son a au début du substantif, correspondant à l'article masculin, a fait varier par assimilation le genre du substantif berbère dérivé de certains noms primitivement féminins :

adi (zenaga.Faidh.) odeur. adi (v. europ.) ὠδία odeur.
arezzi (taït.Masq.) abattement. ἀρρωστία faiblesse, débilité.
azizi (kab.Ol.) poussée. ὠδίς impulsion, heurt.

Les constatations que nous venons de faire à propos de l'article a se répètent pour l'article i. Celui-ci n'est d'ailleurs qu'une variante phonétique du premier. Voici quelques exemples d'articles en i :

ifri caverne. φάρος sens de cavité, de φας couper.
jyil lait caillé. γάλα lait.
igourt (zouaoua.V.de P.) fourrage. χόρτος fourrage.
ijedi (rhadmès) pièce de terre. γήδιον petit champ.
ikanoun (kab.Ol.) code. κανών règle, principe.
ikeri (kab.Ol.) bélier. κριός bélier.
ilem (chelah.Bass.) peau. λέμμα tégument.
iman (divers dialectes) âme. μένος âme.

Fréquemment, le son i berbère n'est autre que l'article féminin ἡ conservé et prononcé i, selon l'usage assez général dans l'ancienne Grèce. Seulement, il s'est produit un exemple d'assimilation assez intéressant. Le son i étant en berbère une caractéristique du masculin, les noms primitivement féminins du grec ont tous changé de genre en passant au berbère. Un seul a échappé à la règle : ima, ἡμα, μαῖα la mère. Ce nom est resté féminin.

Nous donnons quelques exemples de ces substantifs devenus d'un genre différent :

igef (touar., Oᵈ-Rhir.Bass.) tête. ἡ κεφαλή kopf (allem.) tête.
igens (divers) famille. ἡ γένης gens (latin) famille.
igrou (touareg) grenouille.
agrau (syouah.Caillaud) gre- ἡ φρούνη crapaud.
  nouille.
isouma (kab.Ol.) somme d'argent. summa (latin) même sens.
iχaret (kab.Ol.) papier. ἡ χάρτης papier.
iχissi (kab.Ol.) fissure. ἡ σχίσις fente.

i krambi (Nabeul) chou.
i kroumb (kab.Ol.) chou. } ἡ κράμβη chou.
i rezzi (taït.Masq.) brisure. ἡρῆξις déchirure.
e skene (guanche.Berth.) maison. ἡ σκηνή hutte.

Quelques substantifs précédés de l'article **i** paraissent de provenance latine, comme :

i gedi (divers) bouc.   hœdus (latin) chevreau.
                                   γίδι (grec mod.) chevreau.
i kikir (kabyle) pois chiche.   cicer (latin) même sens.
i nez er (kab.,mzab.Bass.) nez.   nasus (latin) nez.

Comme pour l'article **a**, on peut observer que le son i fait parfois, d'après l'étymologie, partie du radical. Dans ce cas, on peut encore admettre qu'il y a eu crase entre l'article et l'i initial du mot. Les exemples suivants mettront cette remarque en évidence :

iger (kab.Hanot.) champ.   ager (latin) même sens.
ikeni (taït.Masq.) jumeau.   εἰκός, εἰκον-en composition, sem-
                                       blable.
iχes (kab.Ol.) bruit.   ἦχος bruit.
illi (divers dialectes) fille.   filia fille.
imar (mzab.Bass.) temps.
imir (zenaga.Faidh.) temps.   } ἦμαρ, ἡμέρα jour, temps.
imi (tous les dialectes) bouche.   φήμη *fama*, parole.
iri (kab.Ol.) borne.   ὄρος limite.
iri (kab.Ol.) lait aigre.   ὀῤῤός petit lait, serum (latin).
isri (kab.Han.) percnoptère.   ἴρραξ faucon.

Quelques noms berbères commencent par **ou**. Ce son nous a paru être radical dans les exemples que nous avons relevés. Ils sont d'origine latine :

oulmou (chaouïa.Masq.) orme.   ulmus (latin).
our (divers dialectes) homme.   vir (latin).
ouri (zenaga.Faidh.) or.
ourer (gerbien.Bass.) or.   } aurum, or, γλούρος (phryg.) jaune.
ourti (kab.Ol.) jardin.   hortus jardin.

Dans certains dialectes, dans celui des Beni-Menacer en particulier, l'article initial est souvent supprimé ; on dit :

dahd le doigt, δάκτυλος, au lieu de a*dahd* dans les autres dialectes ;
foullous poussin, pullus, au lieu de a*foullous* ;
chan (sud-ouest.Bass.) poussière, κόνις ; cinis (lat.), au lieu de a*chan*.

Cet ensemble d'exemples montrent qu'en berbère l'article masculin est affixé au substantif et se prononce tantôt **a**, tantôt **i**.

Dans le cas où le substantif commence par une voyelle, l'article se fond par crase avec cette voyelle initiale.

ARTICLE FÉMININ

Les anciens Libyens, comme nous l'avons vu, employaient l'article figuré par les sons **t, ts, θ, z** tantôt au masculin, tantôt au féminin. Les Berbères modernes ont limité cet article au seul féminin, avec les deux variantes du masculin en **a** et en **i**.

Exemples de l'article **ta** :

ta**bourt** (kab.rhadmès) porte.	port a (latin).
ta**cabt** (chaouïa.Masq.) pic de montagne.	caput (latin) tête.
te**faot** (chaouïa) lumière.	ῥύος, φάοτος pour φῶς, lumière.
ta**fourca** (kab.Han.) fourche.	**furca** (latin) fourche.
ta**fousaï** (kab.Ol.) beauté.	ῥύδις nature, traits.
t a**goro** (canarien.Berthelot) conseil de ville.	ἀγορά assemblée.
ta**goust** (kab.Ol.) aiguillon.	de κεντέω aiguillonner.
ta**grest** (tam.Kaoui) hiver.	κρύστ αλλος, glace.
ta**iti** (tam.Kaoui) pensée, idée.	ἰδέα idée.
ta**kir** (kabyle) cire.	κηρός cire.
t a**kmou** (taït.Masq.) douleur.	ἄχομαι souffrir, d'où le substantif libyen **ἄχμος**.
ta**lema** (B.-Menacer.Bass.) lime.	**lima** (latin).
ta**lent** (kabyle) lentille.	**lens, lentis** (latin).
θa**louft** (kab.H.) chagrin.	lup (sanscrit) λύπη chagrin.
ta**naout** (marocain) navire.	ναός, en composition ναστ-navire.
θa**noumi** (kab.Ol.) coutume.	νομή coutume.
θ**erez** a (kab.Ol.) labour.	ἄροσις terre à labourer.
t ou**δou** t (tam.) arrivée.	ὁδός route.

Exemples de l'article **ti** :

ti**fessi** (tam.Kaoui) adresse.	ἔρσις action de lancer.
ti**γerit** (tam.Kaoui) cri, parole.	γῆρυς voix.
ti**kaber** (touar.Duveyrier) chaumière.	καμάρα, **camer** a (latin) chambre.
ti**sit** (tam.Kaoui) venue.	ἴξις arrivée.
t i**x** i (taït.Masq.) chèvre.	⎫
ti**hax** as (canarien.Berth.) brebis.	⎬ αἴξ chèvre.
ti**ziri** (tous les dialectes) lune, clair de lune.	Σείρ soleil, Sirius (latin), d'un radical sanscrit *scer* briller.

L'article féminin, comme d'ailleurs le masculin, a été, pour quelques mots, créé par analogie. En effet, l'étymologie montre que les substantifs grecs commençant par t ou d ont été, par l'usage, assimilés à des féminins par les Berbères.

En voici quelques exemples :

tafedist (touar., kab.) marteau.　τυπά; pour τυπαδ; marteau, de τύπτω frapper.

taguelia (chaouïa. Masq.) hutte.　tugurium chaumière.

θallest (kab. Ol.) fille.　θῆλυς féminin.

thihila (kab. Ol.) ruse.　dâla (v. europ.) δολός piège.

thimes (kab., chaouïa) feu.　θυμός souffle. idée de feu, de θυ faire brûler, faire fumer.

tindja lagune.　τέναγος bas-fond humide.

toussout (kab. Ol.) toux.　tussis (latin).

tragit (tam. Kaoui) bêlement.　τράγος bouc.

Je relève un exemple de substantif précédé d'un t formatif qui cependant est demeuré masculin. C'est le mot taïtoq **tadjan**hé, arc, dérivé du grec τόξον, même sens.

Chapitre V
Origine et formation du substantif berbère

Les influences helléniques ont laissé une profonde empreinte dans les substantifs berbères. Nous nous réservons de faire connaitre ces traces au fur et à mesure qu'elles se présenteront dans le courant de ce travail.

SUBSTANTIFS FÉMININS

Pour faciliter la description, nous commencerons par l'étude du substantif féminin. Il est en effet admis d'une façon presque classique que les noms féminins sont caractérisés en berbère par un t — préfixe (nous avons vu que c'est un article) et par un — t suffixe.

Ce — t suffixe est de règle pour les substantifs sémitiques berbérisés, employés au féminin. Quelques féminins d'origine européenne suivent cependant cette règle. Exemples :

crambit (dial. de Nabeul) chou.　κράμβη chou.

tafaraout (tam. Kaoui) abreuvoir.　φάρος trou creusé à côté du puits.

taqbacht (tam. Kaoui) hache.　aqvesi (v. europ.) ἀξίνη, hache.

tayat (chaouïa. Mercier) chèvre.　aga (sansc.) αἴξ, αἰγ- chèvre.

thamast (rhadmès. Grœber) terre.　humus (latin), χαμαί terre.

likamist (touareg. Duveyrier) chemise.　κάμισον (grec moderne) chemise.

lakembboucht (kab. Ol.) pot.　κύμβος vase.

talefast (touareg. Han.) gousse de légumineuse.　λοβός même sens.

lilemmest (taït. Masq.) gain.　λῆμμα profit.

tament (divers dialectes) miel.　mel (latin), μέλι (grec) miel.

tanfoust (riff. mzab. Bass.) histoire　ἀναφύσις glorification, éloge.

A côté de ces substantifs, on en relève quelques-uns dont le t final est justifié par la présence d'une dentale ou parfois d'une sifflante à la fin du mot libyen. Il est vraisemblable que c'est la présence de ce son qui, par analogie, en a déterminé le genre féminin. Exemples :

ta**bourt** porte. — porta.

ta**clemount** (V. de Par.) vêtement
à capuchon. — χλαμύς, ίδος chlamyde.

t**adiout** (taït.Masq.) réjouissance. — ἧδος plaisir.

ta**faot** (chaouïa) lumière, tou**fout**
(Nefoussa.Bass.) soleil. — φῶς, φῶτος lumière.

ta**git** (chaouïa) attaque. — ἡγεδία commandement.

ta**grest** (tam.Kaoui) hiver. — κρύσταλλος glace.

ta**lent** (kabyle) lentille. — *lens,* lentis, lentille.

te**rekaout** (taït.Masq.) pourriture. — ῥάκος débris.

te**naout** (maroc.) navire. — νάος ναοτ- navire.

toussouθ (kab.Ol.) toux.[1] — tussis toux.

tragit (tam.Kaoui) bêlement. — τράγος bouc.

terhaout (tam.Kaoui) amour. — ἔρως, -ωτος amour, pour ἔραος.

1° Substantifs féminins assimilables à la première déclinaison grecque

L'indication du féminin par un — t suffixe est une forme sémitique. Elle s'est de plus en plus répandue parallèlement à l'influence arabe. Mais c'est une forme étrangère à la langue berbère. Des exemples assez nombreux persistent qui permettent d'affirmer que les féminins étaient d'ordinaire indiqués sans t final par des terminaisons en — a et en — i. Elles correspondent à — α et — η de la première déclinaison grecque et sont une réminiscence de cette déclinaison.

a) Voici des exemples de noms berbères à désinences en — **a** :

axa (guanche.Berthelot) chèvre. — αἴξ chèvre.

γa (kabyle.Bassel) terre. — γᾶ (dorien) terre.

i**ma** (divers) mère. — μᾶ mère.

ta**defa** (zenaga.Faidh.) soif. — δίψα soif.

ta**fourc**a (kabyle) fourche. — furca (latin).

ta**guelia** (chaouïa.Masq.) hutte. — tuguria (pluriel) chaumières.

ti**i**θa (kab.Ol.) coup. — ὦθισις choc.

ti**jerin**a (s. oran.Bass.) outarde. — γέρανος grue.

ta**koub**a (t.ouest.Bissuel) épée. — κοπίς épée.

ta**má** (zouaoua) valeur. — τιμά (dorien) estimation.

taneγera (tam.Kaoui) réveil. — ἀνεγείρω réveiller.

taroula (kab.Ol.) fuite. — ἔρυμα abri.

ta**zel**a (kab.Ol.) course. — ζῆλος empressement.

tousma (kab.Ol.) essaim. — ἑσμός essaim.

te**souma** (k.Ol.) somme d'argent. — summa somme.

---

[1] Ce nom peut être expliqué comme substantif formé sur le verbe *oussou* (tousser). Il est probable que l'inverse a eu lieu.

b) Exemples de noms berbères à désinences en — i (= η) :

illi (divers dialectes) fille.	filia fille.
ta fousaï (kab. Ol.) beauté.	ῥύσις traits, nature.
taïti (tam. Kaoui) pensée.	ἰδέα idée.
ta noumi (kab. Ol.) coutume.	νομή coutume.
θarouzi (kab. Ol.) creusement.	ὄρυξις action de creuser.
ti idi (sud oran. Bass.) stature.	εἰδέα apparence.
tidi (kab. Ol., taït. Masq.) sueur.	ἴδος sueur.
tifessi (tam. Kaoui) adresse.	ἔρσις action de lancer.
tigmi (kabyle) maison.	τέγος, tegimen, abri.
ti neγi (taït. Masq.) meurtre.	νεκρός mort, racine νεκ faire mourir.
tiri (kabyle. Han.) borne.	ὄρος limite.
tixi (taït. Masq.) chèvre.	αἴξ chèvre.
ti ziri (tous les dialectes) lune.	σείριος brillant.
ti ouiti (taït. Masq.) coup.	ὦθησις action de frapper, mêlée.
t ougegi (t. Han.) éloignement.	ἀγωγη éloignement.

Le zenaga, moins sémilisé, paraît avoir mieux conservé que les autres dialectes berbères les féminins en — i. Selon une remarque du général Faidherbe, beaucoup de termes de ce dialecte forment leur féminin en — i, au lieu de le faire en — t. Mazzig, *petit,* fait au féminin mazzigi, netta lui, nettaï elle, etc.

Les finales caractéristiques du substantif féminin grec ont subi souvent des altérations en passant dans le berbère.

Une première altération est la chute de — α final. Ce son devient muet. Le nom formé ainsi prend fréquemment le genre masculin.

γωνία angle.	agouni (kabyle. Han.) plateau de montagne.
çarkar a (sanscrit) caillou roulé.	cherchar (chaouïa. Masq.) cailloux roulés.
καμάρα, camera, chambre.	ti kaber (touar. Duveyr.) chambre.
μόρα partie.	amour (Ben. Men. Bass.) partie.
ὄρυζα riz.	arouz (divers) riz.
τόξεια arc.	tagaï (tam. Kaoui) arc (masc.).
ὠδία odeur.	adi (zenaga. Faidh.) odeur.

Voici quelques exemples semblables provenant du latin :

agressur a agression.	aγessar (touar. Han.) guerre.
annon a nourriture.	hanount (chaouïa. Masq.) pain, galette.
candel a chandelle.	candil (divers dialectes) lampe.
farin a farine.	a varen (ghadam.) farine.
fili a fille.	illi (divers dialectes) fille.
gutt a goutte.	ti kiht (kabyle. Han.) goutte.

porta porte.   tabourt (zouaoua) porte.
situla seau.   sotol (divers dialectes) seau.

Les finales en — η sont soumises aux mêmes altérations. Exemples :

δραχμή drachme.   draham (divers) monnaie.
ἐξάγωγη éloignement.   esigeg (tam.Kaoui) éloignement.
κοράμβη (attique) chou.   icaroumb (zouaoua) chou.
κώμη habitation, village.   axam (zouaoua.T.) maison.
λόγχη lance.   allaγ (taït.Masq.) lance targuie.
λύπη chagrin.   talouft (kab.Han.) chagrin.
σκηνή tente.   esken (guanche) habitation.
συστολή resserrement.   azouzel (k.Ol.) raccourcissement.
τιθήνη nourrice.   θin (kab.Ol.) nourrice.

Si la finale α est précédée de ι, ce son peut disparaître en même temps. Exemples :

ἀγωνία lutte.   egen (tam.Kaoui) combat.
ἡσυχία tranquillité.   azouk (tam.Kaoui) calme.
κολοκασία fève d'Egypte.   coulcas (V. de Par.) topinambour.
χειμασία froidure, hivernage.   asemeθ (kab.Ol.) froid.
ψηλαφία caresse.   selaf (kab.Ol.) caresse.

2° Substantifs féminins assimilables à la seconde déclinaison grecque

Nous avons comme exemple de substantif berbère féminin issu de noms de la seconde déclinaison grecque :

ὁδός (ἡ) route.   touϩout (touar.Han.) arrivée.

Ce substantif s'est conservé sous sa forme féminine, avec les préfixes et suffixes berbères de ce genre.

Il est à remarquer que plusieurs substantifs berbères, que nous avons déjà cités, paraissent fixés sur cette deuxième déclinaison, avec le genre féminin grâce au **t** final, bien que masculins en grec. Exemples :

ῥάκος débris.   terekaout (taïtoq) pourriture.
φάρος trou.   tafaraout (taïtoq) abreuvoir.
ἔρως amour.   terhaout (targui) amour.

3° Substantifs féminins assimilables à la troisième déclinaison grecque

Quelques substantifs berbères sont formés sur des noms féminins de la troisième déclinaison grecque.

Certains d'entre eux ont conservé leur finale intacte, comme :

ἀκρίς sauterelle.   erkis (chaouïa) sauterelle *(métathèse pour **ekris**)*.
δέρις gorge, cou.   aderis (rhadmès.Bass.) lèvre.

Beaucoup de ces mots ont été altérés. Voici les principales altérations :

a) La chute de la finale est une modification courante. Exemples :

ἄφεσις laisser aller.   efesi (kab.Ol.) abandon.
γένεσις race.   ogezi (zen.Faidh.) descendance.
ἐφέσις légèreté.   tifessi (tam.Kaoui) adresse.
ὄρυξις creusement.   th arouzi (kab.Ol.) creusement.
ῥῆξις cassure.   irezzi (taït.Masq.) brisure.
στάσις position, situation.   zaatsi (kab.Ol.) présence.
σχίσις brisure.   iχissi (kab.Ol.) fissure.

b) Nous aurions une tendance à rapprocher de ce groupe des substantifs berbères en — aï. Ils paraissent provenir d'une forme archaïque en — εις, justifiée par le génitif en — εος. Dans cette hypothèse, ς final se serait éliminé. C'est ainsi que :

a fesaï (kab.Ol.) solution, serait pour ἄφεσις (gén. — εως) même sens.
ta fousaï (targui) beauté, serait pour φύσις (gén. — εως) nature.

c) Parfois, la finale — ις entière se supprime. Exemple :

βούκαλις vase.   a boukal (kab.Han.) pot.
νεῦσις inclination.   a nous (kab.Ol.) humilité.
σύνεσις jonction.   a sihes (t.Kaoui) rapprochement.

Il faut placer dans ce groupe l'altération, par chute de — is final, du mot latin :

sitis soif   thi sit (kabyle) soif.

d) Le s final peut se transformer en t, par assimilation avec les féminins berbères d'origine sémitique :

ἷξις arrivée.   tisi t (tam.Kaoui) venue.
ἡ γῆρυς voix.   ti γeri t (tam.Kaoui) voix.
ἡ ναῦς navire.   ta naou t (maroc.V. de Par.) navire.

e) Le s final peut devenir d. Exemple :

κόρις punaise.   a koure d (kab.Ol.) puce.

Cette altération paraît être déterminée par la forme κόριδος; ιδι, ιδες au pluriel, etc.

NOMS BERBÈRES DÉRIVÉS DE SUBSTANTIFS MASCULINS GRECS

1° Substantifs masculins assimilables à la seconde déclinaison grecque

Les désinences de certains substantifs masculins berbères paraissent avoir été primitivement les mêmes que celles des substantifs grecs (parfois latins) dont ils dérivent.

Désinences en **ος** *et en* **us.** — Quelques substantifs ont conservé leur désinence finale dérivée du nominatif grec en — ος (deuxième déclinaison grecque non altérée) (latin en — us). Exemples :

a**foullous** (zouaoua) poussin.	πῶλος **pullus** (lat.) petit animal.
a**kkous** (taït.Masq.) vase.	ἄγγος vase.
a**ngelous** (nefoussa.Bass.) enfant.	ἀγγέλος **angelus**, ange.
cadous (sud tunis.) mesure pour l'irrigation.	κάδος jarre pour mesurer les liquides.
iatous (gerbien.Bass.) chat.	**catus** chat.
oullous (taït.Masq.) lait caillé.	ὀῤῤός petit lait.

Une des altérations les plus courantes des substantifs dérivés de noms en — ος (en latin **us**) est la suppression de **s** final.

Disons de suite que cette coutume existait déjà à l'époque romaine Les Berbères supprimaient le **s** final des noms latins, qu'ils ne prononçaient pas dans le langage courant, comme l'a remarqué Berbrugger.[1]

Voici des exemples de cette habitude tirés du *Corpus*. (T. VIII). On relève *anno* pour *annos* (insc. 3115 et 9813); *eiu* pour *ejus* (insc. 2037); *fundaniu* pour *fundanius* (insc. 7106); *maritu* pour *maritus* (inscription 3613); *Prœciliu* (n. p.) pour *Prœcilius* (insc. 5170); *setu* pour *situs* (insc. 9639); *Suru* (n. p.) pour *Surus* (insc. 9493); *veteranu* pour *veteranus* (insc. 504), etc.

De ces exemples anciens on peut rapprocher divers substantifs berbères actuels. Pour mieux faire ressortir l'identité, je les représenterai d'une part avec l'orthographe latine, et d'autre part avec leur orthographe phonétique actuelle adoptée par les berbérisants:

Substantif latin	Substantif berbère	Orthographe phonétique
equu**s**	*equu*	**echou** (targui) cheval, **ech** (V.Par.).
filiu**s**	*filiu*	**falou** (chaouïa) fils.
fundu**s**	*fundu*	a**foudou** (zen.Faidh.) plaine.
furnu**s** fourneau	*furnu*	**fournou** (chaouïa) feu.
gradu**s** marche	*gradu*	a**gradou** escalier.
muru**s**	*muru*	**marou** (chaouïa) mur.
motu**s**	*motu*	a**moussou** (t.Masq.) mouvement.
ulmu**s**	*ulmu*	**oulmou** (chaouïa.kab.) orme.
hortu**s**	*hortu*	**ourtou** (Ben.Men.Bass.) jardin.

Les formations si frappantes pour les substantifs berbères dérivés du latin ne le sont pas moins pour ceux qui reconnaissent une étymologie grecque:

αὖδος chaleur.	**ouzou** (k.Han.) chaleur brûlante.
γῦρος cercle.	**goro** (guanche) cercle.
ἥλιος soleil.	**aliou** (guanche.Berthelot) soleil.
θύος bois odoriférant.	aθou (taït.Masq.) parfum.

<hr>

[1] Berbrugger: *Revue africaine*, 1862, p. 86.

λόγος discours.　　　　　　　aleγou (taït.Masq.) parole.
ὁμαλός plan, uni.　　　　　　amalou (kab.Han.) versant.
ὅμιλος assemblée.　　　　　　amehγou (tam.Kaoui) réunion.
ὀῤῤός petit lait.　　　　　　arou lait aigre.
ῥάκος débris.　　　　　　　　rekkou (kabyle.Ol.) pourriture.

Nous ne laisserons pas ce mode d'altération par chute de **s** final sans rappeler sa fréquence dans les langues européennes dérivées. L'italien moderne en a fait la règle de tous les mots provenant des substantifs latins en **us**. On trouve **figlio** pour **filius**, **forno** pour **furnus**, **grado** pour **gradus**, **muro** pour **murus**, **olmo** pour **ulmus**, **orto** pour **hortus**, absolument comme en berbère.

Pour être complet, nous joignons à cette liste une série de noms berbères qui paraissent dériver d'un terme libyen du genre masculin, alors que ce terme en grec régulier était soit féminin, soit neutre. Le tableau comparatif suivant permettra de se rendre compte de l'évolution qui s'est accomplic dans la mutation des genres :

Grec classique	Libyen probable	Berbère moderne
ἀγορά assemblée.	ἄγορος	tagoro (guanche.Berth.) conseil du village.
ἄγρα gibier.	ἄγρος	aγrou (touar.Han.) bête sauvage.
ἀφασία impuissance de parler.	ἀφασός	afasso (zen.Faidh.) silence.
κάλυμμα voile.	κάλυμμος	aguelmous (t.) (voile des Touareg).
κάρα tête.	κάρος	akarou (kabyle.Ol.) tête.
ῥίζα racine.	ῥίζος	rhizzou (touar.Bass.) racine.

Une autre altération fréquente subie par les substantifs en — ος devenus berbères est la disparition totale de la finale ος, remplacée par un son muet. En voici quelques exemples : nous les présentons en mettant le mot grec le premier, pour mieux marquer l'altération phonétique :

ἀγερμός réunion.　　　　　　aγerem (tamahaq.Kaoui) ville.
γεργέρος gorge.　　　　　　acherchour (kab.Han.) cascade.
γῦρος cycle.　　　　　　　aggour (kabyle.Ol.) mois.
ἔλυμος (phrygien) κάλαμος roseau,
　　paille.　　　　　　　alim (kabyle.Ol.) paille.
θαλλός jeune pousse.　　　aθel (taïtoq.Masq.) branche mince.
κάλαθος corbeille.　　　　la chelouθ (chaouïa.Sierak) panier.
κηρός cire.　　　　　　　　la kir (kabyle) cire.
κόνιλος lapin.　　　　　　agounin (kabyle.Ol.) lapin.
κόφινος panier.　　　　　　akoufan (kabyle.Ol.) jarre à provisions, panier.
κριός bélier.　　　　　　ikeri (kabyle.Han.) bélier.

μένος âme. — iman (divers dialectes) âme.

μέσος milieu. — amas (taït.Masq.) moitié, milieu.

πύργος tour, fort. — bordj (tous les dialectes) construction importante.

ῥάκος débris. — arrek (kabyle.Ol.) naufrage.

σκάφος barque. — achqof (kabyle.Ol.) bateau.

σκέλος jambe. — sagel (chaouïa.Masq.) jambe.

σχοῖνος corde. — asγoun (Ben.Men.Bass.) corde.

τέγος cabane, τεῖχος construction de pierre. — dej (ghadamésien) maison. itoq (taït.Masq.) abri.

φανερός (adj.) manifeste, qui se voit — tifinar (targui) signes d'écriture.

χηλός objet creux, coffre. — aqchoual (kabyle.Ol.) panier.

χίμαρος chevreau. — ezimer (divers dialectes) agneau.

χόρτος fourrage. — igourt (kabyle.Ol.) fourrage.

furnus (latin) four, fourneau. — feurn (chaouïa) fourneau.

Dans les substantifs masculins en — ος, la finale entière peut disparaître, comme nous l'avons déjà constaté en étudiant les féminins. Exemple :

ἅελιος (dorien) soleil. — ahel (taït.Masq.) jour.

En Europe, le français, parmi les langues dérivées, est, comme le berbère, remarquable par la suppression de la syllabe finale, dans ses mots issus du grec ou du latin. Cette suppression est indiquée par un e muet. Dans les exemples que nous venons de citer, nous pouvons comparer le français **cire**, venant, comme le berbère ta**kir**, de κήρος. Nous avons **conille** et **conin** correspondant au grec κόνιλος et au berbère a**gounin**; **bourg**, identique à **bordj**, de πύργος; **esquif**, à **chqof**, de σκάφος; **chimère**, à e**zimer**, de χίμαρος, etc. Si on représentait la finale disparue du berbère par notre e muet, la similitude orthographique des déformations des deux langues serait encore plus frappante.

Il faut assimiler aux exemples précédents, tirés de la première déclinaison, des substantifs primitivement en — ης, qui ont perdu leur final en passant dans le berbère. Exemples :

χάρτης feuille de papyrus, écrit. — iγaret (kabyle.Ol.) papier. chert (kabyle.Ol.) convention.

On peut comparer à ces mots les substantifs français analogues : **carte** et **charte**.

Certaines variations de prononciation ont contribué aussi à défigurer les substantifs issus des noms en — ος. En voici les principales :

a) Substitution d'un son chuitant à la sifflante (de **ch** à **s**).

κύμβος vase. — takembouch t (kab.Ol.) vase.

quercus chêne. — querouch (ch.Masq.) chêne vert.

On peut rapprocher de ces types de déformation le nom zenaga
a geoh (terre). Ce substantif masculin paraît formé sur le féminin grec
γῆ γῆς, même sens.

b) Substitution de la dentale d à la sifflante s :

ἄψος articulation (racine αφ).	afoud (taïtoq.Masq.) jointure.
κοῦρος jeune garçon.	a gueroud (kabyle.Ol.) enfant.

Désinences masculines en **as.** — À côté des noms terminés en — ος,
dont nous trouvons de nombreuses traces dans le berbère moderne,
le libyen possédait de fréquents exemples de terminaisons en — ας.
L'histoire nous a conservé beaucoup de noms propres remarquables
par cette terminaison. Rappelons les noms d'Antalas, d'Ortaïas,
Massonas, Oxyntas, Mastigas, Medisinisas, Mephanias, Bithias, Zarzas,
Dacamas, Stotzas, Tacfarinas, Coutzinas, Naraouas, etc.

Or, nous savons qu'en grec, beaucoup de noms en — ος possédaient
leur doublet en — ας : δρόμος, δρομάς; κύκλος, κυκλάς ; νομός, νομάς ; λευκός,
λευκάς, etc. Ce sont surtout les dialectes doriens et ceux du nord de
la Grèce qui, selon M. Karl Wescher[1] employaient de préférence ces
formes en ας. En phrygien, leur usage n'était pas moins courant, à
en juger par les noms propres parvenus jusqu'à nous, comme par
exemple ceux de Midas, Dymas, Marsyas, etc. Ces points de contact
entre les dialectes libyen, phrygien et dorien n'ont rien qui doive
surprendre. Ils sont justifiés par les antiques légendes, concernant
le peuplement de la Libye, que nous avons eu l'occasion d'analyser.

Or, dans le berbère moderne, on trouve une certaine proportion de
substantifs en — ας, parfois conservés, parfois altérés selon des règles
que nous allons faire connaître.

1º Quelques-uns paraissent représenter des doublets de substantifs grecs en — ος :

Grec classique	Libyen probable	Berbère moderne
αἴγαγρος chèvre sauvage	αἴγαγρας	agingara (aoul.Barth.) antilope.
ἄκων javelot.	ἄκενας	akenas (Rhadm.Bass.) javelot.
θέρος moisson.	θέρας	a faras (taïtoq.Masq.) moisson.
agnus (latin) agneau.	agnas	ana (guanche.Berth.) mouton;

2º Certains de ces doublets ont été mis, par analogie, au féminin à
cause de leur son final en **a**, comme dans le tableau suivant :

Grec classique	Libyen probable	Berbère moderne
γέρανος grue.	γέρανας	tijerina (sud oran.Bass.) outarde.
ἑσμός essaim.	ἑσμάς	tousma (kabyle.Ol.) essaim.

(1) Karl Wescher : *Insc. archaïque de Delphes. Ann. de l'Institut de correspon-
dance archéolog.* Roma, 1866, t. XXXVIII.

ζῆλος empressement.   ζῆλας   ta zela (kabyle.Ol.) course.
θυμός idée de feu, fumée   θυμάς   bimes (divers) feu.
λοβός gousse.   λοβάς   ta lefast (touar.Han.) gousse.
humus χαμαί terre.   humas   ta hamast (Rhadm.Grœber) terre.
τέναγος bas fond.   τέναγας   tindja (divers) lagune ;

3o·Dans quelques noms en — ας, la sifflante est devenue chuitante en berbère. Il a dû se produire la série d'altérations suivantes : πελάργος (grec) cigogne, πελάργας (libyen), i-bellirech (k.Ol.) cigogne ;

4o Une altération assez particulière au berbère est la transformation de la sifflante finale en labiale f (ας devient af ou ef). Comme pour les précédents exemples, nous donnons un tableau des altérations qui paraissent s'être produites :

Grec classique	Libyen probable	Berbère moderne
ἀγέλη troupeau.	ἀγέλας	ajel af (taïtoq.Masq.) troupeau de moutons.
γυρός cercle.	γυράς	a gar ef (kab.Ol.) meule de moulin.
εὖρος vent d'est.	εὖρας	ir if (zen.l'aidh.) vent d'est.
καλός bon, beau.	καλάς	iχal ef (Ben.Men.Bass.) bonté.
σειρός silo.	σειράς	ta ser af (kab.Ol.) silo.

Dans les langues européennes, on relève des déformations analogues de la finale ; citons en ombrien : l'accusatif pluriel *feliuf* pour *filios ; buf : bos ; vitaluf : vitulus ; sif : sus,*[1] etc. ;

5o Le s final peut devenir une dentale (d) :

γελάς (carien) roi.   a guelid (divers) roi.
παῦρος (grec) petit, παῦρας (libyen) a barad (divers) enfant.

II. *Troisième déclinaison :*

La troisième déclinaison grecque a servi à fournir divers substantifs berbères :

ἦμαρ jour, temps.   imar (mzab.Bass.) temps.
λᾶρ λᾶς rocher.   lar (kab.) contrefort de montagne.
χείρ main, organe de préhension.   icher (kab.Ol.) serre des oiseaux.
τίγρις tigre.   tiγres (touar.O.Bissuel) chat-tigre.

On peut rapprocher de ces formations des noms correspondants tirés du latin :

cicer pois chiche.   i kikir (kabyle) même sens.
falco faucon.   falco (chaouïa.Masq.) faucon.
gens famille.   i gens (kab.Ol.) famille.

<hr>

[1] OTTFRIED MÜLLER : *Die Etrusker.* T. I, p. 45.

Certains termes provenant de cette déclinaison sont altérés par la chute de la syllabe finale :

ἐχυρότης solidité.   tiχourad (taïtoq.Masq.) force.

La tendance libyenne à créer des formes en **αç** se retrouve pour les mots de la troisième déclinaison grecque comme pour ceux de la deuxième :

κοπίς épée.   **κοπάς** (libyen probable).   ta **kouba** (targui) épée.

La déclinaison latine correspondante donne lieu à la même remarque :

ignis feu.   **igna**s (libyen probable).   **lignas** (touar.Bass.) tison.

Quelques substantifs masculins grecs provenaient de participes présents grecs en — ων.

On retrouve en libyen des exemples de ce type dans les noms de quelques personnages tels que Kebaon, Stachaon, chef des Austures, ainsi que dans le nom géographique Burgaon, pour ne citer que les plus connus.

Le berbère moderne nous fournit les termes suivants :

ὁ γέρων le vieillard.   a **geroun** (zen.Faidh.) vieillard.
δαίμων démon.   daïmoun (nefoussa.Boss.) diable.
κανών code.   kanoun (kabyle) code.
ὁ κύων chien.   a **kioun** (kabyle.Ol.) chien.

NOMS BERBÈRES DÉRIVÉS DE SUBSTANTIFS NEUTRES GRECS

Cette terminaison en — **on** nous amène à signaler des substantifs berbères provenant du neutre grec ou latin.

Comme exemples de mots formés sur des substantifs neutres de la deuxième déclinaison, nous relevons plusieurs termes qui, en grec classique, étaient masculins, et devaient être neutres en libyen :

Grec classique	Libyen probable	Berbère moderne
ἄγμος lieu abrupt.	ἄγμον	**agmoun** (kab.Ol.) colline.
ἥλιος soleil.	ἥλιον	**élion** (guanche) soleil.
σάκος sac.	δάκον	à **sagoun** (kab.Han.) vase à provisions.

Parfois le **ν** final du grec a disparu en berbère :

ἄκρον pointe, cap.   **akerou** (kab.Han.) cap.
ἀσκίον petite outre.   **askiou** (zouaoua) matrice.

Enfin, la terminaison — ον peut disparaître totalement. Exemples :

βερίκοκκον abricot.   **berkouk** (chaouïa.Masq.) abricot.
κεράσιον cerise.   **kirez** (V. de Paradis) cerise.
ὀμμάτιον œil.   **imetti** (kabyle) larme, pluriel imettaoun.

ῥέεθρον ruisseau.
irezer (reθer) (zouaoua, Beni-Me-nacer) ruisseau.

σκόροδον ail.
skaret (touar.O.Bissuel) ail.

χιτών chemise.
chaït (Figuig.Doutté) chemise de femme.

Les neutres de la déclinaison latine correspondante ont subi les mêmes altérations que les grecs, en passant dans le berbère.

La première altération est la chute de — m final des neutres en um. Cette déformation était courante à l'époque romaine. La lecture des inscriptions latines le prouve. On trouve, en effet, dans le *Corpus* (T.VIII) : *actu* pour *actum* (insc. 240) ; *animu* pour *animum* (insc.2190) ; *acroru* pour *acrorum* (insc. 2894) ; *annu* pour *annum* (insc. 870 et 9351) ; *beniu* pour *biennum* (insc. 8641) ; *castroru* pour *castro...m* (insc. 4323), etc. Ces exemples pris à des genres et des cas différents de la déclinaison montrent que les Libyens supprimaient la finale m dans les mots terminés en — um.

Cette habitude antique explique fort bien comment :

auxilium est devenu
aouziou (kab.Ol.) auxiliaire.

cingulum ceinture.
acelengou par métathèse (tam. Kaoui) ceinture.

coagulum caillé.
agouglou (kab.Ol.) fromage.

jugum revers de fossé.
aoudjougou (zen.Masq.) fossé.

Parfois la finale entière en — um peut tomber :

jugum joug.
aioug (Bougie) bœuf de labour.

lilium lis.
lili (chaouïa) laurier rose.

lutum boue.
lod (chaouia.Masq.) boue.

somnium sommeil.
àsommi (zenaga.Masq.) sommeil.

Quelques noms berbères paraissent provenir de substantifs neutres de la troisième déclinaison grecque :

κάρα tête, unité.
kara (zenaga.Faidh.) chose.

Dans les déclinaisons correspondantes latines, nous trouvons comme exemples :

caput tête.
lacabt (ch.Masq.) pic, sommet.

segmen fragment.
asegmed (tam.Kaoui) extraction.

Parfois la finale a disparu, le substantif berbère est devenu masculin :

γάλα lait.
ikil lait caillé.

λέμμα peau.
ilem (chelah) peau, cuir.

σκῶμα, σῶμα corps, substance.
aksoum (chaouïa.zoua.) viande, métathèse pour askoum.

La terminaison de certains neutres a fait attribuer à leurs dérivés berbères le sens féminin, comme nous l'avons signalé précédemment:

ἦδος (τό) réjouissance.   t adiout (taïtoq. Masq.) joie.

λήμμα profit.   ti lemmest (taïtoq. Masq.) gain.

τέγος τέγμα (libyen), toit, maison.   tigmi maison.

Nous terminerons ce qui a trait à l'étymologie des substantifs berbères en donnant une liste de quelques-uns, chez lesquels une ou deux syllabes finales de la racine ont disparu :

δάκτυλος doigt.   a dakdi (zen. Faidh.) doigt.

καλύβη cabane.   a chelouh (kab. Ol.) tente.

κόκκυξ coucou.   te kouk (kab. Ol.) coucou.

κόπος blessure, coup.   aggou (kab. Ol.) blessure.

κράβατος lit.   a krif (chaouïa) lit.

φρῦνος crapaud.   a grou (syouah. Caillaud.) crapaud.

χέραδος gravier.   a chera (chaouïa. Masq.) grêle.

Il y a là un type d'altération fréquent dans les langues dérivées. Tel est le cas du français **prince**, de **princeps**, **épée**, de **spatha**, etc.

Formations autonomes de substantifs berbères au moyen de racines européennes

A côté des dérivations des substantifs berbères reproduisant les noms grecs plus ou moins altérés, il convient de dire quelques mots de formations berbères que l'on pourrait appeler *autonomes*. Ces formations sont particulières aux populations du nord de l'Afrique. Elles peuvent provenir d'une racine empruntée à un dialecte européen. Celle-ci se trouve transformée au point d'être parfois méconnaissable.

A) *Formations d'origine verbale :*

Une formation courante consiste dans la création de substantifs verbaux, au moyen de la racine du verbe précédée d'un article. Presque tous les verbes berbères ont leur substantif correspondant. Notons qu'une formation semblable a lieu dans la langue allemande, où l'infinitif précédé de l'article forme généralement un substantif. Les Libyens, à l'époque romaine, employaient un procédé semblable quand ils se servaient de la langue latine, ainsi que nous le verrons.

Un certain nombre de ces substantifs provenant de verbes sont au masculin. Ils se forment en préfixant l'article au verbe, et en remplaçant dans le corps du mot les sons muets par le son **a**.

Voici quelques exemples de ces formations avec leur étymologie grecque :

efenez (taït. Masq.).   ἀφάνιζε diminuer.   **afanaz** diminution.

ekenez (t. Han.).   ἀγονίζου disputer.   **akenaz** dispute.

ekreh (tam. Kaoui).   χράω posséder.   a **krah** possession.

enes er (kab. Ol.).   nasus nez.   a **nes** ar action de se moucher.

erguem (kab.Ol.).	ὀργιοῦμαι insulter.	**argam** insulte.
esigueg (t.Kaoui).	ἐξήγαγον éloigner.	**asigueg** éloignement.
esχela (kab.Ol.).	ἐϑχαλὰ effrayer.	**aχelâ** frayeur.
ferez (taït.Masq.).	θερίζε moissonner.	**afaras** moisson.
selef (kab.Ol.).	ἐπλαϑάω caresser.	**aselaf** caresse.
zouzel (kab.Ol.).	ὀυςτέλλε raccourcir.	**azouzel** raccourcissement

Certains de ces substantifs masculins ont une finale en — **i**.

ayer (taït.Masq.).	γηρύε appeler.	**ayori** appel.
err (ch. Mercier.).	uro brûler.	**arr** aï incendie.
kim (divers).	κεῖμαι s'asseoir.	**ikimi** action de s'asseoir.
sir (kabyle.Han.).	θέρε allumer.	**asiri** action d'allumer.

Certains substantifs provenant des verbes prennent le genre féminin.

a) Quelques-uns de ces féminins se terminent en — **a**. Exemples :

ari (tam.Kaoui).	ἐρά ε aimer.	**tera** amour.
ekes (kabyle.Ol.).	ἀκίς (pointe) piquer.	**takesa** piqûre.
enker (tam.Kaoui).	ἐγείρε s'éveiller.	**tanekra** réveil.
erouel (tam.Kaoui).	ἐρώειν fuir.	**taroula** fuite.
dema (kab.Ol.).	τίμα prétendre.	**tama** prétention.
ouθ (kab.Ol.).	ὠθέε frapper.	**tiiθa** coup.

b) Quelques autres ont leurs finales en — **i**. Exemples :

eneγ (kab.chelah.).	νέκυς cadavre.	ti **neγi** meurtre.
esou (tam.Kaoui).	dhâ (sansc.) boire.	ti **sessi** boisson.
mel (kab.Ol.).	μέλε montrer.	ta **mouli** indication.

c) Enfin quelques féminins prennent la forme sémitique avec le — **t** suffixe, le plus souvent avec la terminaison — **it**. Exemples :

aγi (taït.Masq.).	ἄγχω étrangler.	ta **γit** resserrement.
edaou (taït.Masq.).	ἥδω se réjouir.	ti **daoui** t plaisir.
egged (touar.Han.).	ἄϊσσω ἥξ α sauter.	t **igg uit** saut.
kim (divers).	κεῖμαι s'asseoir.	ta **kim** it position assise.
out (tam.Kaoui).	ὠθέω frapper.	ti **ouit** coup.

VERBES PROVENANT DE SUBSTANTIFS

Si l'on observe des substantifs berbères provenant des verbes, on en trouve aussi qui paraissent inversement avoir servi à créer des verbes. Cette formation s'est produite parfois dans des conditions assez curieuses.

Le dialecte tamahaq possède le terme féminin **traguit**, signifiant *bêlement*. Ce terme paraît reconnaître comme étymologie le mot τράγος *bouc ;* seulement, comme le **t** initial est en berbère caractéristique du féminin, on l'a supprimé pour créer le verbe **reg** *bêler*.

De même, les Kabyles désignent la toux sous le nom féminin de **toussouθ (toussous),** terme qui dérive évidemment du latin **tussis·**

Pour créer un verbe avec ce substantif on a supprimé le **t**, initial, caractéristique du féminin, et l'on a eu ainsi le verbe **oussou** *tousser*.

B) *Formations de substantifs par le préfixe* **m**, *correspondant au suffixe hellénique* μ :

Les Berbères tirent un certain nombre de substantifs de leurs verbes en préfixant le son **m** au thème radical. Les noms ainsi formés conservent parfois le même son que la racine d'où ils proviennent. Les Kabyles les terminent souvent en — **iout**, en les mettant au féminin. Quelques noms prennent aussi des finales en **i** et en **a**, comme les substantifs que nous venons d'étudier.

Cette formation de substantifs paraît d'origine sémitique. Les noms d'instruments, spécialement, se forment ainsi en arabe. En grec, cependant, beaucoup de substantifs dérivent des verbes par un procédé analogue, en suffixant un μ au thème radical, au lieu de le préfixer comme les Berbères. Les mots ainsi créés se terminent d'ordinaire en **a** avec le genre neutre ; il y a cependant de nombreux exemples de substantifs en μ-ος ou en μ-η.

Nous avons cru devoir rapprocher quelques exemples de formation parallèle de ces substantifs, grecs et berbères. Leur comparaison permettra de se rendre compte que s'il n'y a pas de relations directes entre elles, il y a un mécanisme parallèle assez curieux.

Exemples de formation de substantifs par addition du son **m**.

1º Types existant en grec et en berbère :

ἄγω agir.	ἄγυμα armée.	**ag** (t.) agir.	*ti***megg**a action.
γελἀω rire.	γέλασμα rire.	**guellek** (k) se moquer.	a**m**guellak moqueur.
θεωρέω contempler.	θεώρημα spectacle.	**θer** (k.) voir.	*ta***me**θer*iout* spectacle.
ῥήσσω briser.	ῥῦγμα rupture.	**crez** (k.) briser	*ti***m**erez*iout* rupture.
ῥήμι parler.	ῥήμη renommée.	**enn** (k.) (ἤν) parler.	*ti***m**enn*a* voix.

2º Types berbères n'ayant pas leurs analogues en grec, mais provenant du grec :

aγi (taït.Masq.) étrangler ἄγχω.	*ta***maγ**aït étranglement.	
ett (divers) manger ἔδω.	a**m**oud nourriture.	
	a**m**adan celui qui fait manger, berger. [1]	
	*ta***m**adhint (t) action de faire paître.	
ekch (taït.Masq.) manger ἐσθίω.	a m**ekch**i (taït.Masq.) nourriture.	
	a**m**ekchi (ahag.Bass.) mangeur.	
	a**m**ekcha (zenaga) berger.	

[1] On peut remarquer l'homonymie accidentelle de νομάδες (les bergers) et amadhan.

— 57 —

edou (taït.M.) plaire ῆδω réjouir. { *a*midi (taïtoq.) ami.
{ *ta*midoua (taïtoq.) amitié.

eres (kabyle.fig.) aimer ἐράω.   *ta*mesri*t* (taït.Masq.) amante.

tedh (kabyle) têter θα allaiter.   *ta*mθout (divers) la femme mariée, litt. la nourrice.

erouel (divers) courir ἐρώειν.   *ta*meroual (sud oran.Bass.) le lièvre, litt. le fugitif.

eksen (t.Masq.) détester ἐχθραίνω. *a*miksan (taïtoq.) ennemi.

kim (divers) être assis, se reposer. *a*mekam (rhadm.) tapis sur lequel
κεῖμαι   on se couche.

akour (k.) voler κερδός dommage) *a*mekerad (kab.Ol.) voleur.

σέβω vénérer.   *a*messebal guerriers kabyles qui se dévouent pour la défense du territoire contre l'étranger. Après leur mort, ils sont l'objet de vénération particulière.

PLURIELS BERBÈRES D'ORIGINE EUROPÉENNE

Le pluriel berbère se forme de la manière suivante. Pour le masculin, l'article préfixe devient i : il correspond au pluriel de l'article grec ἰ. Pour le féminin, l'article **ta** devient **ti**. En d'autres termes, les Berbères paraissent concevoir un seul article pour les deux genres **a, i**, au singulier ou au pluriel, que l'on fait procéder d'un **t** pour marquer le féminin, d'où **t-a** au singulier, **t-i** au pluriel.

Le pluriel des noms est caractérisé par la désinence finale **n**. Cette désinence selon l'usage peut être précédée d'un son voyelle ; généralement ce son est **a** ou **e**. La plupart des pluriels berbères sont en effet en **an** ou en **en**. L'influence sémitique paraît avoir la majeure part dans la formation de ces pluriels qui, comme ceux des Arabes, s'accompagnent de modifications internes.

Nous n'insisterons pas sur les pluriels. Cependant il est intéressant de signaler quelques pluriels déterminés par l'étymologie. Ceux-ci font exception à la règle générale pour se rapprocher de la règle européenne, qu'ils ont conservée. Des exemples feront connaître ces formations. Certains noms berbères qui dérivent de substantifs neutres grecs ou latins font comme eux leur pluriel en **a**. Exemple :

i**fourna** (kab.Ol.) les feux de broussailles.   **furna** de *furnum,[1] fourneau.

ta**guelia** (chaouïa) les huttes.   **tuguria** de tugurium, hutte.

thi**gousa** (k.Han.) les aiguillons.   κἐστ de *κεστόν, aiguillon.

i**gougla** (kab.Han.) les fromages.   **coagula** de coagulum, caillé.

tha**iouga** (kab.Han.) les jougs.   **juga** de jugum, joug.

Comme certains mots berbères peuvent être précédés de n' (de, d'entre) donnant un sens général au mot, on a n'amadhan fort voisin du grec avec la même signification.

[1] Les mots précédés d'un * sont masculins et non neutres en langue classique.

imezoura (chel.) les aïeux.   majora pour majores, ancêtres.

imoula (kab.Han.) les versants.   ὀμαλα de *ὀμκλόν, partie plane.

isouca (kab.Ol.) les sacs.   ϭάκα de *σἀκον, sac.

Certains noms berbères provenant de féminins ayant un pluriel en αι pour les Grecs, en æ pour les Latins, terminent leur pluriel par un a. Exemples :

θiboura (kab.Han.) les portes.   portæ de porta.

θiloufa (kab.Han.) les chagrins.   λύπαι de λύπη.

imenɣa (taït.Masq.) les combats.   μάχαι de μάχη.

Le mot ikerraï (kab.Ol.) les têtes reproduit phonétiquement κάραι, pluriel de κάρα tête.

Il en est de même du pluriel iberi (taït.Masq.) les moissons, par rapport au grec θέροι.

Enfin, certains mots rappellent par leur pluriel beaucoup mieux que par le singulier le terme européen dont ils dérivent. Citons : agna (t.Han.) frère, pluriel agnaten, de gnâto (europ.primitif), latin natus, cognatus. On trouve dans une inscription d'Afrique *(Corpus,* t. VIII, nº 10533) gnato pour nato. Ce terme existait donc en berbère à l'époque romaine.

ifer (kab.Ol.) feuille, pluriel aferioun, comp. folium.

occous (t.M.) déclin, action d'enlever, plur. iccassen, comp. occasus.

imelti (kab.Ol.) larme, pluriel imettaoun, comp. ὀμμάτιον.

MANQUE DE FIXITÉ DE SENS ET DE GENRE DES SUBSTANTIFS BERBÈRES

Nous avons vu dans le cours de ce travail que nombre de substantifs européens avaient changé de genre en passant dans le berbère. Ces changements sont utiles à connaître. Ils sont d'importance secondaire à côté d'une autre tendance du manque de fixité de sens de mots selon les dialectes. Cette facilité d'altération de sens provient de l'état primitif de la société berbère, et surtout de l'absence d'écriture.

Masqueray[1] dit (page 8) : « ..... Par exemple, les mots qui signifient lion, enfant, fils, épaule, dans un dialecte, signifient sauterelle, petit chien, cou, dans un autre. ». Ces variations de sens sont beaucoup plus étendues que ne le signale Masqueray. Les exemples suivants le prouvent : ti-tabbari (aoulimmiden.Basset) perdrix = tidebirt (t. azguer) pigeon ; oulli (zouaoua) brebis = oulli (touareg) chèvre ; agedidh (t.) oiseau = a-yazid (k.) coq ; echou (t.), ichi (zenaga) cheval = esou (taïtoq) bœuf ; a-fous (Kabylie, Tunisie) main = o-foud (zenaga) genou ; ichɣagen (chaouïa) arbres = ichɣagen (Ghat.) fleurs ; oudem (Kabylie) visage = oudem (kelouï) couleur ; akoured (kelouï) puce = chouourdou (s.or.Basset) punaise ; ti-bagouin (aouel.Basset) jument = abeggi (Ahaggar) chacal ; agzi (k.) petit chien = togzit (zenaga) fille.

[1] Comparaison du vocabulaire du Zénaga, etc. *Archives des Missions Scientifiques,* 1879.

Dans leur passage d'Europe en Berbérie nombre de substantifs ont subi aussi des altérations de sens comparables : ἥλιος soleil = ahel jour ; focus le foyer = tafoct (k.) soleil ; σείριος soleil = taziri lune ; κόρις punaise = akoured puce ; χάσμα ouverture de la bouche = axesmar (zouaoua) joue ; γέρανος grue = tijerina (sud. oran. Bass.) outarde ; ὄμμα œil, regard = timmi (touat.) sourcil ; δέρις gorge, cou = aderis (Rhadamès) lèvre ; ursus ours = oursel (Vent. de Paradis) hyène, etc.

ÉTYMOLOGIE DE QUELQUES NOMS PROPRES BERBÈRES

Nous terminerons ce qui a trait aux origines du substantif berbère par une petite liste de noms propres portés par des modernes, avec leur étymologie hellénique probable :

Arhaio (expédit. Foureau-Lamy).	ἀραίος mince, élancé.
Areski (nom kabyle).	ἀρεσκος qui cherche à plaire.
Bakhou (nom targui).	βάκχος Dieu, nom de Dieu en berbère.
Egnes (nom targui).	ἁγνός saint.
Iaro (explorat. Foureau-Lamy).	ἱερός fort.
Ibsa (nom targui. Han.).	Ὕψι en haut ὑψίος (n. p.) comparez Micipsa (numide).
Ifis (nom targui. Hanoteau).	Ἴφις nom propre ἶφι courage.
Keraoun (nom d'un Matmati tunisien).	κεραυνός la foudre (n. p. grec).
Iɣenoukhen (nom targui de forme plurielle).	γεννικός de naissance noble.
Minekou (nom targui. Han.).	μανικός extravagant.
Touka (nom targui).	τύχα sort, fortune, nom fréquent dans les épitaphes de l'époque romaine, d'où Mastoukan (berbère)

CHAPITRE VI
La Phonétique berbère

Les pages que nous avons consacrées à la formation des verbes, des adjectifs, des substantifs ont montré les liens étroits qui unissent par l'étymologie cette langue, ou mieux le libyen, dont elle dérive, avec les dialectes helléniques.

Nous n'avons pris comme exemples en général que les mots berbères d'origine libyenne qui avaient subi de faibles altérations phonétiques. Il est nécessaire de compléter maintenant les notions que nous ont données ces études en faisant connaitre des altérations plus accusées que les mots ont subies à travers les âges et comme conséquence de leur prononciation par les peuples si mélangés du nord de l'Afrique. Seulement nous bornerons nos exemples aux altérations les plus fréquentes : un volume serait nécessaire pour les décrire toutes.

Cette étude fera mieux pénétrer les relations des dialectes berbères avec les langues de l'Europe. Le lecteur y trouvera la justification de certains rapprochements entre mots grecs et mots berbères qui à première vue avaient pu paraître osés. La connaissance des altérations subies par les mots grecs dans la bouche d'Africains permettra d'accroître encore le nombre de termes primitivement communs aux deux groupes linguistiques.

1° VOCALISME

Nous commencerons notre examen de la phonétique berbère par l'étude des voyelles.

Les Berbères n'en possèdent à vrai dire que trois : *a, i, ou*. Le *e* n'est guère figuré par les auteurs que pour la commodité de la lecture.

Les voyelles en berbère se confondent entre elles. Elles se substituent les unes aux autres d'un dialecte à l'autre, et parfois dans un même dialecte. « Il est difficile, dit M. Hanoteau, de fixer l'orthographe d'un grand nombre de mots à cause des sons voyelles qui se rapprochent plus ou moins de l'*e* muet suivant la position du mot dans la phrase et suivant l'individu qui le prononce. On ne sera donc pas étonné de voir certains mots écrits tantôt par un *a*, un *i* ou un *ou*, et tantôt par un *e*. Par exemple : thamdint et themdint ; thamettouth et themettouth ; argaz et ergaz. »[1]

PERMUTATION DES VOYELLES A ET I

Le son *a* européen est fréquemment prononcé *i* par les Berbères. Cette mutation était courante dans l'antiquité. Exemple :

ἄναξ, ἄνασσα prince, princesse.	inissa, en composition dans certains noms propres.
νομάδες nomades.	Numidæ (transcription phonétique romaine.
βασιλεύς roi.	Bisil (*Corp*. VIII, 1870. Mactar, n. p.)
μοναχός - η (féminin) seul, unique.	Monica (inscription d'Afrique).

Elle s'est conservée jusque dans le berbère moderne. Exemples :

ager champ.	iger (kabyle. Ol.) champ.
ἄγορα place publique.	agouni (kabyle. Ol.) même sens.
ἀναφλά ε exciter.	enefli (tam. Kaoui) jouir.
γάλα lait.	i yil (t.) lait caillé.
γελα (carien) roi.	a gelid (kabyle. Ol.) roi.
dâla (europ.) δολός ruse.	dahli (kabyle. Ol.) ruse.

[1] HANOTAU : *Grammaire kabyle*, p. 11 et 12.

ἐξάγωγη sortie. — asigeg (t.) éloignement.

ἔραε aimer. — ari (t.) aimer.

ἔφῦσα (aor. de φύω) grandir. — efesi (kabyle.Ol.) croître.

ἔσενα (aor. de σεύω) secouer. — ezoui (kab.Han.) secouer.

ἥμαρ jour. — imir (k.) saison.

mensa table. — a mensi (t.) repas du soir.

πελάργος cigogne. — i bellirech (k.) cigogne.

φανερός manifeste. — li finar alphabet.

fari parler. — ta firt (t.Han.) parole.

Réciproquement, le *i* du latin et du grec est souvent prononcé *a*, en berbère.

Exemples en libyen :

λιμνιάδες marécageux. — La tumiana (nom de ville libyenne)

βουνίτης situé sur une colline — Thabun a ti (ville du sud tunisien).

En berbère moderne :

κόφινος panier. — a koufan (zoua.) jarre à provisions.

φύσις nature. — ta fousa beauté.

υἱός fils. — aou (divers dialectes) même sens.

ignis feu. — tignas (Touat.Basset) tison.

filius fils. — falou (chaouïa) fils.

ovilis troupeau de moutons. — tavali (Rhadmès) brebis.

PERMUTATION DES VOYELLES A ET E

Le son *a* européen est souvent prononcé *e* en Afrique. Une modification phonétique comparable existait dans les divers dialectes helléniques par rapport au dorien. On trouve ainsi en dorien φαμά = φήμη ; ματηρ (dorien) = μήτηρ ; γᾶ (dorien) = γῆ, etc.

En libyen nous relevons :

ἰατήρ (inscription latino-grecque de Sousse[1] pour ἰατήρ médecin.

Bezereos (ville vers Douz) pour βασιλεῖος royal.

Lacene (Tarfelma, sud tunisien) pour λάχανα le marché aux légumes.

Cercinis (Kerkenna) pour καρκίνος crabe, crevette.

En berbère, nous relevons les exemples suivants :

ἄκανος épine. — acen an (zouaoua.Beni-Menacer).

an a (sanscrit) ce, cela. — en (zenaga) eni dialect.divers) ce.

ἀνάγκω avoir besoin. — aneyou (zenaga) avoir besoin.

ἄρνυμαι prendre. — ernou (Nefoussa.Boss.) ajouter.

_____

[1] *Bulletin Archéol.* 1891, p. 538, nᵒ 19.

ἄροσις labour.   θereza (kab.Ol.) labour.

ἀφάνιζε réduire.   efenez (tamah.Kaoui) diminuer.

ἄφεσις action de laisser aller.   efesi (kabyle.Ol.) abandon.

θάλλος jeune pousse.   aθel (taït.Masq.) branche.

καλάθος corbeille.   tachélouθ (chaouïa) panier.

κάλυμμα voile.   aguelmous (touareg) voile.

λῆμμα gain.   lilemmest gain.

nasus nez.   inezer (k.) nez.

ῥάκος débris.   arek (kabyle.Ol.) naufrage.

συνεδαφίζε plier.   senedefez (taït.Masq.) plier.

χίμαρος agneau.   ezimer (kabyle.Ol.) agneau.

χλαμύς chlamyde.   taclemount (V. de Par.) vêtement à capuchon.

Le son *e* peut être prononcé *a* en berbère. Exemples :

1º Dans l'antiquité, on relève dans le *Corpus*, T. VIII :

    consacravit (inscriptions 9257-8306) pour *consecratus*.
    consacratio (inscription 89) pour *consecratio*.
    consacratus (inscription 8426) pour *consecratus*.

2º En berbère moderne :

γῆ terre.   ya (k.Basset) terre.

ἔδω manger.   ahd (Beni-Men.Basset) dévorer.

eka (sanscrit) chaque, tout.   ak (t.Han.) chaque.

ἐχῖνος hérisson.   aχenisi (tam.Kaoui), enisi (chel.k.)

ἥλιος soleil.   alio (guanche) soleil.

ἤχησα (aor. de ἠχέω) résonner.   agged (k.) crier.

μένος âme.   iman (tous les dialectes) âme.

μέσος moitié.   amas (t.) milieu.

PERMUTATION DES VOYELLES A ET OU

Le son *a* grec peut être prononcé *ou* :

ἄγαμαι admirer.   akoun (taït.Masq.) admirer.

κράμβη chou.   ikroumb (kab.Ol.) chou.

occasus chute.   occous (t.Masq.) action d'enlever.

σκάφος barque.   chquof (kabyle.Ol.) barque.

Inversement, les sons européens *o* ou *ou* peuvent être prononcés *a* par les Berbères. Exemples :

agressura attaque.   aγessar (touar.Han.) guerre.

γυρός cercle.   ayaref (k.) meule de moulin.

ἐχυρότης force.   liχourad (taït.Masq.) force.

κόνις poussière.   chan (sud.oran.Basset) poussière.

κῶμη habitation.	a χam (t.k.Beni.-Men.) maison.
murus mur.	marou (chaouïa.Masq.) mur.
ὁμιλε parler.	amel (gerbien.Bass.) parler.
ὄρυζα riz.	arouz (tous les dialectes) riz.
ὄρυξις creusement.	th arouzi (k.Ol.) action de creuser
πυρός blé.	afaro (guanche) blé.
σκόροδον ail.	skaret (touareg) ail.
τόξον arc.	tadjanhé (taïtoq.Masq.) arc.
tugurium chaumière.	taguelia (chaouïa.Masq.) hutte.
ὠδία odeur.	adhi (zenaga.Faidh.) odeur.
ὤδις poussée.	azizi (kabyle.Ol.) poussée.

PERMUTATION DES VOYELLES E ET I

La voyelle *e* se prononce souvent *i* en berbère.

1° Période ancienne. Exemples tirés du *Corpus*, T. VIII :

> Fici pour feci (inscription 12877).
> Œtatim pour œtatem (inscription 13134).
> In paci pour in pace (inscription 13798).
> Primiginia pour primigenia (inscriptions 12637-12800).
> Tirentia (nom propre) pour Terentia (insc. 12831).
> Viveri pour vivere[m] (inscription 13134).

2° Période moderne :

cicer pois chiche.	i kikir (kabyle) pois chiche.
ἐΰς bon, noble.	ious i (tam.Kaoui) bon, beau.
ἰδέα idée.	la iti (tam.Kaoui) idée, pensée.
κεράσιον cerise.	kirez (V. de Par.) cerise.

En grec, nous trouvons une confusion analogue des sons *e* et *i*, dans les mots écrits par un η. Certains groupes prononçaient cette lettre *e*, d'autres *i*. Cette dernière prononciation a même prévalu dans le grec moderne. Or, il est presque de règle que les Berbères aient constamment employé le son *i*, pour les mots grecs écrits avec η. En voici quelques exemples :

1° Dans l'antiquité :

Iadir (*Corp.*, t. VIII, insc. 9923).	ἰἁτηρ médecin.
Iabra (n. pr. f. *Bull. arch.*, 1871, p. 147, n° 20).	ἡ ἁβρά la gracieuse.
Eutychis (*Corp.* t. VIII, insc. 8040).	εὐτυχής heureux.

2° A la période moderne :

ἀνάγκη nécessité.	aneggi (tam.Kaoui) nécessité.
ἄκονη objet pointu.	echoni (zen.Faidh.) aiguille.

ζηλόω avoir de l'ardeur. | ezil (Vent. de Par.) courir.
ἦμαρ jour. | imir (zen. Faidh.) saison.
ἡμέρα jour. | imira (B.-Men. Bass.) actuellement
ἠμί je parle. | imi (djerid. Bass.) dire.
ἦν j'ai parlé. | in (touareg) parler.
ἦχος bruit. | ixes (kabyle. Ol.) bruit.
κηρός cire. | takir (kabyle) cire.
μάχη combat. | imenghi (t.) combat.
τιθήνη nourrice. | θin (kabyle. Ol.) nourrice.
φηλόω tromper. | fil (Vent. de Par.) abandonner.

Réciproquement, la voyelle européenne *i* peut être prononcée *e* par les Berbères. Exemples :

ἀγονίζου (impératif) disputer. | ekenez (taït. Masq.) disputer.
δίψα soif. | defa (zen. Faidh.) soif.
ἐχῖνος hérisson. | axenisi (tam. Kaoui) hérisson.
θερίζε (impératif) moissonner. | ferez (taït. Masq.) moissonner.
ἵκε (impératif) venir. | ek (tam. Kaoui) venir.
ἱκετεύω supplier. | egged (tam. Kaoui) implorer.
κίνεω se mouvoir. | kenou (kabyle. Ol.) se baisser.
farina farine. | avaren (Ghadamès) farine.
τίμα (impératif) apprécier. | dema (kabyle. Ol.) apprécier.

PERMUTATION DES VOYELLES E ET OU

1º Dans l'antiquité, nous relevons comme exemples :

Faciundum (*Corpus*, inscription 1106) pour faciendum.
Eupropes (nom propre, inscr. 3357) pour Euprepes.
Perputuus (inscription 10246) pour perpetuus.

2º Dans le berbère moderne, nous pouvons citer :

γῆρυς voix. | ayori (taït. Masq.) appel.
ἐσμός essaim. | t'ousma (Beni-Men. Bass.) essaim.
ζαμενής violent. | zamoun (zoua. Robin) courageux.
ἤγαγον (aoriste) mener. | ougeg (t. Han.) éloigner.
μέγαρον sanctuaire. | almogaren (guanche) temple.

Réciproquement, les sons *o* et *ou* des langues européennes peuvent en berbère être prononcés *e*. Exemples :

1º Dans l'antiquité :

Honerarius (nom propre, inscription 6944) pour Honorarius.

2º Dans le berbère moderne, plus spécialement en kabyle :

ἄγχουαι se serrer. | akemen (taït. M.) presser contre.

ghostis (eur. prim.) hostis, hôte.	a **chechti** (kabyle) hôte.
ἐλκόμαι se retirer.	**elkem** (tam. Kaoui) suivre.
ἐρύσα (aoriste) grandir.	**efesi** (kabyle.Ol.) croître.
θολόω troubler.	θelou (kabyle.Ol.) troubler.
θυμὸς idée de chaleur.	θimes (chaouïa) feu.
corvus corbeau.	a **gerfiou** (kabyle.Ol.) corbeau.
κοῦρος jeune garçon.	a **geroud** (kabyle) enfant.
κρύσταλλος froid.	ta **grest** (tam. Kaoui) froid, hiver.
κύμβος vase.	a **kembouch** (kabyle.Ol.) vase.
νομίζω avoir coutume.	**nem** (t. kaoui) avoir coutume.
ὁδεύω marcher.	**eddou** (kabyle.Ol.) marcher.
ὀρύσσε (impératif) fouiller.	**erez** (kabyle.Ol.) fouiller.
χαρίζομαι complaire.	**herezem** (kabyle.Ol.) ménager.

PERMUTATION DES VOYELLES I ET OU

La voyelle prononcée *i* par les Européens devient parfois *ou*, en berbère. Il y a là un fait analogue aux changements des sons de la lettre grecque υ, prononcée tantôt *ou*, tantôt *i*. Exemples :

1º Dans l'antiquité. On relève dans le *Corpus*, T. VIII :

Maxuma (inscription 646) pour maxima.
Optum (inscriptions 646, 4008, 4128, 9264) pour optim.
Stupendia (inscription 3217, 3271, 9829) pour stipendia.
Versuculus (inscription 9508) pour versiculus.
Vigules (inscription 822) pour vigiles.

2º Dans le berbère moderne :

situla seau.	**sotol** (divers) seau.
tussis toux.	**toussou**t (kabyle.Ol.) toux.

Réciproquement, *o* et *ou* européens prennent parfois en berbère le son *i* :

1º Dans l'antiquité. L'étymologie du nom africus, africi vient de Φρύγος précédé de l'article *a*. Ce terme de βρίγες, Φρίγες, βρύγες, βρύγοι, écrit indifféremment avec un *i* ou un υ, provient, selon la remarque de Fick, d'une racine européenne : bhrug, en latin frug, en gothique brûk-jan.[1]

On relève dans le *Corpus*, T. VIII :

Contibernalis (inscriptions 3201, 3246) pour contubernalis.
Adrimeto (inscription 2618) pour Adrumeto.

<hr>

[1] FICK : *Die chemalige Sprachenheit der Indogermanen Europas*. Gotting, 1873, chapitre VIII, p. 412.

Monimentum (inscriptions 169, 204, 2078, 2080, 2764, 2840, 3777, 5012, 5066, 5280, 5281, 5284, 5466, 6026. 8296, 8612, 9311, 9427) pour monumentum.

Cinyps (fleuve libyen, Tripolitaine) de κώνωψ moustique.

2º Dans le berbère moderne (surtout en zouaoua) :

coagulum caillé.	agougli (kabyle.Ol.) fromage.
collis colline.	iγill (divers) colline.
hortus jardin.	ourthi (kabyle.Ol.) jardin.
ὄμμα, ὀμματιον (grec mod.) œil.	imetti (kabyle.Ol.) larme.
ὄρος borne.	iri (kabyle.Ol.) limite.
ὀρρός petit lait.	iri (kabyle.Ol.) lait aigre.
os (gen.) ossis os.	issi (zenaga.Faidh.) os.
sulcus soc.	lisilts, soc.

Nous terminerons ce qui a trait aux mutations de son des voyelles européennes passées dans le berbère en faisant observer que les lettres grecques o, υ, ω étaient généralement prononcées ou. Exemples :

1º Dans l'antiquité :

νομάδες les Numides, nomades, transc. phonétique latine : Numidæ.

ὄνομα nom, οὔνομα (inscription grecque, musée d'Alger, nº 10513).

Adeudata (inscription 13440, 13784) pour adeodata.

In Deu (inscription 13977) pour in Deo.

Marmureus (inscription 4836) pour marmoreus.

Mausuleum (inscription 9189) pour mausoleum.

Munumentum (inscription 2296) pour monumentum.

Paradisu (inscription 13603) pour paradiso.

Unu (inscription 14219) pour uno

2º Dans le berbère moderne :

ἄργυμαι prendre.	ernou (kabyle.Ol.) vaincre.
γωνία angle.	agouni (kabyle.Han.) plateau de montagne.
ἐχυρότης force.	t'iγourad (t.Masq.) force.
κόφινος panier.	akoufan (kab.Ol) grande jarre.
φύσις nature.	tafousaï (targui) beauté.
χλαμύς chlamyde.	taclemount (V. de Par.) vêtement à capuchon.

SYNCOPE DES VOYELLES

On observe fréquemment, en berbère, la syncope de voyelles placées au milieu du terme européen d'origine.

Nous allons donner quelques exemples de cette altération.

1º Syncope de la voyelle *a* :

Mot européen	Berbère intermédiaire probable	Terme actuel
ἀναφύσις louange.	anafous	t'anfous t (riff. Bass.) histoire.
ἔκαυσα (aor.) brûler.	ekaous	ekkous (tam. Kaoui) s'échauffer.
κύαρ cavité.	gouariz	a gour iz (kabyle) creux.
τέναγος marais.	tinaɣa	tindja (divers) lagune.
χάραξ pieu.	harakz	t'harkiz t (kabyle. Ol.) pieu.

2º Syncope de la voyelle *e* :

θεός dieu.	theos	al thos (guanche. Berthel.) dieu.
νεύω s'incliner.	noueou	nouou (kabyle. Ol.) opiner.

3º Syncope de la voyelle *i* :

βερίκοκκον abricot.	berkikou	berkouk (chaouïa. Masq.) abricot.
κασσίτερος étain.	kassidir	kasdir (kabyle) étain.
tiliba var. de siliqua.	jiliba	ajilban pois verts.

4º Syncope de la voyelle *o* :

ἄχομαι souffrir.	akomou	t'akmou (taït. Masq.) douleur.
ἡγέομαι croire.	eyeomen	egemen (kabyle) penser.
κολοκασία fève d'Egypte.	couloucas	coulcas (Vent. de Par.) espèce de topinambour.
σκόροδον ail.	skarot	li skaret (touar. occ. Bissuel) ail.
χρόα peau, tégument.	xroi	i xrit (taït. Masq.) peau de chameau.

5º Syncope de la voyelle *u* :

aurora aurore.	aouroura	aroura (targui) aurore.
κάλυμμα voile.	geloumous	a gelmous (targui) voile.
caput tête.	cabout	ti cabt (ch.) sommet de montagne.
παῦρος petit.	baourad	i barad (Rhat. Bass.) enfant.

INSERTION DE VOYELLES DANS LES NOMS

Les Berbères ont une tendance à adoucir le son rude formé par la succession de certaines consonnes. Cette tendance inverse de la précédente existait déjà à l'époque romaine.

Voici des exemples pris dans le *Corpus*, T. VIII :

1º Insertion de *a* :

Geramanila = Germanilla (n. p., insc. 7937).

2º Insertion de *e* :

Celodia (n. p.) = Clodia (inscription 3520).
Ceresces (n. p.) = Crescens (inscription 6220).
Geracilis = Gracilis (inscription 6237).
Materona = Matrona (inscription 6260).
Namephano (n. p.) = Namphano (inscription 9146).
Ocelavi = Octavi (n. p., inscription 6239).

Offeret = Offert (inscription 2389).
Quadēratus = Quadratus (n. p., incription 6255).
Sacerōru = Sacrorum (inscription 7111).

3º Insertion de *i* :

Alumino = Alumno (inscription 410).
Daphīnidis = Daphnidis (inscription 10849).
Quinīta = Quinta (n. p., inscription 7213).

4º Insertion de *o* :

Alipota (ancien nom de Mahedia) ἀλάπτη (fém.) l'imprenable.

5º Insertion de *u* :

Discipulina = Disciplina (inscription 10570).

Voici quelques exemples pris dans les dialectes berbères modernes.

1º Insertion de la voyelle *a* :

δραχμή argent monnayé.	drah*a*m (arabe vulg.) argent.
coquus cuisinier.	oukou*a*s (V. de Par.) cuisinier.
λιγυρός souple.	lougou*a*r (kabyle.Ol.) lisse.
σκέλος jambe.	s*a*gel (chaouïa.Masq.) jambe.
σχοῖνος corde.	s*a*χoun (V. de Par.) corde.

2º Insertion de la voyelle *e* :

ἀγερμός réunion.	ayer*e*m (taït. Masq.) ville.
ἀκμά instant.	ach*e*ma (k.Han.) dans un instant.
ἄκρον cap.	a kerrou (kabyle) cap.
θαμνος buisson.	θem*e*m (Beni-Menac. Bass.) genêt, aubépine.
κριός bélier.	i keri (kabyle.Ol.) bélier.
χάρτής papier.	χ*a*ret (kab.Ol. arabe vulg.) papier.

3º Insertion de la voyelle *i* :

ἄκανος chardon.	th ayed*i*out (kab.Ol.) chardon.
ἀμαθής ignorant.	amed*i*ou (mzab.Bass.) ignorant.
καρωτόν carotte.	zeroud*i*é (V. de P.) (ar.v.) carotte.
corvus corbeau.	a gerf*i*ou (compar. gairfhiach, v. irland. vautour).
κρύος froid.	ach*i*rou (kabyle.Ol.) frisson.
πέρκος noir.	ber*i*k (kabyle) noir.

4º Insertion de la voyelle *ou* :

κορμός bûche.	ta kar*ou*m t (kab. Ol.) bûche.

Analogies européennes : Ces insertions de voyelles sont des plus fréquentes, en Europe, d'une langue et parfois d'un dialecte à l'autre. En voici quelques exemples : Ἀσκληπιός = Æsculapius ; ἄρκυς filet

= ἀράχνη araignée ; 6ραγγιᾶν = 6αραγγιᾶν (att.) nageoire ; ὀρῦς chêne = δάρυλλος (macédonien) ; ὀργυιά = ὀρογυια brasse ; ὄρνυμι se lever = ὀρίνω soulever ; τόρνος = τορόνος (tarentais) tour (métier), etc.

2º CONSONNANTISME

Nous continuerons cette étude de la phonétique gréco-berbère par les consonnes. Dans le chapitre Iᵉʳ de ce travail, l'occasion nous a été donnée de faire connaître les particularités concernant les sons consonnes du berbère. Inutile de revenir sur ce point.

Pour étudier les variations phonétiques des consonnes d'une langue à l'autre, on peut suivre les classifications adoptées pour les langages indho-européens. Nous prendrons la classification des consonnes donnée par M. Regnault. [1]

1º Explosives :

    a) Gutturales : χ, ch, h (aspirée), k, c, q, γ, g doux, se rapprochant du son gn, x ;

    b) Dentales : θ, t, d, n, z ;

    c) Labiales : f, p, b, m, ꜵ ;

2º Sifflantes : s ;

3º Liquides : r, l ;

4º Semi-voyelles : j, v (dialecte de Rhadmès).

1º Explosives

a) GUTTURALES (χ, ch, h, k, c, q, γ, g, x)

Permutation des gutturales entre elles. — En berbère, les mutations des gutturales entre elles sont fréquentes. On en trouvera nombre d'exemples dans les ouvrages déjà cités de Hanoteau, Basset, Masqueray, etc.

Ce type d'altération existait à l'époque romaine, comme le montrent les inscriptions suivantes du *Corpus,* t. VIII :

auousti (inscription 12943) pour augusti.

coniuoi (inscription 13141) pour conjugi.

indulcentissimœ (inscription 12777) pour indulgentissimœ.

karœ (inscription 13026), karissima (inscriptions 12792, 12825 et 12860) pour carœ, carissima.

primicinius (inscription 12800) pour primigenius.

rocatus (inscription 12771) pour rogatus.

vincinti (inscription 14125) pour viginti, etc.

Mêmes altérations des termes grecs passés dans le berbère, le

---

(1) *Eléments de grammaire comparée du grec et du latin,* t. I, p. 8 et 9.

plus souvent avec atténuation de la gutturale. Les exemples sont très nombreux ; en voici quelques-uns :

χ devient g : χαρίεν agréable.   ie garaz (tam. Kaoui) agréable.

χόρτος fourrage.   gourt (kab. arabe vulg.) fourrage.

χώρα contrée.   a ger, a gel (divers dialectes).

χ devient k : χέρσος dur, sec.   i kor (targ. chaouïa. mzab.) dur.

k est souvent prononcé g :

τέκος enfant.   dag (taït. Masq.) fils.

k est adouci en ch : ἀκμά instant.   achema (kab. Han.) dans un instant

κρύος froid.   a chirou (kab. Ol.) frisson.

κύανος bleu.   choueni (tam. Kaoui) bleu.

La lettre double x : ξ. — Nous insisterons davantage sur les altérations déterminées par le passage de cette lettre du grec aux dialectes berbères.

Cette consonne peut être conservée. Exemples :

αἴξ chèvre.   taix i (chaouïa, mzab.) chèvre.

ἐξεράω évacuer.   exer (Touat. Bass.) évacuer.

ξύω, aor. ἔξυσα racler.   ixousa l (V. de Par.) barbier.

Comme la consonne double se compose de deux sons, l'un guttural (k), l'autre sifflant (s), divers cas se présentent.

Les Berbères adoucissent ces sons par l'insertion d'une voyelle entre eux, comme dans :

ἦξα aor. de ἀΐσσω sauter.   eggez (Beni-Menac. Basset).

χάραξ pieu.   t harakiz t (kab. Ol.) piquet.

D'autres fois, le son sifflant est adouci et devient chuitant, comme dans :

ξύλον bois.   akchal (zouaoua) bois.

L'un des deux sons peut disparaître.

Voici des cas de conservation du son guttural, avec disparition de la sifflante :

γελάω aor. ἐγελάξα rire.   gelek (kabyle) se moquer.

ὀξύς pointu.   i ketea (kabyle. Ol.) pointu.

Analogies européennes : Dans les dialectes grecs :

ξυνός (ionien) = κοινός commun ; ξυρόν rasoir = κουρά action de raser ; ἐξ = ἐκ de ; ξὺν = κυμ, κυν (κυνουρά) *cum* en latin, avec, etc.

Le son guttural conservé peut être adouci :

αὔξω croître.   oggi (zenaga) grandir.

εἴλιξα aor. de ἐλίσσω enrouler.
τοξεία arc.
ξυρέω tondre.

seleg (kab.Ol.) même sens.
tagaï (tam.Kaoui) arc.
cherrou (kab.Ol.) tondre.

Analogieà européennes : Voici des altérations analogues :

ἄξων hache = echel (kymrique); αὔξω grandir = uch, sur, uchel élevé (kymrique).

Le son guttural de x peut disparaitre; la sifllante persiste seule :

ἄναξ prince.
visit (inscription 13779) pour
innos (inscription 14125) pour
αὔξω croitre.
ἔλεξε aor. de λέγω parler.
ἔῤῥηξε aor. de ῥήγνυμι rompre.
ἐξήγαγε aor. de ἐξάγω emmener.
ἐξύσμαι parf.moy. de ξύω gratter.
ἦρξε aor. de ἄρχω commander.
ἴξις venue.
ξηρός sec.
ψίξ miette.

inissa (en composition) libyen.
vixit.
innox.
ezzi (kab.Ol.) grandir.
ales (taït.Masq.) parler.
errez (divers) casser.
esigeg (zen.Faidh.) éloigner.
ezoukmeh (tam. Kaoui) gratter.
ers (kabyle) ordonner.
tisit (taït.Masq.) arrivée.
ser (mzab.) dur.
absis (kab.Ol.) miette.

Analogies européennes : Dans les dialectes helléniques, altérations du même type :

ἄξων hache = ahsa (v. h¹ allemand); κλάξ (dorien) clé = κλαΐς; ἕξ, sex, six = saihs (gothique); ὄρνιξ (dorien) oiseau = ὄρνις; φρίξος frisson = φρίσσω trembler; ξυήλη rabot = σούλα (cypriote), etc.

Syncope des gutturales. — La syncope de la gutturale européenne est fréquente en berbère. Cette syncope porte surtout sur la gutturale initiale :

γέλαρος (phrygien) beau-frère.
καιρός, kara (sanscrit) temps.
καίω, futur καύσω brûler.
καλάμος paille, ἔλυμος (phrygien).
καλέω appeler.
kakras (sansc.) κύκλος cercle.
κερδαίνω, fut. κερδανῶ.
κόσκινον crible.
κύμβος vase.
χαλκός cuivre.
χαμάθεν à terre.
χαρίζομαι être agréable.

aleres (taït.Masq.) beau-frère.
aré (zenaga.Faidh.) instant.
ezzou (kabyle.Ol.) griller.
alim (divers) paille.
hell (kabyle.Ol.) appeler.
ekres (kabyle.Ol.) nouer.
ernadou (zen. Faidh.) gagner.
asɣini (touat. Bass.) tamis.
hamba (arabe moghebin) verre.
helka (ar.mogh.) anneau de cuivre.
amaθal (tam.Kaoui) terre.
herezem (kabyle.Ol.) complaire.

χιρθή orge, **hordeum**. irden (kab.Chelah) blé.
χριθή orge. tariθa (touar. o. Bissuel) orge.
cadere tomber. adheren (zen.F.) chute du soleil.
  odar, codor (zen.Faidh.) abattre.
cado. oudhou (touareg) tomber.
coquus cuisinier. oukouas (V. de Par.) cuisinier.
collis κολώνος colline. alous(taït.M.)colline,hill (anglais).
cor cœur. oull (kab.Ol.) cœur, hardi (sansc.),
  herza (v. all.).
qui qui. oui (divers) qui.
quid quidam, qui. ouidi (divers) celui qui.
calceus soulier. kerko(guanche),**erkas**(kabyle.Ol.)
  chaussure.

Analogies européennes : Fréquence de cette syncope de la gutturale initiale. Citons, parmi elles, les langues germaniques. Voici quelques exemples :

κάλαμος roseau = halam (v. ht allemand),comp. alim (berbère); καλέω appeler = halòn (v. ht allemand); καλός beau, bon = hails (gothique) sain, comp. elhou (kab.) être bon ; captus (latin) pris = haft (v. saxon), comp. enfou (k.) être captif,ettf (divers dialectes) prendre, métathèse pour heft; κῆρ (grec) cor (latin) cœur = hairt-o (gothique), comp. houl (kabyle) ; kart (sansc.) couper = hairus (gothique),comp. ert-es (tam. Kaoui); κλέος bruit, gloire = hlût (v. ht all.), laut (all. moderne) son, comp. leh's (kab.) bruit; χαμαί à terre = humi (latin), comp. amaθal (touareg) χαμάθεν; χειμών hiver = himam (sansc.) neige, hiems (latin), comp. i-χimera (kab.) orage, comp. χειμερίος orageux ; capra = hefr v. nordique); καίω fut. καύσω brûler = αὖσος chaleur, αὔω allumer.

La gutturale placée au milieu du mot peut également disparaitre :

ἀγέλη troupe. ehere (taït.Masq.) troupeau.
δάκτυλος doigt. dad (t.Han.), adaghdi (zen.), **da-gued** (rhadamès).
δραχμή argent monnayé. draham (arabe moghebin) argent.
ἐλαχύς faible. alouhou (kab.Ol.) faible.
ἰσχυρός fort. Tisuros,Touzer (ville) ezouer(kab. Ol.) fort.
sak (sanscrit) sens de couper,
  secare latin. sahars (chaouïa.Sier.) même sens.
συναγχουα ètre froissé. senahχam (kab.Ol.) humilier.
frigus froid. frious (k.Ol.) avoir froid, trembler.

Analogies européennes : Citons les suppressions analogues νέκυς = naus (gothique) cadavre ; νύξ nuit = naht-s (gothique), comparez idh, it (zenaga, kabyle); ὀκτώ huit = ahtau (gothique), comp. attam (gerbien).

b) DENTALES (θ, t, d, n, z)

1º *Transition des gutturales aux dentales*. — Le *dentalisme* ou substitution d'une dentale à une gutturale est une particularité phonétique fréquente aussi bien dans les dialectes berbères que dans ceux de l'Europe. Voici quelques exemples de ce genre d'affaiblissement phonétique :

Dans le *Corpus,* les inscriptions d'Afrique nous donnent macri pour matri.

ἀγλάος brillant.	adelaj (taïtoq.Masq.) parure.
ἀγωγή introduction.	azougé (tam.Kaoui) introduction.
γεωργός laboureur.	yierza (chaouïa.Sierak) labourer.
καρωτόν carotte.	zeroudié (V. de Par.) carotte.
kimo[1] (carien) blanc, κίμωλος.	timelli (tam.Kaoui) blancheur.
μίκρος petit.	medri (tam.Kaoui) petit.
ταραχή trouble.	taretit (t.) désordre.
sulcus soc de charrue.	tisilts (chaouïa) soc.

La modification inverse — mutation d'une dentale en gutturale — s'observe assez fréquemment. En voici des exemples :

τέ, τύ, toi, tu.	kaï, kaïou (touar.Han.) toi.
τομεύς couteau.	kemmié (V. de Par.) couteau.
arator laboureur.	arak (zen.Faidh.) laboureur.
asinus âne.	azig (zen.Faidh.) âne.
festa (divers) fête.	tefaski (taït.Masq.) fête.
metere moissonner.	meger (kabyle) moissonner.

Analogies européennes : Nombreux exemples de dentalisme analogues à ceux relevés en berbère :

Ka (sansc.) et = τέ, — que (latin) ; karsh-man (sansc.) = τέλσον limite ; katvar-as (sansc.) = τέσσαρες quatre ; ki (sansc.) unir, lire = τίω compter, thésauriser.

G = δ : γέφυρα = διφοῦρα (Laconie) chaussée ; γλεῦκος = δεῦκος (Etolie) (*Schol. ad Nicandri, ther.* 625) vin doux ; γᾶ, γη = δα (dorien) terre, d'où Δαμάτηρ, Δημήτηρ Déméter ; γνόφος = δνόφος obscurité ; γέ = δέ particule de conjonction ; γλυκύς = dulcis (doux).

K = δ : καίω = δαίω brûler ; κείρω = δαίρω, δέρω couper ; κραίνω = δραίνω idée d'agir.

2º *Permutation des dentales entre elles.* — Les dentales permutent fréquemment entre elles. Ainsi :

Le d européen est souvent prononcé t en berbère. Cette manière

---

[1] En carien *kimo* signifierait blanc, d'après M. ANGERMANN, *Neue Jahrbücher f. Klass. Philol.*, 1888.

de prononcer existait à l'époque romaine. Les exemples suivants, tirés du *Corpus* (T. VIII), en font foi :

adque pour atque (insc. 828, 1027, 1179, 2530, 2767, 3109, 1252).

adquœ pour atquœ (insc. 7034).

fecid pour fecit (insc. 3028).

at pour ad (insc. 284, 1557, 2340, 2438, 4194, 4240, 4579, 5365).

athuc pour adhuc (insc. 9624).

atsiduus pour adsiduus (insc. 10523).

atsignare pour adsignare (insc. 2728).

aliut pour aliud (insc. 212).

aput pour apud (insc. 619, 2532, 2634, 4238, 9715, 10570).

it pour id (insc. 2728, 4055).

itque pour idque (insc. 9109).

quit pour quid (insc. 212, 2532, 10570).

quitquit pour quidquid (insc. 2557).

quot (insc. 212, 2728, 4509, 5665), cot (insc. 4055) pour quod.

set pour sed (insc. 212, 403, 434, 1557, 9519, 10570).

Les dialectes berbères contemporains offrent des exemples de mutations analogues :

δακρύω pleurer.	taguia (zen. Faidh.) pleurer.
δείλη obscurité.	teli (touareg. Han.) ombre.
dha (sansc.) θάω téter.	eltedh (kabyle. Ol.) sucer, téter.
εὕδω aor. εὔδησα dormir.	ettes (touareg. Han.) dormir.
ἰδέα idée.	taiti (tam. Kaoui) intelligence.
σκόροδον ail.	tiskaret (t.) ail.
συνδέω aor. συνέδησα assembler.	senteð (kabyle. Ol.) réunir.
στάγδην goutte à goutte.	tsequitir (kabyle. Ol.) goutte.

La mutation inverse du t européen en d s'observe fréquemment :

ἑστία habitation.	esder (kabyle. Ol.) habiter.
ἱκετεύω supplier.	eqqued (tam. Kaoui) prier.
mantile serviette.	mendil (ar. moghebin) serviette.
ὅταν lorsque.	ouden (zenaga) quand.
πίτυς pin.	taida (kab. Ol.) pin (pour **pida**).
τέγος toit.	dej (rhadm.) maison.
τέκος enfant.	dag (taït. Masq.) fils.
τιμάω estimer.	demâ (kabyle. Ol.) prétendre à.
χόρτος fourrage.	igord (kabyle. Ol.) fourrage.

Analogies européennes : Voici quelques exemples de ce genre de mutations :

ἀντί à l'encontre, ante (latin) = **and** (goth.) contre, le long ; δεξιός droit = taihsva (goth.) droit ; δόλος dommage = tal (vieux nordique) fraude ; δρῦς arbre = trin (goth.) arbre ; πέτομαι voler = fedara (v. h[t] allem.) aile, avec ses plumes ; τέρμα but = drum (v. h[t] allem.) fin ; τύφω brûler = dimpfen (moy. h[t] allem.) fumer.

Les dentales **d** et **n** permutent souvent entre elles. Assez rarement les Berbères donnent au **d** le son d'un **n** :

κάρδαμος cresson.

guerninouch (kab.Ol.) cresson.

(Le terme grec est mieux conservé dans **gardimaou** (nom de lieu) la cressonnière.)

κήδω inquiéter.

eken (taït.Masq.) prendre soin.

χλαμύδ — chlamys.

achlemoun (kab. Ol.) vêtement à capuchon.

Par contre, le son **n** grec est fréquemment prononcé **d** par les Berbères :

ἀγινέω amener.

acid (tam.Kaoui) conduire.

ἄγων (part. présent) agissant.

agod (chaouïa.Tauchon) acte.

ἄκανος plante épineuse.

th aγed iou (kab.Ol.) chardon.

ἀμύνω défendre.

emoud (tam.Kaoui) défendre.

ἐρμινεύω faire connaitre sa pensée

elmid (V. de Par.) apprendre.

ἤρθην aor. de ἄιρω lever.

erfed (kabyle.Ol.) soulever.

in (latin) dans.

id (kab.Chel.) dans.

κοννέω écouter.

ekedd (tam.Kaoui) entendre.

μηνίω être en colère.

ib bédé (taït.Masq.) il est furieux.

νιφεῖν neiger.

adefel (kabyle.Ol.) neige.

segmen fragment.

asegmed (taït.Masq.) extraction.

σελήνιον pivoine, petite lune.

Selidiou (n. p. *Corpus*, insc. 1048).

φαίνω aor. ἔφην briller.

efed (kabyle.Ol.) briller.

Les dentales **d** et **z** permutent souvent entre elles. Dans l'antiquité, nous relevons quelques exemples de ce genre d'altération ; tels sont dans le *Corpus :*

Azabenicus = Adiabenicus (insc. 10337, 10338, 10322).

Zeta = diaeta (insc. 4933, 9910).

Oze = hodie (insc. 8424).

Parmi les surnoms : Kalenzo = Kalendio ; Zodorus = Diodorus ; Zonisius = Dionysius ; Zomede = Diomede ; Rozonus (8819) ; Rosona (8819) ; Rozonius (9693) = ῾Ρόδον rose.

On trouve en berbère moderne des changements analogues. Citons :

ἡδύς doux. | **izid** (tamahaq. Kaoui) être doux.
δειρός cou. | **azarour** (kabyle. Han.) dos.
σκάζω boiter. | **sgaδeler** (t. Han.) boiter.
ψυθίζω mentir, aor. ἐψύθιζα. | e**shuddid** (chaouïa) mentir.

Analogies européennes : Voici quelques exemples tirés des dialectes grecs :

Les formes Δεύς et Zeus, le pluriel δηαί et ζειαί orge ; δυγόν et ζυγόν joug ; καρδία = κάρζα (éolien) cœur ; πεδίος pied = πεζός pédestre ; δορκάς gazelle = ζορκάς (Hérodote) ; δᾶμος = ζᾶμος (éléen) peuple, etc. ;

3° *Syncope des dentales.* — θ et t s'éliminent parfois, surtout quand ils commencent le mot.

Dans les dialectes berbères modernes, le cas est fréquent. Les Beni-Menacer, d'après M. R. Basset,[1] disent hennit pour tennit (tu as dit), hitaouïn pour titaouïn (les yeux), etc.

Voici des exemples du son initial t, disparu en passant du grec au berbère :

θαῦμα étonnement. | **aouham** (kab. Ol.) pour θaouam.
θεωρία action de voir. | **aouri** (kab. Ol.) vision, pour θaouri.

(Les Kabyles ont le mot iθeher : visible).

texo textum, textor, tisser. | **ezδ** (kab. Han.) tisser, pour text.
τέχνη art. | **çna** (kab.) pr teçna, arrangement.
  | (On a en touareg **teknou**.)
τυγχάνω obtenir. | **ekχem** (kabyle) pour **tekχem**.

Le son t médian peut aussi se syncoper en berbère :
ἄχθος fardeau. | **takoucht** (kab. Ol.) pour akthouch.

Le d européen initial est parfois supprimé en berbère :
εὐώδης odoriférant. | i**ouahih**en (t.. Masq.) odoriférant.
δειρή cou. | **iri** (chaouïa, kabyle, targui) cou, pour diri.
δειρός cou. | **arour** (V. de Par.) dos, pour darour (rhotacisme).
Samdayati (sansc.) réunir. | **semheyet** (tam. Kaoui) assembler.

Le son européen n initial disparaît souvent en passant dans les dialectes berbères :
nego (latin) nier. | **ouga** (zen. Faidh.) refuser, pour nouga.

(1) R. BASSET : *Lexicographie berbère*, p. 20.

naç (sansc.) disparaître, νόσος
maladie.

hass (kab.Han.) être malade.

natus né, enfant.

aït (divers) fils, **gnat, agnaten**
(touareg) frère.

νᾶμα source, ruisseau, de νάω
couler.

aman eau (berbère).

Ce mot *aman* est réputé pluriel, parce qu'il se termine en *an*. Nous le rapprocherions du latin *amnis,* rivière (pour namnis), du vieil irlandais *abann,* fleuve (pour nabann). Cette hypothèse peut s'appuyer aussi sur ce fait que la racine *snu* (sansc.), νάω se retrouve dans les mots a *nou,* qui, dans les dialectes du Sud, signifie puits ; ta *naout* (Maroc) bateau ; *neχel* (taït.Masq.) couler (νήχομαι); *âoum,* pour naoum (kabyle) nager (νάομαι).

nakhas (sansc.) ongle.

ichech (divers dialectes) ongles, griffes, pour nichech.

νύξ, νυκτ — en composition, nuit.

ti **nist** (touat. Basset) commencement de la nuit, **idh** (zenaga) nuit, pour nidh, e**nac** (guanche).

Analogies européennes : Citons :

νεφρός rein, niero (v. h* allem.), par rapport à aru (v. irlandais), aren (kymr.) rein.

N au milieu du mot peut aussi disparaître.

Cette tendance existait d'une façon très appréciable à l'époque romaine. La lecture du *Corpus* le prouve. En voici quelques exemples : Coiux = conjux (dans trente-huit inscriptions) ; consesu = consensu (insc. 698) ; costituunt = constituunt (insc. 412) ; fecerut = fecerunt (insc. 2192) ; impesis = impensis (insc. 4425, 8711) ; iscripta = inscripta (insc. 2438) ; istituere = instituere (sept inscriptions) ; istituerut = instituerunt (insc. 9977, 9982) ; libes = libens (insc. 1012, 5511, 5667) ; mereti = merenti (insc. 2278, 9660) ; mesa = mensa (insc. 2189, 8767, 8768, 8769, 8770, 8771) ; neses = menses (trente-trois inscriptions) ; mesor = mensor (insc. 2946, 3028, 8812) ; monimetum = monumentum (insc. 10653) ; præteries = præteriens (insc. 9350, 9496) ; sacta = sancta (insc. 483) ; limen montensis = montanensis.

Voici quelques exemples de cette syncope, choisis dans les dialectes modernes :

ἄγνυμαι prendre.

erm es (taït.Masq.) saisir, pour ernemes. (On a en kabyle le verbe ernou prendre, vaincre.)

bonus bon.

a **bous** (z. Faidh.) bon, pour bonus.

Gorγός colline.

ta **bouch** t (kab.Ol.) mamelon, pour bounech.

γένησις descendance.   ｜ ogezi (zen. Faidh.) descendance, pour genezi.

ἐδυνάμην aor. de δύναμαι pouvoir.   ｜ edoubet (tam. Kaoui) pouvoir, pour edounabet.

κόσκινος crible.   ｜ kouscous farine criblée, pour kousknous.

οὐρανός ciel.   ｜ irahi (guanc. Bert.) ciel, pour irani.

sinkami (sansc.) verser, mouiller.   ｜ sicem (tam. Kaoui) se baigner, pour sincem.

συνάγω rassembler.   ｜ segou (kab. Ol.) fréquenter, pour senegou.

συνήσω fut. de συνίημι rapprocher.   ｜ sihez (tamah. Kaoui) rapprocher, pour sinez.

On observe parfois la chute de **n** final :

ἁμαρτάνε (impératif) tromper.   ｜ amarta (zen. Faidh.) tromper.

σύν avec.   ｜ sou (chaouïa) avec.

φρύνη crapaud.   ｜ igrou (t.) grenouille.

Nasalisation. — Si les Berbères suppriment parfois le son **n**, il leur arrive d'autres fois d'insérer ce son dans certains mots ; le phénomène commun dans les langues européennes se nomme *nasalisation*. Le targui est des dialectes celui qui l'emploie les plus fréquemment :

αἴγαγρος chèvre sauvage.   ｜ agingara (aonelim. Bart.) antilope.

ἀμύττω égratigner.   ｜ ementef (tam. Kaoui) écorcher.

ἐγείρω éveiller.   ｜ enker (tam. Kaoui) éveiller. ekker (zenatia, kab.).

ἔδω manger, ἔδηδα p. f.   ｜ ended (kabyle. Ol.) manger.

ἔχω avoir.   ｜ inch (zenaga. Faidh.) avoir.

Comme **n**, la dentale **z** s'élimine parfois.

Z initial s'élimine aussi parfois :

ζέμα bouillon.   ｜ tihimi (Gouraya. Basset) bouillon, pour zimi.

ἔζεσα aor. de ζέω bouillir.   ｜ zoues (tam. Kaoui), oues (taït. M.) bouillir.

c) LABIALES (f, p, b, m, ψ)

1° Permutation avec les autres groupes de consonnes :

Transition des gutturales aux labiales. — La substitution de labiales aux gutturales est une tendance de la prononciation libyenne. Le nom des λίγυες d'Europe, devenu λίβυες en Afrique, en est un exemple. Cette question a été déjà exposée par nous : inutile d'y revenir.[1]

(1) *Les premiers Colons de souche européenne dans l'Afrique du Nord*, t. I, p. 138 et seq.

Citons comme autre exemple de ce genre d'altération phonétique les noms de Gyzantes et Byzantes (tribu libyenne).

Dans le berbère moderne, on peut rapprocher :

γάλα, γάλατι (Phéréc.) lait.　　　　belete (guanche) lait.

στάγōην goutte à goutte.　　　　ti stab (taït.Masq.) goutte.

L'altération inverse a pu se faire. Exemple :

βάλλε (impér.) lancer, jeter.　　　　ger (k.Han.) lancer, gal (sanscrit).

La labiale f peut, ainsi que nous venons de le voir pour b, provenir de l'altération d'une gutturale. Exemple :

ἔχις vipère, ὄφις serpent.　　　　t afes a (riffain) serpent.

χύσις futis (latin), fusion.　　　　a fesaï (kab.Ol.) fusion.

La labiale européenne f peut aussi prendre, en berbère, le son d'une gutturale :

κωφός, κωφαων muet.　　　　a gougam (kabyle.Ol.) muet.

φρύνη crapaud.　　　　igrou (t.) grenouille.

Analogies européennes : ἵππος = equus cheval ; πέντε = quinque cinq ; ga (sanscrit) = βα, βαίνω aller ; ὀπή ouverture = aka (lith.) trou, etc.

Transition des dentales aux labiales. — Les deux dentales θ et n, en passant dans le berbère, sont souvent prononcées f et m.

Voici des exemples de θ prononcé f :

εὐθύς droit.　　　　efous (chaouïa) droit.

θάω, aor. ἔθησα téter.　　　　ifef (tam.K.) sein, bah (rhadm.).

θερίζω moissonner.　　　　ferez (taïtoq.Masq.) moissonner.

Réciproquement, f européen peut être prononcé θ par les Berbères, comme dans :

ἀφάσσε (impératif) toucher.　　　　aθes (taït.Masq.) toucher.

Ces mutations des sons θ et f sont très fréquentes dans les langues européennes.

Curtius en a donné de nombreux exemples. [1]

D'un dialecte grec à l'autre, on trouve θῆρες = Φῆρες (thessalien); θρόνος = φρόνος; θοίνη (éol.) = φοίνη; θεός, θύειν = φεός, φύειν (Karpanos, Dodone), etc.

La dentale n se confond souvent en berbère avec la labiale m : [2]

θάμνος buisson.　　　　a θemem (Beni-Menacer. Basset) aubépine, genêt.

ἱκανόω rendre suffisant.　　　　akoum a (kab.Ol.) suffire.

(1) CURTIUS : *Grundzüge der Griechischen Etymologie*, Leipzig 1879, p. 249.
(2) HANOTEAU : *Grammaire kabyle*, p. 340. R. BASSET : *Manuel de langue kabyle*, p. 9

ἰσχίον hanche.

ἴχνος trace de pas.

κνήθω, fut. κνήσω gratter.

ὄυναγείρω rassembler.

τείνω. fut. τενῶ tendre.

τυγχάνω obtenir.

tisχoum a (kab.Ol.) hanche.

ichem (zen.Faidh.) trace de pas.

kmez (kab.Ol.) gratter.

semegour et (tam.Kaoui) inviter.

tem (touat.Basset) tendre.

ekχem (kabyle.Ol.) obtenir.

On relève des exemples de mutations inverses : **m** européen devient alors **n** en berbère :

ἄγαμαι admirer.

κάρδαμος cresson.

κεῖμαι se reposer.

χάριζομαι complaire.

akoun (taït.Masq.) admirer.

gerninouch (kab.Ol.) cresson.

e gen (kab.Ol.) dormir.

herezen (kab.Ol.) ménager.

Analogies européennes : Ajoutons que ces altérations phonétiques sont fréquentes dans les langues européennes. Citons πέμπε = πέντε cinq ; μίν épique = νίν (dorien), ihn (allemand) ; συν = cum, avec ; χίον froid = hiems (hiver) ; χθόν terre = χθαμαλός qui est à terre ; ma, me (singulier, gréco-latin) = nos ; νῶϊ (pluriel), pronom de la première personne, gam (sansc.), quam (goth.) = βαίνω pour βανιω, venio (venir) ; νύσσω piquer = ἀμύσσω égratigner, d'où νύξις = ἄμυξις ; χλαμύς casaque = χλαῖνα manteau ; amiva (sansc.) = ἀνία plaie.

Les neutres grecs en ν, les génitifs pluriels en — ων se retrouvent en latin avec la finale — um ; exemples : δῶρον = donum, don ; Μουσάων = Musarum, etc. [1]

Permutation des labiales entre elles. — Les sons f, p, b, m s'échangent entre eux en passant des langues d'Europe aux dialectes berbères.

A) Voici des exemples de *permutation de b et f :*

κράβατος lit.

λοβός gousse.

a krif (chaouïa) lit.

la lefas t (touareg.Han.) gousse.

loubia (arabe mogheb.) haricot.

Cette permutation était un mode de prononcer habituel dans l'antiquité. C'est ainsi que le nom propre Φερενίκη *porte-victoire* se prononçait en Cyrénaïque βερενίκη. Des altérations identiques se retrouvent dans les dialectes grecs. Le nom de l'abricot βερίκοκκον est pour φερέκοκκον *porte-noyau.* Citons comme autres exemples κεφαλή et κεβάλη tête ; ἄμφω et ambo, les deux ; νέφος et nubes, nuage ; ὀμφαλός et umbilicus, ombilic ; ὀρφανος et orbus, orphelin ; ὑφή et waba (haut allemand), tissu, etc.

(1) REGNAULT : *Eléments de Grammaire comparée du grec et du latin,* t. I, p. 148.

B) *Permutation des labiales b et m.* — Le son **m** européen est fré-quemment prononcé **b** par les Berbères. Tissot avait signalé la fré-quence de cette mutation. Comme exemple, il donne le nom de la Medjerda, écrit primitivement Macara, puis Bacara.[1]

Dans les dialectes modernes, on peut relever des cas de cette mutation :

ὀνομάζω nommer.   **eneba** (chaouïa, arabe mogheb) ap-peler.

ἕλκομαι attirer.   **erkeb** (tam. Kaoui) même sens.

ἔγκειδομαι je presserai.   **eyeseb** (kabyle.Ol.) presser.

καμάρα, camera (latin) chambre.   ti **kaber** (t. Duveyrier) chaumière.

μῆνις colère, μηνίω être furieux.   i**bbed**é (taït.M.) il est furieux.

barba (latin), **bart** (v. haut all.)   ta **mart** (touar. Han.) barbe.

Analogies européennes : μαλακός, μαλθακός mou = βληχρός faible ; μαρνάμενον combattu = βαρνάμενον ; μέλλειν être sur le point de = βέλλειν (Hesych.) ; μύρμηξ = βύρμηξ fourmi ; dubenus (latin archaïque) = do-minus, maître ; tumor = tuber, tumeur, etc.

C) *Permutation des labiales f et m :*

μηρός pour μεμβρος[2] membre.   i**mefs**el (kab.Ol.) pour memsr.

Réciproquement :

κέλυφος coquille, écaille.   i**chelem** (kab.Ol.) pour chelef.

D) *Permutation des labiales p et b.* — Le son **p** européen a toujours été mal prononcé par les Berbères.

Fréquemment, il a été remplacé par le son **b**.

Déjà dans l'antiquité ce mode de prononciation existait, comme le prouve l'orthographe des inscriptions suivantes du *Corpus :*

Colla**b**sus (insc. 2671, 4224, 8935, 10308, 10309) pour colla**p**sus.

Dila**b**sus (insc. 2657) pour dila**p**sus.

Scri**b**si (insc. 724) pour scri**p**si.

Scri**b**tum (insc. 3727) scri**b**tura (insc. 2756) pour scri**p**tum, scri**p**tura.

On relève parmi les noms de lieux : **b**ure dans Tubursicum **b**ure, provenant de πόρος passage.

Le berbère moderne offre des exemples de ce type de mutation :

κόπη, κόπις, épée.   ta **kouba** (t. Bissuel) épée.

κώπη poignée, action de saisir.   ta **kabbi**t (riff. Bass.) mains.

πέραδις passage.   a **brid** (kab.Ol.) chemin.

πύργος château.   **bordj** (divers) toute grande bâtisse.

<hr>

[1] Tissot : *Géographie comparée de la province romaine d'Afrique,* t. I, p. 59.

[2] Bezzenberger : *Beitraege,* I. 340, cité par Curtius (*Grundzüge der Griechischen Etymologie,* p. 595.)

Analogies européennes : Les langues européennes offrent de nombreuses mutations analogues : ἐμπίς sorte de moustique = imbi (vieux haut allemand) abeille ; saptân (sanscrit) = sibun (gothique) sept ; ἀπαλός = ἁβρός tendre ; καλύπτω couvrir = καλύβη hutte ; λέπος écorce = λοβός lobe, liber (latin) écorce ; βόσκω = pasco, faire paître, etc.

E) *Permutation des labiales p et f.* — Quand le son **p** n'était pas prononcé **b**, les Berbères lui donnaient le son **f**.

Tipasa, ville libyenne, se nomme aujourd'hui **Tefessa**d.

Tepidæ (vers Tlemcen)   —   —   **Tifida.**

Dans les dialectes modernes, nous avons relevé :

ἀνάπτω brûler.	anefdou (rhadm.) été.
ἀπλούς digne de foi.	naflous (Nef.Boss.) même sens.
λύπη tristesse.	talouft (k.Han.) chagrin.
πέδον plaine, **fundu**s.	afoudou (zen.Faidh.) plaine.
πλάτυς plat.	feltes (taït.Masq.) plat du sabre.
πληθύς plein.	feθi (kab.Ol.) pour fleθi, comparez le gothique fulls, plein ; oued Fissi (Tunisie) pour Fliθi.
pullus poussin.	afoullous (divers), comparez fulan (gothique) poussin.
πύξ poing.	afous (divers) main, comparez fust (v. haut allem.) poing.
πυρός blé.	faro (guanche) grain de blé, comparez fyrs (v. saxon) blé.
σκέπη abri.	skef (kab.Ol.) toit.
super sur.	soufel (t.Han.) dessus.
τύπτω frapper.	tafdist (t.kab.) marteau.

Analogies européennes : Nous avons signalé en passant des formations analogues des dialectes germaniques par rapport au grec.

Voici d'autres exemples de ce type de mutation relevés dans les langues d'Europe : capra = hefr (vieux nordique) chèvre ; πολύς nombreux = filu (gothique), houllan (berbère) beaucoup ; πέτομαι voler = fedah (v. haut all.) aile garnie de plumes, ifer (kabyle) aile ; nepos (latin) = nefo (v. haut all.) neveu ; παλάμη = folma (v. haut saxon) paume ; πατήρ = fadar (gothique) père ; πελός = falo (v. haut allem.) blanc, etc.

La lettre double ψ. — Ce son est inusité en berbère.

On trouve cependant le mot a**bsis,** a**ψis** miette, ψίξ (même sens) en grec.

Le plus souvent, les Berbères modifient ce son en supprimant un des deux termes de la lettre double. C'est un procédé analogue à celui que nous avons relevé à propos de **x.**

Le ψ se compose des deux sons **p** et **s**. D'ordinaire le son **p** disparaît, **s** persiste seul.

Les noms géographiques nous montrent que cette habitude de prononcer remonte à une haute antiquité. On relève en effet Usilita (Pline), Usila (vers Leptis), Usilitanum (Sidi-el-Hani), Ouzalai (Ptolémée), Mont-Oussaleton (Ptolémée). Ces noms peuvent être assimilés à l'adjectif ὑψηλός élevé.

A notre époque, on peut citer les exemples suivants :

ὑψηλός élevé.	**asalas** (k. Han.) le faîte du toit.
ψηλαφάω caresser.	**selef** (kabyle Ol.) caresser.
ἐψευδίζα (aor.) mentir.	**eshuddid** (chaouïa) mentir.

Parfois le son sifflant de ψ disparaît, la labiale persiste prononcée **f**. Exemples :

δίψα soif.	**tadefa** (zen. Faidh.) soif.
ὑψηλός haut.	**oufella** (zen. Faidh.) au-dessus, comp. ufar (gothique).
ἔτυψα, aor. de τύπτῶ frapper.	**estafla** (guanche) frapper.

Analogies européennes : ψίττακος = σίττακος perroquet ; ἄψεκτος = ἄσεκτος irréprochable ; ψώχειν = σώχειν (ionien) broyer ; ψύλλος = pulex (latin), floh (v. haut allem.) puce, etc.

Syncope des labiales. — F initial s'élimine parfois en berbère. Le fait a été signalé d'un dialecte à l'autre. Voici quelques exemples de cette altération pour les mots qui proviennent d'Europe :

φήμη fama, chose dont on parle.	**imi** (divers dialectes) bouche.
φρίσσω frissonner.	**raïach** (k.) trembler, comp. frious (kabyle) de frigus.
φύσις nature.	**tehousaï** (t. Han.) beauté, tefousaï (kabyle).
faba, haba fève.	**abaoun** (kab. Ol.) fève.
farina farine.	**aren** (Beni-Men. Bass.) farine.
ferre porter.	**err** (tous les dialectes) rendre.
filia fille.	**illi** (t. les dial.) : même altération en béarnais, hill signifie fille.
filius fils.	**il** en composition dans les dialectes libyens anciens.

Analogies européennes : On remarquera que la chute de **f** était très fréquente dans les langues italiques. Il n'y a donc pas lieu de s'étonner que ce soient des mots provenant du latin qui présentent plus fréquemment cette particularité. On trouve par exemple fava = haba fève ; foedus = hoedus chevreau ; fasena sabin = arena sable ; fircus (sabin) = hircus bouc. En grec, on a quelques exemples analogues : φήμι = ἤμι je parle ; φύω croître a comme dérivé υἱός fils ; φρίσσω je frissonne = ῥιγέω même sens, latin frigeo ; φαιδρός brillant, vigoureux = ἱερός puissant, etc.

F au milieu d'un mot peut aussi se supprimer. Exemples :

ἀφελής facile. — ehel (zouaoua) pour efel.

γράφος écriture. — tiraout (taït. Masq.) pour grafout.

λόφος colline. — alous (taïtoq.) pour lofous.

Le son p européen, de même que le son f, tombe en passant dans le berbère :

ἄνθρωπος homme. — antraha (guanche) pour anthrapas.

πάλαι autrefois. — areïat (zenaga Faidh) pour pareïat.

πάρμη (phrygien) bouclier. — tarma (taït. Masq.) pour parma.

πάσχω, ἔπαθον souffrir. — aθeb (kabyle. Ol.) pour paθeb.

πειράζω essayer. — areδ (kabyle. Ol.) pour pareδ.

πέσσω cuire. — issou (mzab.) pour pissou.

πίτυς pinus pin. — taida (kab. Han.) pour pida.

πολύ nombreux, beaucoup. — oullan (t. Han.) beaucoup ; poulas (targui) nombreux.

pada (sansc.) πούς, πόδος pied. — aδar (tous les dialectes) pour paδar (rhotacisme).

Analogies européennes : Notons que pareille chute se présente dans les langues celtiques ; le préfixe παρά, près de, y est prononcé *are*. On trouve *ritu* (le gué) pour *pritu* ; *litanos* (large) pour *platanos,* πλατύς en grec ; *ledan* en breton est le grec πλάτανος platane ;[1] *lan* (v. irl.), *laun* (kym.) = plenus ; *atir* (irl.) = pater ; *plico* = ligo plier, lier ; πτύσις action de cracher = tussis toux, etc.

Le son m disparaît assez souvent en passant de l'européen au berbère :

μάγειρος boulanger. — aγeiroum (chaouïa) le pain, pour mayeiroum.

μοχλός levier. — aχilen (adrar. kabyle) levier, pour maχilen.

μεθύω s'enivrer. — edouah (chaouïa) être ivre, pour medouah.

musa (européen), μυῖα mouche. — izi (k. Ol.), ehi (t.) pour mizi. mehi.

λαιμάσσω avoir faim. — laz (divers dialectes) même sens, pour lemaz.

μάσσω pétrir. — eggou (zouaoua), pour meggou.

μέρμερος triste, μερμηρίζω causer du souci. — ermer (taït. Masq.) être préoccupé, pour mermer.

Nous avons donné (p. 53) de nombreux exemples de la disparition

[1] D'ARBOIS DE JUBAINVILLE : *Les premiers habitants de l'Europe,* t. II, p. 276, 278 et 282.

de **m** final en traitant de la formation des substantifs berbères; inutile d'y revenir.

Analogies européennes : μόσχος = στχος jeune pousse; μονθυλεύειν = ὀνθυλεύειν farcir; μηρύω enrouler = ἐρύω tirer; μειράκιον enfant = εἴρην (laconien) jeunes gens de vingt ans à Sparte; μελίνη = ἐλίνη (laconien, Hésych) millet, etc.

Transition des labiales aux sifflantes. — Nous avons eu occasion de citer à propos de la lettre double ζ le passage de cette sifflante au son labial prononcé f par les Berbères : ὀιψα = ta defa, soif; ὑψηλός = oufel là-haut (page 83).

L'étude des substantifs nous a aussi fourni (page 51) des exemples de la finale **s** prononcée **f**, comme dans a garef meule de moulin = γυρός cercle; irif = εὖρος vent d'est; ta seraf = σειρός silo.

La mutation peut porter sur le **s** initial, comme dans le cas suivant :

σαρωτής balayeur.   a ferad (kab. Ol.) balayeur.

Comme analogies européennes, nous avons cité divers noms ombriens. Ce type d'altération était fréquent dans ce dialecte italote.

2° Sifflante (s)

Permutation avec les autres groupes de consonnes.

Transition des gutturales aux sifflantes. — Dans l'antiquité, nous relevons le terme Mac fils, prononcé tantôt avec le son guttural, comme dans Μάκαι (Hérodote), Μάκατουται (Ptolémée), Μίμακες (Ptolémée), etc., tantôt avec le son sifflant, comme dans Masinissa, Masintha, Massathen, etc.

Le berbère moderne nous fournit aussi quelques exemples de ce type de mutation phonétique :

ἀγινέω conduire.   asid (tam. Kaoui) amener.
ἄκανος épine.   asen an (kab. Ol.) épine.
go (sansc.) bœuf.   esou (t. Han.) bœuf; ti chi (zen. Faidh.) vache.

Mais beaucoup plus souvent le berbère donne à la sifflante européenne un son guttural. Nous avons déjà eu l'occasion de signaler cette particularité. (Page 49).

Le **s** final européen est fréquemment prononcé **ch**, comme dans :

Kembouch, κύμβος le vase; i bellire ch, πελάργος la cigogne; a gech, γῆ, γῆς la terre; querouch, quercus le chêne.

Voici d'autres exemples de cette mutation :

aqvesi (eur. prim.) ἀξίνη hache.   Laqbach t (tam. Kaoui) hache.
βουνός mamelon.   ta bouch t (kabyle) mamelon.
ἔδω, d'un radical : eds manger.   etch (divers) manger.

ghostis (eur.prim.) hôte, ennemi. | achechti (kab.Ol.) hospitalité.

μάσσω pétrir. | eggou (kab.Ol.) pour meggou (kabyle.Ol.) pétrir.

messis moisson. | megger (kab.Ol.) moissonner.

ξύσμα raclure. | azoukmah (taït.Masq.) grattage.

siliqua cosse, pois vert. | chilista (guanche.Berth.) lentille.

σκάφος barque. | chquof (kab.Ol.) barque.

M. Chadzidakis a remarqué que la mutation de la gutturale en sifflante est fréquente dans les anciens dialectes grecs.[1]

Transition des dentales aux sifflantes. — Les Berbères possèdent divers sons intermédiaires entre les dentales et les sifflantes. Tels sont **ts, tz, th, d, dh, dz**.

Le cas le plus courant est la mutation de la dentale **z**, dont le son est si voisin de **s**. Citons :

ἀγωνίζου (impératif) disputer. | ekenes (t.Han.) disputer.

λογίζουαι énumérer | loγisem (taït.Masq.) nommer.

La modification inverse a fréquemment lieu. Le **s** est souvent prononcé **z** :

ἔρραισα (aor.) briser. | errez (divers dialectes) casser.

ἔσευα (aor.) lancer. | ezaïef (taït.Masq.) s'élancer.

messis moisson. | ti mezzin (sud oran.Basset) orge.

C'est la dentale **d** qui se confond le plus souvent avec **s**.

Voici quelques exemples de d européen prononcé **s** en berbère :

δεικνύω montrer. | sekn (taït.Masq.) indiquer.

ἕδρα siège, derrière. | asr oun (V. de Par.) même sens, ce mot suppose un terme libyen : ἕδρον.

ἡδύς swâdu (eur. prim.) doux. | izid (t.Kaoui) métathèse pour idiz.

Plus habituellement, **s** européen devient **d** chez les Berbères :

ἄφεσις abandon. | afesad (kab.Ol.) détérioration.

ἄψος articulation. | afoud (taït.Masq.) articulation.

ἔχρησα aor. de χράω prendre en main. | ekraδ (taït.Masq.) forcer.

ἤκουσα aor. de ἄκουω écouter | eked (tam. Kaoui) écouter.

ἤσυχος tranquille. | idiket (tam.Kaoui) tranquille.

ἰαχή, ἦχος cri, son. | aggued (kab.Ol.) cri.

ἰδεῖν voir. | isin (kab.Ol.) savoir.

ἰλύς limon. | alouδ (kab.Ol.) boue.

(1) *Athena*, t. XI, 1899. Liv. I.

κόρις punaise.   akoured (kab.Chelah) puce.

κοῦρος jeune garçon.   ageroud (kab.Ol.) garçon.

μύδος crime.   amoud (rhadm.Basset) mauvaise action.

οἴδω fut. de φέρω porter.   aouid (V. de P.) apporter.

ὄξυς pointu.   iketea (kab.Ol.) pointu.

παῦρος petit.   ibarad (ghat.Bass.) petit enfant.

σκάζομαι boiter.   sgadel (t.Han.) boiter.

συνέδησα aor. de συνδέω réunir.   senteδ (kab.Ol.) réunir.

χρῆσις usage.   aχeda (kab.Ol.) abus.

vermis ver.   ijermeδ (kab.Ol.) ver.

Parfois, la sifflante, au lieu du son **d**, prend en berbère le son **t** :

γῆρυς voix.   tiγerit (tam.Kaoui) parole, cri.

ἠγεσία conduite.   ijiten (plur.) (taït.Masq.) mœurs.

ἴδως probablement.   itoun (zen.Faidh.) peut-être.

Analogies européennes : Les dialectes européens présentent ces mutations avec la même fréquence, comme l'a montré M. Grosser;[1] le δ grec devient souvent **s** en latin. Exemples : Ζάκυνθος (Δάκυνθος) = Saguntus, n. p.; διαμπερὲς = semper toujours; δηρόν = serum petit lait; δήϊος = sœvus méchant; διακρίνω = secerno distinguer. Les participes passés du latin portent les traces de ces permutations ; tels sont esus, participe passé de edo manger; rosus, participe passé de rodo ronger. Tels sont aussi : casum par rapport à cado ; risum, risi par rapport à rideo, etc.

Syncope de la sifflante. — La sifflante initiale **s** disparait très souvent. Nous consacrerons un chapitre spécial à l'étude des modifications produites par la juxtaposition de la sifflante **s** et d'une autre lettre. Voici des exemples de la chute de **s** initial suivi d'une voyelle :

Sagmarius bête de somme, de σάγμα charge, **agmar** (chaouïa) cheval. Ce terme, pour désigner le cheval, est de basse époque. Il a persisté dans quelques autres langues, entre autres en basque, dans le mot zamari, cheval.[2]

σειριάω briller, brûler.   irik (zouaoua) briller, **zere**d (zouaoua) scintiller, **sar** (taït. Masq.) resplendir.

S médian peut aussi se syncoper. Exemple :

asan (sansc.) sang.   **ahen**i (taït.Masq.) pour aseni.

Nous avons donné à propos du substantif de nombreux exemples

<hr>

[1] GROSSER : *Neue Jahrbücher f. philologie a. Paedagogie*, CXVI, 1876.

[2] DE CHARENCEY : *Ethnographie eukarienne. (Bull. Soc. Géog. Paris 1889,* p. 448.)

de suppression de la sifflante terminale. Nous y renvoyons le lecteur. (Pages 47-48).

Analogies européennes : Sedes = ἕδος siège ; septem = ἑπτά sept ; serpo ramper = ἕρπω ; sama (sansc.) = ὁμός semblable ; sub = ὑπο sous ; super = upari (sansc.) ὑπέρ sur ; sorex souris = ὕραξ id, etc.

3ᵒ Liquides (r, l)

Permutation avec les autres groupes de consonnes.

Transition des gutturales aux liquides. — Le son grasseyé de certaines gutturales (γ et χ) explique comment ces lettres peuvent être prononcées **r** par les Berbères. Les exemples sont très nombreux : bornons-nous aux suivants :

Cas de γ prononcé **r** :

αἴξ, **αἰγός** chèvre. — **ara** (guanche.Berth.) brebis.

Cas de **r** prononcé **g** :

οὐρανός ciel. — til**ogan** (guanche.Berth.), **agen**na (divers) ciel. On trouve aussi en guanche le terme **irahi** : οὐρανός

Cas de χ prononcé **r** :

οὐχ non, ne pas. — **our** (divers) pas.

Transition des dentales aux liquides. — Les divers auteurs ont fréquemment signalé les mutations de **d** en **l**, d'un dialecte berbère à l'autre. M. R. Basset note cette altération comme particulièrement fréquente dans le riffain.[1]

L'exemple suivant montre qu'il en est de même du grec au berbère :

οὐδείς (pour οὐδὲ εἴς) aucun. — **oulie**n (oul ien) (kab.Ol.) aucun.

La permutation en sens inverse s'observe aussi. La liquide peut être prononcée comme la dentale **d** :

ἄργιλος argile. — t**oggud** (zenaga.Faidh.).

On relève dans le *Corpus* (t. VIII, insc. 450) le mot argedu*l*eas, que le zenaga paraît expliquer **argedu** = ἄργιλός.

λας rocher, montagne. — a**dar** (tous les dialect.) montagne.
— a**tar**antes (Hérodote) les montagnards.

ξύλον bois. — a**kchoud** (riff.Bass.) bois.

Analogies européennes : Cette permutation de **d** et de **l** était courante dans les dialectes des tribus riveraines de la Méditerranée.

M. R. Seymour Comway a publié une étude sur ces altérations dans les langues d'Italie, et plus spécialement pour les mots empruntés aux Sabins par les Latins.[2]

(1) R. Basset : *Notes de lexicographie berbère.*
(2) *Indhogermanischen Forschungen*, t. II. Heft, 1-2, 1893.

Enfin, divers noms helléniques, en passant dans la langue latine, changent le son **d** en **l**. Exemples : ἄμυδ, ἄμυδις = simul ensemble ; δάκρυ = dacruma (vieux latin), lacryma larme ; δάφνη, δαυχνᾰ (thessalien) = laurus laurier ; Ὀδυσσεύς = Ulysses, etc.

La dentale **n** permute souvent aussi avec la liquide **l**. Tissot a fait mention de cette variante phonétique, fréquente en berbère.[1] W. Beechey la signale également. Le mot **Lûbato** est, dit-il, souvent prononcé **Nûbato**. De la sorte, il est parfois impossible de préciser quelle est la prononciation correcte.[2]

Voici quelques exemples de cette altération de **n** prononcé **l** dans des mots européens passés dans le berbère :

ἀγχόνη lacet.	th agella t (kab.Ol.) lacet.
δύναμις force.	doula (kab.Ol.) puissance.
ἐνδύειν faire pénétrer.	endel (tam.Kaoui) enfouir.
ἐρώειν aller vivement.	erouel (mzab.Bass.) courir.
ἐρρύην aor. de ῥέω couler.	enrel (taït.Masq.) couler.
ἐχύθην aor. pass. de χέω répandre.	echeθel (kab.Ol.) propager.
μῆλον fruit.	a meloul (Ouargla.Bass.) melon.
μίσγειν mêler.	meskel (taït.Masq.) mêler.
νῆμα fil.	e lem (kab.Ol.) filer.
τύμπανον tambour.	tebel (arabe moghrebin) tambour.
χαμᾶθεν à terre.	amaθal (t.) terre.

Analogies européennes : On peut citer comme altération analogue le latin asinus âne, devenu *asilus* en gothique, *osilu* en petit slave. Réciproquement, les Berbères peuvent donner le son **n** à la liquide européenne **l** :

κεφαλή tête.	gefan (guanche) chef.
κόνικλος lapin.	a gounin (kab.Ol.) lapin.
μέλι, μέλιτος miel.	ta men t (kab.Ol.) miel.
sal (europ.latin), salt (goth.) sel.	li sent (Maroc) sel.

Analogies européennes : Asinus = asellus âne ; bonus = bellus beau ; geminus = gemella jumeau ; scamnum = scabellum échelle ; lignum = tigillum poutre. (Regnault, t. I, page 123.)

Voici quelques exemples de permutation de la dentale **n** avec la liquide **r**.

Un nom de tribu libyenne pourrait rentrer dans cette catégorie. Les Αὐσοριανοί (Ptol.) seraient dans ce cas pour Αὐσονιανοί. Ce nom permettrait d'établir des rapprochements entre cette tribu, les Au-

---

(1) Tissot : *Géographie comparée de la province romaine d'Afrique*, t. II, p. 701.
(2) Cap. Beechey : *Proceedings of the expedition to explore the nothern coast of Africa*, p. 51, London, 1828.

séens d'Hérodote, les Ausoniens de Ptolémée et les Ausones de l'Italie :

αὐείρω se lever.　　　　　　　　aouen (t.) se lever (en parlant des astres).

νόμος fourrage, pâturage.　　　aremmou (touat.Bass.) fourrage.

ξηραίνω dessécher.　　　　　　　sirer (tam.Kaoui) sécher.

σύρω traîner, aor. ἐδύρην.　　　esourer (kab.Ol.) traîner.

στάγδην goutte à goutte.　　　　tseqitir (kab.Ol.) tomber goutte à goutte.

uksan (sanscrit) taureau.　　　　achzer (zenaga), achguer (touareg) taureau.

Réciproquement, la liquide r peut être prononcée n. Exemple :

ἄγορα marché, place publique.　　agouni (kab.Ol.) place publique.

Analogies européennes. δῶρον = donum don ; κάραβος scarabée = κίναδος ; modèle de cire ; ἀγκόν objet crochu = ἄγκυρα ancre ; ἰσχυρός fort = ἰσχάνω retenir ; πλήρης = plenus plein ; φθείρω détruire = φθίνω arriver à sa fin, se consumer.

Transition des labiales aux liquides. — Le son européen m devient parfois l en berbère. Exemples :

εἰμί je suis.　　　　　　　　　ili (divers dialectes) être.

ἐνδύομαι pénétrer.　　　　　　endel (tam.Kaoui) enfouir.

ἔραμαι désirer.　　　　　　　erhel (kab.Han.) désirer.

θύομαι offrir un sacrifice.　　0oual (taït.Masq.) immoler.

νῆμα fil.　　　　　　　　　　tenele (rhadm.) fil.

νήχομαι nager.　　　　　　　nexel (taït.Masq.) couler.

δάγμα attirail.　　　　　　　seqla (kab.Ol.) chargement.

Réciproquement, l européen peut être prononcé m :

θέλω vouloir.　　　　　　　0ema (kab.Ol.) vouloir.

On explique de même la transition de m en r :

φήμη, fama parole, renommée.　tefirt (t.Han.) parole.

Transition des sifflantes aux liquides. — La mutation de s en r est un phénomène bien souvent décrit sous le nom de rhotacisme.

Le rhotacisme aurait existé en libyen dès les temps les plus reculés. Nous avons cru pouvoir assimiler en vertu de ce phénomène Tzamar, chef libyen, au mot sanscrit damas (dompteur) ; Tzaoutmar (id.) à Teutmas, Teutamos ; Kapour (id.), Kaphauros à Kepheus ; Mashashar (id.) à Mazacas. Tous noms de chefs libyens qui luttèrent contre l'Egypte au XIVe siècle avant notre ère.

A l'époque romaine, le rhotacisme est fréquent.

Il y a de nombreux exemples de rhotacisme dans les mots berbères issus de langues de l'Europe :

asinus âne.   arioul (kab.,chelah,chaouïa,mzab) âne (métathèse pour arilou = asinus.

δειρός cou.   ârour (V. de P.) dos, pour darour.

δὺς difficile.   dir (kabyle) mauvais.

ἐξαιτησις demande.   asouθer (kab.Ḥan.) demande.

μέγας grand.   meγar (divers) grand, chef.

nasus nez.   nezer (kab.,mzab.) nez.

ὄρος montagne.   aoures (libyen) ; a ourir (kab. Ol.) colline.

πούς, ποδος pied,padas (lithuan.).   aδar (divers) pied, pour paδar.

ὁύσις courant.   irezer (kab.) ruisseau.

Comme altération inverse de r en s, on peut citer :

ξυρός rasoir.   ixousal (V. de Par.) barbier.

Analogies européennes : ambhas (sansc.) = imber (latin) pluie ; γέρας honneur = γεραρός honorable ; inter = intus dans ; catus (sansc.) quattuor (latin) quatre ; μάρτυς = μάρτυς témoin ; udhas (sanscrit) = ούθαρ mamelle, etc.

Le son l, qui se confond avec r en berbère, peut lui aussi provenir de s européen :

βαθύς creux.   a batoul (tam.Kaoui) fossé.

λάχεσις sort.   leγal (taït.Masq.) sort.

μαλός blanc.   a melal (kab.Ol.) blanc.

ξυρός rasoir.   ixousal (V. de Par.) barbier.

τύμβος tombeau.   timboline (t.Kaoui) cimetière, les tombes.

ursus ours.   oursel (V. de Par.) hyène.

Permutation des liquides entre elles. — La liquide européenne r est souvent prononcée l par les Berbères :

ἑρμηνεύω interpréter.   elmid (V. de Par.) apprendre.

ἔρχόμαι venir.   elkem (t. Kaoui) arriver.

sar (sansc.) couler, sara source.   θala (divers), θara (B.-Ouriacen. Basset) source.

χλοερός vert.   kouel (taït.Masq.) vert.

ager champ.   agel (divers) contrée.

amare aimer.   amel (kabyle) aimer.

cor cœur.

oul (kab.Ol.) cœur.

ducere conduire.

doukel (kab.Ol.) réunir.

foro percer.

felou (kab.Ol.) percer.

super sur.

soufel (touar.Han.) sur.

tuguria (pluriel) hutte.

taguelia (ch.Masq.) habitation.

La confusion des deux liquides fait que l est souvent prononcé **r** :

ἀγέλη troupe.

éheré (taït.Masq.) troupeau.

gal (sansc.) βάλλε lancer.

ger (kab.Han.) jeter.

galas (sansc.) gosier.

yeres (taït.Masq.) égorger.

ἕλκομαι tirer à soi

erkeb (tam.Kaoui) attirer.

σταφυλή raisin.

taferat (kab.Ol.) vigne.

calceus soulier.

a harkous (isnassen Bass.).

kerko (guanche) chaussure.

folium feuille.

a ferioum (plur.) (V. de Par.) feuille.

Analogies européennes. — Sar sarami (sansc.) courir, couler = ἅλλομαι courir, sauter, salio (latin) ; saras (sansc.) salé = ἅλς sel, sal (latin), salt (gothique) ; var (sansc.) vouloir = βουλόμαι volo (latin) ; σείριος soleil, Sirius = sol (latin) soleil ; σέλας éclat, ἕλμις ver = vermis (latin) ver, vaurms (goth.) serpent, ijermeδ (zouaoua) ver de terre ; ἀμέργω cueillir = ἀμέλγω traire ; χελιδών hirondelle = hirundo (latin) ; βρύω = βλύω sourdre, sortir en bouillonnant ; χρυσός = γλουρός (phrygien) or, etc.

Syncope des liquides. — La liquide **r** disparaît parfois en passant dans le berbère :

ἄργυρος argent.

azouref (zen.Faidh.) pour arzouref.

καρδία cœur.

goudiem (rhadm.) pour gourdiem.

çarkara (sansc.) cailloux roulés.

chechar (zenatia.Masq.) pour cherchar.

cicer pois chiche.

a cicheï (guanche. Berthelot) pois.

εἰρήνη paix.

ihenna (kab.Ol.) pour irenna.

ἐνέδρα embuscade.

enedi (kab.Han.) tendre un piège, pour enedri.

frux, frugis fruit.

i fakia (kab.Ol.) pour frakia.

ridere (pass.défini) risi pour ridsi.

edz (tam.Kaoui) pour redz.

tamarix (latin) tamarix.

tamaï (chaouïa) même sens.

Cette suppression existait fréquemment à l'époque romaine. Dans une inscription d'une *tabula lusoria,* trouvée en Afrique, on relève le mot sinuso. M. Bréal explique ce terme par sinurso (avec chute de r). Il lui attribue la signification « dans le coin ». Il compare ce mot à dextrorsum deorsum.[1] On trouve aussi susum pour sursum.

(1) Bréal : *Comptes rendus de l'Académie des Inscriptions,* juillet-août 1888.

La liquide l s'élimine aussi parfois :

loquor parler.
    aqual (Léon l'Africain) le parler.

κλάδος branche.
    taγida (Figuig.Bass.) branche de palmier.

κλέπτης voleur.
    aketta (k.Ol.) voleur, pour klepta.

λάθω lateo (latin) oublier.
    ettou (chaouïa) oublier.

μαλακός mou, indolent.
    amagous (kabyle.Ol.) mou, pour amal(a)gous.

χλοερός, χλωρός vert.
    kouel (t.Masq.) vert, pour klouer.

4° Semi-voyelles (j, v)

Les semi-voyelles n'appartiennent à vrai dire pas à la langue berbère. Le son **v** était rare en libyen ; quant au son **j**, il n'existe à peu près pas dans les langues grecques. On n'en trouve que des traces dans le grec classique. Pour cette raison, on peut conjecturer que le son **j** est une importation sémitique. Ce son, prononcé **j** ou **dj** selon les régions, est très fréquent dans la langue arabe.

Transition des gutturales aux semi-voyelles. — Voici quelques exemples dans lesquels la gutturale européenne a pris le son **j** :

ἀγέλη troupeau.
    ajelaf (taïtoq.Masq.) troupeau de chèvres.

γέρανος grue.
    tijerina (s.oran.Bass.) outarde.

γήδιον petit champ.
    ijedi (rhadm.) pièce de terre.

ζύγον joug.
    zouidja (kab.Ol.) joug.

ἐζύγην (aor.) joindre.
    ejoujed (ch.Sierak) unir.

ἴλιγγος tournoiement.
    elijou (taït.Masq.) être tordu.

cecidi tomber.
    jejidi (chaouïa.Mercier) tomber.

πύργος forteresse.
    bordj (tous les dialectes) grande bâtisse.

τέγος cabane.
    dej (rhadm.) maison.

τέναγος lagune.
    tindja (divers) lagune.

ὑγιάζω guérir.
    ejji (kab.Han.) guérir.

Transition de la sifflante **s** *à la semi-voyelle* **j**, *prononcée* **dj** *dans certains dialectes :*

δύω, aor. ép. ἔδυσα enfoncer.
    edej (taït.Masq.) enfoncer.

ἐλίσσω tourner, tordre.
    elidjou (taït.Masq.) être tordu.

ἰσχνός maigre.
    idjnoz (zenaga.Faidh.) maigre.

μάσσω broyer, d'où maxilla, mâchoire.
    amadji[1] (zen.Faidh.) mâchoire.

siliqua cosse, pois vert.
    ajilban (kab.Ol.) pois.

---

(1) CURTIUS *(Grundz. der Griesch. Etymologie)* fait provenir μάσσω d'un primitif μαχ-jω fort voisin de madji.

Transition des dentales à la semi-voyelle j. — Les termes berbères actuels échangent le son d contre le son j, d'un dialecte à l'autre. C'est pourquoi on trouve :

mantile serviette.

amendjil (touat.) et mendil autres dialectes et arabe moghebin.

jugum, plur. juga joug.

tazouga (chelah) ζυγόν (grec).

majores les anciens.

imezoura (chelah) aïeux.

Analogies européennes : Pareille transition s'observe dans les langues latine et grecque : ζεύγνυμι = jungo joindre ; ζυγόν = jugum joug ; ἀμέλγω = mluza (pᵗ slave) allaiter ; jas (sansc.) = ζέω bouillir ; ζεύς = Jovis Jupiter ; jâvas (sansc.) orge = ζειαί épautre, sorte de blé ; ζίζυφον = jujubæ jujubier, etc.

Transition de la liquide l *à la semi-voyelle* j. — Cette modification phonétique assez singulière est spéciale au dialecte zenaga :

κοράλλον corail.

korodj (zenaga.Faidh.) corail.

λέμμα peau.

idjim plur. ellemoun (zen.Faidh.) peau, alim (autres dialectes).

Le v européen ne se retrouve guère que dans le dialecte de Rhadmès. Exemple : avaren farine ; tavali, brebis. Dans les autres dialectes, il subit diverses sortes d'altérations.

1º Le v peut être syncopé :

visham (sansc.) venin.

essem (kab.Ol.) venin.

Analogies européennes : Vespera (latin) = ἕσπερα soir ; vestis (latin) = ἐσθής habillement ; vishu (sansc.) des deux côtés = ἴσος semblable ; vis (latin) = ἴς force, etc.

2º Le v peut être prononcé ou :

ὄϊς, ovilis troupeau de moutons.

ouilli (divers) même sens.

vespera (latin) ἑσπέρα soir.

ouazzaren (taït.Masq.) soir.

3º V peut être rendu par f :

gavaya (sansc.) qui vient de la vache.

akafaï (t.Han.) lait.

4º V peut être rendu par b :

Theveste est appelée aujourd'hui Thebessa.

Les inscriptions donnent botum = votum ; bita = vita ; boluntas = voluntas ; solbit = solvit, etc. Ces exemples montrent que les Libyens prononçaient le v comme un b.

Dans les dialectes modernes, on trouve :

aqvesi (europ. primitif) hache.

taqbacht (kab.Ol.) hache.

5º **V**, enfin, peut prendre le son j :

vermis ver.   **ijermeð** (kab.Ol.) ver.

Réduplication des consonnes chez les Berbères

Les Romains avaient déjà remarqué la tendance des Africains à redoubler certaines lettres, principalement les *l*. Isidore de Séville avait noté cette tendance : « Le lambdacisme, dit-il, consiste à faire entendre deux *l* au lieu d'un seul, c'est l'habitude en Afrique. »[1]

Pompeius le Maure dit aussi : « Les lambdacismes sont le propre des Africains ; rarement il arrive que quelqu'un sache prononcer *l* ».[2]

Ce mode de réduplication a persisté chez les Berbères modernes ; citons :

βάλανος gland.   **bellou**th (kab. chaouïa) gland.

δείλη obscurité.   **tilli, teli** (t. Han.) ombre.

filia fille.   **illi** fille.

ὅλος complet, intact.   **ollou** (zenaga) nécessaire.

ovilis troupeau de chèvres ou   **ouilli** troupeau de chèvres.
   de moutons.

Analogies en grec : ὅλλος (vieux grec) = ὅλος tout ; βουλή = βόλλα (éolien) volonté, etc.

La liquide r fournit un autre exemple de réduplication :

ἄκρόν sommet, cap.   a **kerrou** (kabyle) cap.

κριός bélier.   i**kerri** (kab. Ol.) bélier.

χρίω pour χίρω frotter.   χ**errou** (gerbi.Basset).

uro brûler.   **err** brûler.

Les liquides ne sont pas seules à subir cette loi. Voici des exemples

   a) de gutturales :

ager champ.   **agger** (divers dialectes) champ.

γῦρος le cycle.   **aggour** (kab. Ol.) mois.

ἔκαυσα aor. de καίω brûler.   **ekkous** (tamahaq) brûler.

ἱκετεύω supplier.   **eqqed** (tam.Kaoui) supplier.

   b) de dentales :

ἀναθλά (impér.) exciter.   **ennefli** (tam.Kaoui) exciter.

εὕδω dormir, aor. εὕδησα.   **ettes** (touareg.Han.) dormir.

ἥδω réjouir.   s**eddou** (taït.Masq.) se réjouir.

---

(1) Isidore : *Origin.*, I, 31, 8. Comparez Monceaux : *Les Africains*, p. 109.

(2) *Labdacismis scatent Afrivi, raro est ut aliquis dicat l.* Keil : *Gramm. latine*, v, p. 287.

cătus chat.   gatt, gattous (divers) chat.

ὁδεύω marcher.   eddou (kab.Ol.) marcher.

c) de labiales :

amare aimer.   ammil (V. de Par.) aimer.

līma lime.   lemma (Ben.-Men. Bass.) lime.

τομεύς couteau.   kemmié (V. de P.) couteau.

d) de sifflantes :

ἔφεσις légèreté.   tifessi (tam.Kaoui) adresse.

ἐθήσα aor. de θάω sucer.   θessa (zenaga) boire.

ἰάσα 3ᵉ pers. de l'aor. de ἴαομαι guérir.   iazzi (tam.Kaoui) guérir.

σχίσις fissure.   iχissi (kab.Ol.) fissure.

φημί aor. ἔφησα parler.   efesser (kab.Ol.) discuter.

Analogies en grec : μέσος = μέσσος (homérique) milieu ; ὅσος = ὅσσος (hom.) combien grand, etc.

Notions sur l'assimilation des consonnes successives, principalement par les explosives, en berbère

Les Berbères évitent certaines juxtapositions de consonnes. 1º Dans certains cas, ils fusionnent par assimilation l'une des consonnes avec l'autre ; 2º d'autre fois, ils intercalent entre deux consonnes juxtaposées un son voyelle ; 3º enfin, il leur arrive aussi de modifier le son par métathèse.

Des exemples permettront d'apprécier ces phénomènes phonétiques. Il sera facile grâce à eux de retrouver l'étymologie de certains mots. Nous allons suivre la classification des consonnes que nous avons adoptée pour exposer ces modifications.

1ᵉʳ groupe : Assimilation par prédominance de la gutturale.

a) Avec chute d'une sifflante. Dans ces cas, la gutturale devient souvent chuitante :

σκόροδον ail.   ti chirt (V. de Par.) pour s'chirt.

εὕδευκε couche-toi.   oudech (zenaga) pour oudes'ch.

σχίσις fissure.   iχissi (kab.Ol.) pour sχisi.

σχάζω couper.   kedder (kabyle.Ol.) pour skedder comparez σχάζω et χάζω.

b) Avec chute d'une liquide (l ou r) :

ἄργιλος argile.   toggud (zen.Faidh.) argile pour argud.

agressura attaque.   aγessar (taït.Masq.) guerre pour agressar.

γράω aor. ἔγρησα manger.   aggech (kab. Ol.) manger pour egrech.

δακρύω pleurer. — taguia (zen.Faidh.) pleurer pour tagria.

ἐκκρούω faire tomber. — aggoui (kabyle.Ol.) rejeter pour agroui.

ἔρχομαι venir. — eggel (tam.Kaoui) marcher pour ergel.

νεκρόω tuer. — eney (divers) tuer pour necr.

ὁρκίζω prêter serment. — ecchez (tam.Kaoui) pour erchez.

χρῆσις usage. — aχeda (kab.Ol.) abus pour χreda.

2e groupe : Assimilation par prédominance de la dentale.

a) Avec transformation d'une autre dentale :

Abeddeu (n. p., insc. Maktar, *Bull. arch.* 1901, p. 120) pour Habetdeus.

σάνδαλον sandale. — tafeddele (V. de P.) pour fendele.

lentes lentilles. — lades (kab.Ol.) pour landes.

b) Avec chute de la labiale. Exemple :

κλέπτης voleur. — aketta (kab.Ol.) pour klepta.

c) Avec chute de la sifflante :

ἀστήρ astre. — atteri (divers dial.) pour asteri.

σταφύλη raisin. — taferat (k.Ol.) vigne pour staforat.

3e groupe : Assimilation par prédominance de la labiale :

a) Avec chute de la gutturale :

ἐκφέρω emporter. — effer (kab.Ol.) provenir pour ekfer.

b) Avec chute d'une dentale :

'Αμνισός (fl. lib.)[1] comp. Amnis. — Hamiz (Alg.) pour Hamniz.

λιμνιάδες marécageux. — Lammiana (v.lib.) pour Lamniana.

ἐνδύπτω plonger. — endeb (taïl.Masq.) plonger pour endebt.

θάμνος buisson. — aθemem (Ben.-Menac.Bass.) pour θemnem.

κάμνω se fatiguer. — kammi (kab.Ol.) se fatiguer pour kamni.

πτέρον aile. — afer (divers) aile pour fter.

somnium, somnus sommeil. — sommi (zen.Faidh.) pour somni.

c) Avec chute d'une autre labiale :

gambhas (sanscrit) γόμφος mâchoire. — taγemas (divers) molaire pour γembas.

(1) Apollodore : *Argonautes*, ch. III, vers 877.

λάμπω brill r.

lemm a (k..Ol.) briller pour lem

τυμπάνον tambour.

tebel (divers) tambour pour tem

d) Avec chute de la liquide :

πληθύς plein.

feθi (kab.Ol.) plein pour fleθi.

4e groupe : Assimilation par prédominance de la sifflante :

a) Avec chute de la gutturale :

σκολιός courbe.

zeleg (kab.Ol.) oblique pour ske

σκοίδιον, σκίας, κδος ombre.

sedelem (kab.Ol.) obscurcir p
   skedelem.

b) Avec chute de la dentale :

συστέλλω raccourcir.

zouzell (kab.Ol.) raccourcir p
   zoustell.

στρῶμα, ατος coussin.

soumeta (chaouïa.Masq.) cou
   pour stoumeta.

ἀῤῥωστί x abattement.

arezzi (tam.Kaoui) chagrin r
   aresti.

(c Avec chute de la labiale :

vesper a, ἑσπέρ x soir.

ouaizzaren (taït.Masq.) la v
   pour ouaizpar.

σπάρασσω déchirer.

serres (kab. Ol.) pour sperres.

ψηλαφ άω caresser.

selef (kab.Ol.) caresser pour ps

5e groupe : Assimilation par prédominance de la liquide :

Avec chute de la gutturale :

γραφή, γραφός écriture.

ti raout (taït. Masq.) écriture
   grafout.

γλῶσσα langue.

i less (t.Han.) langue pour gle

ὀργή, ης colère.

ourrif (kab.Ol.) pour ourgif.

πελαργός cigogne.

ti bellirech t (chaouïa.Masq.)
   belliγech.

quercus chêne.

qerrouch (chaouïa) pour qerco

Analogies européennes : κνέφας obscurité avec νέφος nuage ; γ
décision avec νόμος loi ; co gnosco avec nosco ; lucco luire avec lu
chose qui luit, lumière pour luc men ; ῥῆγμα fente avec rima fente

2o Modification par insertion d'une voyelle :

σκέλος jambe.

sagel (chaouïa) pour sgel.

σχοινίον corde.

saχoun (V. de Par.) pour sχοι

Voir les exemples de ces insertions que nous avons donnés
notre chapitre sur le vocalisme (insertions de voyelles). (Pages 6'

3° Modifications par métathèse :

kt = tch :

νυκτερίς chauve-souris.   a metchouri a (kab.Ol.).

σχ = gz :

σχίζομαι, σχίζω couper.   egzem (kab.Ol.) pour sgezem.

st = ts :

στενάζω, aor. ἐστέναξα gémir.   tsenazâ (kab.Ol.) pour stenaza.

στέμμα couronne.   tsem (kabyle.Ol.) couronner pour
                                            stem.

σταγών goutte à goutte.   tseqti r (kab.Ol.) pour steqtir.

στίζω, aor. ἔστιξα piquer.   tseqes (kab.Ol.) piquer pour steqes

στάσις position.   zaatsi (chaouïa) présence pour ztasi

ἱστορία, ἱστορικός recherche,   tsari k (kab.Ol.) histoire pour sta-
   histoire.   rik.

Nous compléterons par quelques remarques sur la fréquence des métathèses dans les divers dialectes berbères. Le général Hanoteau donne dans sa grammaire kabyle (p. 340) plusieurs exemples de ces transpositions de son : elk (zouaoua) = ekf (touareg) donner ; egbes (t.) = ebges (z.) se ceindre ; aifki (z.) = akfai (t.) lait. Ces transpositions de sons entre dialectes contemporains sont bien plus nombreuses encore pour les mots d'origine européenne. En voici une liste bien incomplète, à titre d'exemple :

ἀκρίς sauterelle.   erkis (chaouïa) pour ekris.

ἄροτρον aratrum, charrue.   azerar pour arezar.

asinus âne.   arioul (divers dial.) pour arilou.

κερδανῶ je gagnerai.   ernadou (zenaga) gagner pour ker-
                                            danou.

καλέω, καλῶ appeler.   ciouel (zouaoua) pour cilou.

καῦσις brûlure.   toukesi (t.M.) chaleur pour keousi.

cingulum écharpe.   acelengou (t.) pour cegoulen.

casa maison.   laseca (kab.) pour case.

ἐκφέρω s'emporter.   erfou (tam.Kaoui) pour ferou.

ἔσθω manger.   etch (k.), itcha (chaouïa) pour echt.

ἐγκέφαλη cerveau.   iankalift (taïtoq) étourdissement
                                            pour ankifal.

μηρός membre.   tharma (k. Ol.) cuisse pour mera.

πλάτυς plat.   feltes (taïl.Masq.) plat du sabre.
                                            ifelter en (t.) être plat pour fleteren.

σῶμα pour σκῶμα[1] corps.   aksoum (div.) viande pour skoum.

δάγμα charge.   sabga (kab.Ol.) chargement pour
                                            sagba.

____

[1] Delbrück : *Zeitschrift für vergleichende sprachforschung*, t. XVII, p. 238.

συνεδαφίζω mettre au niveau.

unadmi (sansc.) étang.

φρίσσω frissonner.

senefeδes (kabyle.Ol.) plier pour seneδefes. Ce dernier existe en taïtoq.

anoumda (V. de Par.) marais pour ounadma.

frious (k.) tressaillir pour frisou.

Analogies européennes : Açma (sansc.) = kameni (petit slave) pierre; garvas (sansc.) orgueil = γαῦρος fierté; karkas (sansc.) = cancer (latin) métathèse pour karkno[1]; mardus (sansc.) = βραδύς lent[2]; varkas (sansc.) = vrakas d'ou λύκος lupus; καρδία = κραδίη cœur, cride (vieil irland.) cœur; κάρυον noix = κράνος casque, κρανίον crâne; νεῦρον = nervus, nerf; μορφή = forma, forme; ἅρπαξ = rapax; temu = μέθυ boisson fermentée, excès de boisson.

Résumé de la phonétique berbère

L'on peut résumer en quelques mots les variations phonétiques des consonnes, dont nous venons de fournir de nombreux exemples.

L'une des altérations les plus caractéristiques du berbère est la suppression fréquente des consonnes initiales — gutturales, dentales, labiales, sifflantes ou liquides; — les mêmes lettres peuvent s'éliminer également quand elles sont finales.

Les gutturales médianes, surtout les sons χ et γ, ont une tendance à s'aspirer en passant de l'européen au berbère. D'une façon générale les Berbères tendent à adoucir les gutturales. Ils leur donnent fréquemment un son; soit dental, en échangeant par exemple les sons **k, g, ch** avec **d, t,** θ; soit labial, en prononçant les **g,** γ, χ comme **b, f** ou encore **s** et enfin **j,** avec un son sifflant. Conformément aux remarques de Masqueray, les Berbères prononcent les mots plutôt des dents et des lèvres que du gosier.

Les lettres d'un même groupe se substituent entre elles selon les dialectes, et aussi en passant de l'européen au berbère. Tels sont par exemple les substitutions des dentales **t** et **d, d** et **n** — des labiales **b** et **f, f** et **m, n** et **m** extrêmement fréquentes. Le **p** européen disparu du berbère est remplacé par ses équivalents **f, b.**

La lettre **n** est plutôt évitée en berbère. Son élimination est constatée souvent, qu'elle soit initiale, médiane ou terminale. Outre ses changements en **d** et en **m,** on constate aussi son altération en **l** et **r.**

La sifflante **s** et la dentale θ qui a un son sifflant sont transformées en **f; d** en **s,** parfois en **l.** Cette même lettre **l** remplace fréquemment **r** en berbère et aussi **s** (rhotacisme).

Le **v** européen ne s'est conservé que dans le dialecte de Rhadmès; ailleurs il est représenté par les sons **ou, f** ou **b.**

[1] HAVET : *Mém.* III, p. 196.

[2] CURTIUS : *Grundzüge der Griesch. Etymologie,* p. 113.

Les deux lettres doubles ξ (x) et ψ (ps) ont existé en berbère ; mais ces populations évitant ces sons heurtés ne prononcent souvent qu'une des deux composantes de cette lettre soit le **k**, soit le **s** de **ks** (ξ) ; soit le **f** (pour **p**), soit le **s** de **ps** (ψ). Cette horreur des sons heurtés a amené les Berbères à éviter les sons **sc, rc, nd, nt, pt, st, sp,** etc. D'ordinaire une de ces deux lettres seule est prononcée, l'autre se syncope. La recherche de certaines consonnances, ainsi que l'absence d'écriture, ont multiplié dans des propositions considérables les métathèses dans les dialectes berbères.

Chapitre VII

Formation comparée des mots dans les langues berbères et européennes

Les berbérisants ont essayé de classer les mots berbères par racines. C'est ainsi que l'on procède dans les dictionnaires arabes. Seulement, comme le berbère est une langue non primitive, mais dérivée, la classification par racines est impossible. Elle donne lieu aux rapprochements les plus hétérogènes. C'est ainsi que sous la racine **ar** ou **er** viendraient se grouper : ar (kab.H.) lever ; ari (taït.) aimer ; ari, ouvrir ; arou, lait aigre ; eraou (chaouïa) droit ; teraout (tamah.) amour ; erez (kab.Ol.) aimer ; erez (kab.Ol.) fouiller ; errez, casser, etc. Une racine **efes** donnerait efesi (tam.) dissoudre ; efesi (kab.) croître ; efesi (kab.) laisser ; efeô, briller ; efeser (V. de Par.) étendre ; efous (chaouïa) droit ; tifessi, adresse ; afasso, silence, etc.

Il n'y a donc pas plus de vraies racines berbères qu'il n'existe de racines pour la langue française. Outre les termes sémitiques importés, outre certains mots d'origine inconnue, c'est par les dialectes helléniques que l'on peut se rendre compte de la formation des termes berbères. Cette formation est souvent une simple prononciation altérée du mot grec. Nous venons d'étudier longuement les lois de ces altérations dans notre phonétique. D'autres fois, la racine hellénique sert à former des mots berbères par des procédés spéciaux au milieu linguistique que nous étudions. Nous avons donné à ces formations le nom d'*autonomes*. On a pu en lire déjà d'assez nombreux exemples.

Actuellement, nous pensons utile de mettre sous les yeux du lecteur quelques tableaux permettant de saisir d'un coup d'œil les formations parallèles du grec et du berbère. Nous avons joint à nos exemples quelques formations analogues prises dans d'autres langues européennes. Cette lecture permettra d'apprécier le caractère primitivement hellénique du berbère moderne. Nous ne donnerons qu'une quinzaine de tableaux. L'espace manque, en effet, pour présenter la question complète ; pour ce faire, un dictionnaire étymologique serait nécessaire.

En établissant des listes de mots au moyen de vocables dont le sens est modifié par des affixes, il est bon de déclarer que nous n'avons en aucune façon la prétention de trancher la question de la valeur des racines européennes. S'agit-il de racines ayant existé à une période archaïque ou seulement de racines théoriques, réunies par les grammairiens pour la facilité de leurs études ? peu importe ici. Il nous suffit de faire connaître l'identité du mécanisme de la formation des mots tant en berbère que dans les langues européennes.

Vocable AK. Sens d'aigu, pointu.

Sanscrit. — **aç**, **aç**noti pénétrer, percer ; **aç**an pierre de fronde ; **aç**anis trait, balle ; **aç**us rapide ; — **aç**ras (en composition) anguleux ; **aç**ris angle, coin ; **aksh** atteindre.

Grec. — 1° ἀκωκή pointe ; ἄκων flèche ; ἀκόνη pierre à aiguiser ; ἄκανος ἄκαινα épine ;

2° ἄκρον cap ; ἄκρις sommet de montagne ; ἄγμος lieu abrupt ;

3° ἀξίνη hache ; αἰχμή lance ; ὠκύς rapide ;

4° ὀξύς pointu.

Berbère. — 1° **ak**enes (ghadmès.) flèche ; **ech**oni (zenaga) aiguille ; **ac**enan (Beni-Menac.) épine ; **ag**et (tam.K.) pieu ; **ek**es (kab.) piquer ; **ak**esa (kab.) piqûre ; th**ag**oust aiguillon, piquet ; t**ay**diouth (kabyle) variété de chardons ;

2° **ak**errou (kab.) cap ; t**ak**rouna, le sommet (village berbère tunisien) ; **ag**moun (kab.) colline ;

3° t**aq**bacht (kab.) hache ; t**ay**da (touar. ouest) lance ;

4° **ik**saï (chaouïa) pointu ; **aq**dà (zouaoua) être aigu.

Latin. — **ac**us, **ac**uo, **ac**umen, **ac**er, **ac**upedius ; **oc**ior, **oc**iter.

Vieux nordique. — **egg**ja, aiguiser ; **egg**jar, angle. *Gothique.* — **aq**izi hache.

Lithuanien. — **asz**trus, aigu. *Petit slave.* — **os**tru, aigu.

Kymrique. — **eg**r, acéré. *Irlandais.* — **aich**er = **ac**er.

Vocable AX, AΓX. Sens de serrer, étreindre, étrangler ;
par extension presser, souffrir.

Sanscrit. — **ah**us étroit ; **ah**as constriction ; **agh**as mauvais.

Zend. — **agh**ana, rétrécissement ; **az**anh étroitesse, angoisse.

Grec. — ἀγχώ presser, serrer ; ἀγκτήρ ardillon, boucle, compresse ; ἀγχόνη lacet, action d'étrangler ; ἄγχι, ἀγχοῦ près de ; ἄχνυμαι, ἄχομαι je suis serré, affligé ; ἄχος douleur, chagrin ; ἄχθος fardeau ; ἄχθομαι être chargé.

Berbère. — a**x**i (t.) serrer, étrangler ; tam**ax**ait (taïtoq) action d'étrangler ; a**x**enec (kab.) étouffer ; th**ag**ellat (kab.) lacet ; **eqq**en (t.) serrer ; t**ax**it resserrement d'une vallée ; **en**y (taït.) fermer, serrer (les yeux ou la bouche); **ank** (taït.) le palais de la bouche; **ekmou** (tam.) tourmenter; **takmou** (t.) douleur; **aɣmer** chagrin; **akmem** (taït.) presser contre un mur; **thakoucht** (kab.) fardeau; **anzioum** (chaouïa) chagrin.

Latin. — **ango**, **angustus**, **angor**, **angina**, **Angitia** (déesse d'Italie); **anxius**.

Gothique. — **aggv**ja je serre; **aggv**us étroit. *Vieux haut allemand.* — **angust** anxiété. *Gothique.* — **og** effrayé; **ogu** effroi; **agis** crainte.

Petit slave. — **aza** lien; **azuku** = **angustus**. *Lithuanien.* — **anksz**tas étroit.

Vieil irlandais. — **cumang** = **angustus**; **cumung** = **angor**; **ochte** = **angustia**; **agathar** il craint.

Vocable AG. Sens de conduire, d'agglomérer.

Sanscrit. — **agami** je vais; **agas** celui qui conduit; **agiras** agile; **agman** but; **agmas** route; **agis** course; **ajati** mener.

Zend. — **az** mener; **azra** chasse.

Grec. — 1º ἄγω, ἀγινέω conduire; ἀγός, ἄκτωρ conducteur; ἀγωγός qui conduit; ἀγωγή action de transporter; ἡγέομαι marcher devant; ἡγητήρ conducteur; ἡγεσία action de conduire; ἀγυιά route; ὄγμος chemin.

2º ἀγωνία attaque; ἀγωνιάω attaquer;

3º ἄγρα chasse; ἀγρέω chasser;

4º ἀγών assemblée; ἀγορά assemblée, marché; ἀγοράζω fréquenter; ἀγέλη troupeau; ἀγερμός réunion.

Berbère. — 1º Variantes dialectales du verbe **ag** conduire, telles que **eg** (tam.), **egg** (gerbien), **ig** (nefousa), **ouka** (zenaga), **acid** (targui), **ougeg** (ἤγαγον) (targui) éloigner, **tigaout** (kab.) conduite, **agod** (ch.) acte, **timegga** (tamah.) action, **amouk** (taïtoq) conduite, **sengougou** (συνήγαγον) (kab.) rassembler, **zegou** (kab.) fréquenter, **zougch** (tam.) introduire, **azougeh** (εἰσαγωγή) introduction, **asigeg** (ἐξαγωγή) éloignement, **ijiten** (taïtoq) conduite, mœurs, **taɣit** (chaouïa) passage.

2º **egen** (tam.) armée, **egged** (tam.) attaquer, **ekenes** (t.) disputer, **aɣessar** (t.Han.) guerre.

3º **aɣrou** (t.) bête sauvage.

4º **agouni** (kabyle) place publique, Θ**agora** (nom de ville libyenne), **tagoro** (guanche) assemblée du village, **adjerou** (Mzab) assembler, **aɣerem** (tam.) ville, **aɣeras** (Beni-Men.) ruche, **aaɣar** (kab.) (ἀγοράζω) rassembler, **aɣar** (s.oran.) troupe, **seɣerem** (tamah.) (ἐξαγορεύω) introdire, **semegouret** (tamah.) (συναγείρω) inviter, **éheré** (taït.Masq.) troupeau, **ajelaf** (taït.) troupeau.

eɣemen (kab.) penser [littéralement **eɣ** conduire, *i*la, *men* pensée].

Latin. — **ago**, **agmen**, **agilis**, **ambages**, **actor**, **actus**, **actio**, etc.

Vieux nordique. — **aka** empêcher.

Vieil irlandais. — **ag** combat, **am** rassemblement ennemi (**ag** men).

Vocable ΓΑ, ΓΕΝ. Sens de *engendrer, naître.*

Sanscrit. — **gan** procréer; **ga** ja je nais; **gan** as existence; **gan** us sexe; **gan** ita genitor; **gan** itri genitrix; **ga** tis naissance. *Védique.* — **gna**, plus tard **gan** i femme.

Zend. — **zan** procréer; **ghen** a femme.

1° γϜαναξ d'où ἄναξ chef, roi; ἄνασσα reine; ἀνάσσω régner.

Grec. — 2° γαῖα, γῆ terre; γηΐτης de la terre; εὔγειος fertile; γεωργός paysan.

3° γενός naissance; γενετήρ père; γένεσις naissance; γενεά génération; γονεὺς père.

Libyen. — 1° **in** issa (en composition) roi, chef. Ex.: Massin issa.

Berbère. — 2° **γ**a (kab.) terre; le **gué** (guanche) terre dure; **a guech** (zen.) champ; **gan** ac (guanche) propriété; **ijed** i (Chenini) terrain; **γ**ierza (chaouïa) laboureur.

3° **i gen** s (kab.) famille; **agna** (targui) frère, pl. **agna** ten [comparez γνητος (cypriote) frère]; **ag** (targui) fils; **gan** (guanche) fils de; **aq** chich (kab.) enfant; **o guez** i (zen.) fils de, descendance.

Latin. — **gigno**, **gen** ui, **gen** us, **genitor**, **gen** s, **gna** scor, **gen** er, **gen** ius, **na** tura.

Gothique. — **kein** an germer; **kun** i sexe. *Vieil haut allemand.* — **chin** d enfant; **chn** uat nature.

Vieux prussien. — **gann** a femme. *Petit slave.* — **zen** a femme.

Vieil irlandais. — **gein** naissance; **in gen** fille; **ben** femme. *Cymrique.* — **gen** i naître. *Cornique.* — **ben** épouse.

Vocable ED. Sens de *manger.*

Sanscrit. — **ad** mi manger; **ad** anam, **ad** man manger; **ad** akas mangeant; **ad** jas mangeable.

Grec. — ἔδω manger; ἔδεσμα nourriture; ἐδεστής mangeur; ἐδεστός mangé; ἐδανός bon à manger; ἐδωδή aliment; ἐδωδός vorace; ἔσθω, ἐσθίω manger; ὀδούς dent; ὀδύνη douleur.

Berbère. — **edh** en (tam.) brouter; **adh** en (t.) faire paître; am **adh** en (t.) pasteur; **ad** dedh (kab.) berger; **ad** ded (kab.) moudre; **ahd** (Beni-Menac.) dévorer; **etch** (kab.), **itch** a (chaouïa) manger; **outch** i (kab.) nourriture; **etch** (rhad.) aliment; **ek** s (kab.) brouter; **ak** esa (taïtoq) pâturage; am **ek** sa (kab.) berger; am **ak** chi (targui) nourriture; **sek** sou (kab.) couscoussou.

Latin. — **ed** o, **ed** ax, **es** us, **es** urio, **es** ca.

Gothique. — **it** a manger. *Vieil haut allemand.* — **iz** u manger.

Petit slave. — **ja** mi manger; **jad** i mets. *Lithuanien.* — **ed** mi, **ed** a manger; **ed** is nourriture; **ed** ikas mangeur.

Vocable **EL**. *Pourchasser*, d'où quelques noms d'animaux
qu'on *pourchasse* ou *pousse* devant soi.

Grec. — ἐλάω, ἐλαύνω pousser, pourchasser; ἐλλός pour ἐλνός faon, jeune cerf; ἔλαφος cerf; ἔριφος chevreau; ἔλεφας éléphant; ἔλαφρος agile.

Berbère. — el ou plur. el ouan (touar.) éléphant; il ef (zouaoua, chaouïa); ir ef (rifain), il fe (guanche) sanglier, porc; hal louf (ar. mogheb.) sanglier, porc; al louch (ar. mogheb.) agneau; el ahi (taït.) mouton à laine.

Latin. — al acer; ar ies bélier.

Vieil haut allemand. — el aho élan.

Petit slave. — al uni, j el eni cerf; l osi (pour el osi) élan.

Lithuanien. — el nis élan; er ys, er as agneau; er ena viande de mouton.

Kymrique. — el ain biche; ei l on cerf. *Vieil irlandais.* — el it chevreau; hair p chèvre (ἔριφος). *Armoricain.* — él an cerf.

On remarquera que ces noms d'animaux sont presque tous bâtis sur l'une des deux formes el f et el n.

Vocable **RA, ERA**. *Désirer vivement, aimer.*

Sanscrit. — ra n se plaire; ran ya, ran va volontiers; ram faire volontiers; ra ta content de, aimant; ra ti repos, plaisir.

Grec. — ἔραμαι, ἐράω, ἐρέω (ionien) aimer, désirer; ἔρος, ἔρασις amour; ἐρασός aimable; ἐρατεινός désiré.

Berbère. — er (t.) vouloir; ar i (t.) aimer; er hes (kab.), er hel (tam.) désirer; t er a (t.) passion; t er aout (t. Han.) amour; ar ehal (tamah.) désir; ir her d (kab.) volonté; am er adhi (kab.) volontaire; t our da (tam.) désir; Ar eski (n. p.) qui cherche à plaire; ag amai (tam.) désir.

Vocable **DHA, ΘΑ**. Sens de *sucer, boire.*

Sanscrit. — dha boire, sucer; dha tri nourrice, mère; da dhi lait aigre; dhe nus vache à lait; dha rus suçant.

Grec. — Θάω, aoriste ἐθήσα sucer; Θηλή mamelle; Θηλώ, τήθη, τιθήνη, Θηλαμών nourrice; τιθαίνω allaiter; τιτθός mamelle; Θήνιον lait (Hésychius); Θῆλυς féminin.

Berbère. — Θessa (zenaga) boire; et te dh (kab.) teter; thoute dh a (k.) action de teter; te Θé (tam.) sein; Θi n (k.) nourrice; tou nti (taït.) féminin; tame Θout ou tamctout (selon les dialectes) femme [littéralement celle qui donne le sein, ou la nourrice]. Le pluriel est en taïtoq ti Θi Θin, comparez τιθήνη nourrice. En kabyle, ce pluriel est plus déformé: thise Θen an. *thi* article, *se* préfixe d'action, Θen sein ou nourrice, *an* suffixe du pluriel berbère [littéralement celles qui donnent le sein].

falou (ch.) fils ; il (libyen) fils ; illi (tous les dialectes) fille ; ta founast vache ; ifef (tam. K.) sein (comparez avec le latin).

Latin. — felare sucer ; femina. *Ombrien.* — feliu, *latin,* filius, filia.

Gothique. — daddja. *Vieux haut allemand.* — tâu allaiter ; tila mamelle.

Petit slave. — doja allaiter ; doilica nourrice ; dete enfant ; deva vierge.

Vieil irlandais. — dith il a sucé ; dinu agneau ; del pis.

Vocable MAG, MEG. Sens de grand.

Sanscrit. — magha tâche ; mah, mahati, soulever, réclamer ; mahat grand ; mahita honoré.

Zend. — maz, mazant grand ; maga grandeur ; magu, magavan grandir.

Grec. — μακρός long ; μακρύνω prolonger ; μάκρωσις allongement. μάκαρ bienheureux ; μακαρία bonheur ; μακάριος heureux. μῆκος longueur ; μηκύνω allonger ; μηκοδανός long. μέγας grand ; μέγεθος grandeur ; μεγαλύνω fortifier, agrandir ; μεγαίρω tenir pour grand ; μέγαρον grande salle, appartement ; μάσσων comparatif de μέγας.

Libyen. — Samatho (île) la grande ; Mathos (nom d'homme) le grand (comp. maz) ; Magon (n. p. libyen) le grand ; Macara rivière, aujourd'hui la Medjerda, la longue ; Mekera (s. oran.) rivière, même sens ; Amigas (Procope) fleuve ; Thamugas (Timgad) ville, la grande ; Macarœa (ville libyenne) ; Meγasa (Maks) ville, la grande (comparez Μέγας) ; mapalia ou magalia les habitations (μέγαρον) ; magnalia (Cyp. : *De habit. Virgin.*, 10, etc.) ; Massonas roi libyen (Procope B. V. ii, 13, *Corp.* VIII, n° 9835).

Berbère. — Magada (guanche) prêtresse ; makker (tam.) grand, souverain ; amokran (kab.) ; amegeran (chaouïa) grand ; ameγar (zen.), amokran (kab.), amejer (zen.) roi, chef, vieux ; meγar, tameγart (tamah.) grand-père, grand'mère ; imezouran (chellouh) ancêtres, (majores) ; taméγer (kab.) vieillesse.

timekkeri (tamah.), themouγer (kab.) grandeur ; meγour (kab.), moγar (B.-Men.) grandir ; mouγγer (kab.) grossir ; mekkour (doub-dou), mokkor (Ghadmès) être grand ; semaγer se vanter ; amezzar (taït.) (magalia) campement de plusieurs tentes.

Plusieurs mots berbères paraissent provenir du vocable **magh,** mais chez eux le m initial est tombé. Citons : teγarit (tamah.) pour tmeγarit précipice ; aggane (tamahaq) pour maggane profondeur ; hegiret (rhadm.) pour megiret long ; ehejeren (taït.) pour mejeren profond ; hejerin (taït.) pour mejerin élevé.

Latin. — mag nus, maj or, max imus, mag is, mag ister, mag istratus.

Gothique. — mik ils grand; mik iljan fortifier; mai s plus grand; mai st le plus grand.

Celtique. — mag aros, mar os (à partir du iiie siècle av. J.-C.) grand.

Vocable MEN, MAN. Sens de *penser.*

Sanscrit. — man penser, croire, estimer; man as sens, esprit, volonté; ma tis attention, pensée; man jus sentiment, courage.

Zend. — man penser; upa man rester; fra man persévérer; man anh sens, esprit; mad, madh soigner; madh a sagesse, médecine; vohu mad très savant.

Grec. — μένω rester; μένος sentiment, sens; Μέντωρ monitor; Μέντης (n. p.), Ἀγχ μέμνων; μαίνομαι être furieux; μανία fureur; μάντις devin, voyant; μῆνις colère; μανθάνω apprendre; μάθησις action d'apprendre; μάθος science; μῆτις sagesse; μητίω avoir de l'esprit; μητίετα prudence.

thème μν; μνᾶμα signe pour se rappeler; μνάομαι penser à; μνήμη mémoire.

Berbère. — imane (tam. K.) âme; Masti man (Corripus) dieu libyen [*mast* = μήστωρ qui protège, *i* = η, *man* âme : le protecteur de l'âme]; i mân a (kab.) pensée, maxime; a men ni (kab. Ol.) désir; a men (kab.) croire; men ni (kab.) désirer; a min oun (kab.) (μανιῶν) fou; ib bed é (taït.) il est furieux [pour im men é].

el med (t. H.) apprendre; el moud action d'apprendre; me kti (kab. Ol.) se souvenir [pour men kti]; a me kti (kab.) mémoire; i midh ran (taït.) prudence; medh ren (taït.) penser; eγe men (kab.) penser [littéralement eγ conduire, *i* la, *man* pensée].

Latin. — man eo, Min erva, men tio, men s, men tior, men dax, mon eo, mon eta, mon strum, re min iscor, com men tum, med eor, re med ium, med icus, med itari.

Gothique. — ga mun an penser; mun s intelligence; ga min thi souvenir. *Vieil haut allemand.* — min nia amour; man en, man ôn avertir; mein a opinion. *Vieux nordique.* — mun i âme. *Gothique.* — mun don considérer; mun drei but. *Vieil haut allemand.* — mun tar habile, clairvoyant.

Lithuanien. — min iu pensée; at men u souvenir; man drus alerte.

Vieil irlandais. — men me esprit; do moin iur je pense; taid met mémoire; der met oubli; air mit iu honneur.

Vocable SEGH, ΣΕΧ, EX. Sens de *tenir, défendre.*

Sanscrit. — sah résister; sah as puissance; sah uris, sah anas puissant.

Zend. — **haz** anh force, rapine.

Grec. — ἔχω avoir, tenir, aor. ἔσχόν, σχέσις, σχῆμα manière d'être; σχεδόν près.

ἴσχω tenir, avoir; ἰσχνάω tenir; ἰσχύς force; ἰσχυρός fort; ἐχυρός fortifié; ἐχυρότης force, sûreté.

Σίγγος nom de ville macédonienne; Σίγεον cap de Troade.

Libyen. — **Sig** us, diverses villes de ce nom; Mapalia **Siga**, Afrique propre; **Seg** go, Bargou; **Seg** ustero, Afrique propre; **Seg** ermessa, vers Hammam-Zeriba; Σιγιπλώσιοι, tribu (Ptolémée); **Zag** ystis (Et. de Byzance); **Θig** es, **Θig** isis, **Θig** ibba, noms de villes.

Ἰσχερεῖ (Ptol.) Biskra; Tis uros Touzer.

Berbère. — **eq** qen tenir, avoir; a χ ar (taït.) manière d'être; ti χ oräd (taït.) force; **ak** our (kab.) voler; a χ edaf rapine.

ez ouer (kab.) fort; **az** ouar (kab.) force.

Vieux saxon. — **sig** or. *Gothique.* — **sig** is victoire, d'où une série de noms germaniques relevés par le professeur Haug, de Munich: **Sig** er, **Sig** ebert, **Sig** efried, **Sig** egrat, **Sig** geir, **Sigh** wat, **Sig** onot, **Sig** ewein, **Seg** est, **Segi** mer, **Sig** yn, **Sig** run, **Sige** lind, **Sic** ambre.

Celtique. — Cette racine existait en celtique. *Kymrique.* — **seg** inaccessible, **seg** fa clos. *Vieil irlandais.* — **seich** combat; **seigh** iou guerrier, **seach** a rusé. *Ecossais.* — **sigh** briser, s'élancer.

Desjardins a relevé en Gaule nombre de noms formés avec le vocable **seg**. Exemples: **Seg** esta Tiguliorum (rivière de Gênes); **Segu** stero (Sisteron); **Sego** bodium (vers Besançon); **Seg** essera (vers Bar-sur-Aube); Aquæ **Seg** estæ (entre Auxerre et Orléans); **Seg** este (Adriatique); **Seg** ora (entre Nantes et Poitiers); **Seg** origienses (vers Cologne); **Sego** dunum (vers Wurtzbourg); **Sego** vellani (vallée de l'Isère); **Segu** siavi (Forez). [1] Les inscriptions donnent en Gaule les noms de: **Sego** vax, **Sego** mon, **Sego** maros; l'histoire **Sigo** vèse. [2]

Vocable **ΣϜΕΡ, ΣϜΕΛ**, d'où **ΣΕΡ, ΣΕΛ, ΕΛ**.
Sens de *lumière, éclat*

Sanscrit. — **svar** ciel; **svar** briller, paraître: **sur** as, **sur** jas soleil.

Zend. — **hvar** e soleil; **qar** etha éclat.

Grec. — Σείριος soleil (Sirius); σειριάω brûler, briller; σειρίασις chaleur du soleil; σείρινος estival; σέλας éclat; σελάω briller; σέλασμα lumière; σελήνη lune; σελήνιον petite lune; ἐλάνη flambeau.

Libyen. — **Seli** diou nom propre (insc. d'Afrique); Ἐλαιῶνες Libyens voisins de la Grande-Syrte (Ptolémée).

Berbère. — **Te** zeri (Mzab); **ta** siri (zouaoua, Ghadmès, etc.) lune,

<hr>

[1] DESJARDINS: *Géographie de la Gaule romaine*, t. II, p. 94-95.
[2] R. DE BELLOGUET: *Ethnogénie gauloise*, Paris 1872, p. 275, 277, 350, 413.

clair de lune; **sar** (taït.) briller, resplendir; a**sir**i (kab.) action d'allumer; **sir** (kab.), **ser**er (chellah) allumer; **err** (kab.) brûler; ir**rik** (k.H.) briller; am**ell**al blanc[1] (adjectif).

Latin. — **ser**enus sol; **Sir**ius (dans Virgile) sens de soleil : *ardebat Sirius afros.*

Gothique. — **sau**il soleil; vieux nordique **sôl**.

Lithuanien. — **saul**e; petit slave, **slu**nice soleil.

Vieil irlandais. — **suil, sul**a (fem.) œil.

Vocable **BHA, ΦΛ**. Sens de *lumière, éclat.*

Sanscrit. — **bha** briller, faire briller; **bha**mas éclat, lumière; **bha**s briller, luire; **bha**sh parler; **ba**n parole; **bha**n (ved.) tonner.

Zend. — **ba**nu rayon; **bâ**ma éclat.

Grec. — φάος, φαῦος, φῶς lumière; φαέθω luire; φαείνω, φαεινός brillant; φανός clair; φαε (Homère) il brille, φαίνω paraître; φανερός clair; φανή torche.

φημί, φασκω dire; φάτις, φήμη parole; φωνή voix; φάσις parole; ἀφασία manque de parole.

Berbère. — a**fa** (t.), ta**fa**t (kab.), ta**fa**out (chaouïa, Figuig) lumière; **fe** (guanche) lune et croissant de la lune; te**fa**ot (Mzab) feu brillant; à Ghadamès, soleil; ta**foc**t (taït.), te**fou**it (chaouïa), ta**fa**c (Aouelim) soleil; asa**fou** (chellah) tison allumé; i**fa**ou (t.), ef**fou** (Ahaggar) faire jour; efeō (t.) (ἐφηνκα) briller; fed**edj** (kab.) briller; tou**fa**t (Azguer) demain; as**fa** (syouah) jour; fai**sca** (guanche) étincelle; te**fou**saï (t.) beauté; ia**fa**n (riff.), ἀφανής laid.

i**mi** (divers dialectes) (ἠμι dire) bouche; e**nni**, in (t.) (ἥν) dire; ten**a** (taït.) voix; tim**ena** (kab.) voix; a**fasso** (zenaga) silence.

Latin. — **fa**ri, **fa**ma, **fa**tum, **fa**s, **fa**bula, **fa**teor; **fa**cies; **fa**cetus; **fa**villa.

Petit slave. — **ba**jati faire des fables; o**ba**vati faire des incantations; o**ba**viti il a indiqué; **ba**sni fable; **be**lu blanc.

Vieil irlandais. — **ban** blanc.

Vocable **BAR, ΦΑΡ, FER** ou **FEL**. Sens de *percer, couper.*

Sanscrit. — **bhur**ij ciseaux.

Zend. — **bar, bar**enaiti couper, creuser; **bar**oithra la coupe du bois.

Grec. — φάρος la déchirure, la charrue, la fente, la crevasse (Fick, page 135); φάρυγξ gorge; φάρυγξ le pharynx; φάρσος morceau; φαρκίς, ride.

---

[1] Amellal = ce qui brille. La construction est identique à celle du grec λευκός blanc par rapport à la racine λυκ, briller.

Libyen. — I **fur** aces (Corippe) tribu libyenne « les troglodytes »; I **fru** dieu libyen des cavernes.

Berbère. — I **four** as tribu touareg; Ti **four** a tribu chaouïa, sens de troglodytes; i **fr** i (kab.) caverne; ta **far** aout (taït.) l'abreuvoir, le trou que l'on creuse pour abreuver; e **fel** ou (kab.) percer; i **fl** a trou de l'âge de la charrue pour y atteler le joug; **fal** laï (taït.) fendre; ta **ber** nint (kab.) foret, perforateur.

Latin. — **for** are, per **for** are, **for** amen, **for** fex ciseaux, **for** um, **fer** ire.

Petit slave. — **bri** ja, **bri** ti tondre; **bri** ci rasoir.

Vieil haut allemand. — **por** a forêt; **por** on percer, forer.

Irlandais. — **ber** na crevasse.

Vocable **BHAR, BAR, ΦΕΡ, FER**. Sens de *porter*.

Sanscrit. — **bhar** porter, conduire, amener, tenir; **bhar** as charge, fardeau; **bhar** anam obtention; **bhr** tis récompense.

Zend. — **bar** porter, apporter.

Grec. — φέρω je porte; φέρμα rejeton, fruit; φέρετρον brancard; φαρέτρα carquois; φώρ voleur; φόρος impôt; φόρος qui porte; φορά action de porter, mouvement; φορμός panier pour porter, natte; φόρτος fardeau; φερνή ce qu'on apporte en mariage.

Berbère. — **bouir** (kab.) je porte; e **fer** (kab., mzab, maroc) (ἐκφέρω) sortir, cacher; **fer** en (kab.), o **four** en (zenaga); senn **efr** en (tamahaq) (συμφέρειν) choisir; i **fer** eγ (chaouïa) décharger; ta **four** i le salaire; te **fer** t (zen.) récompense; t **fer** (zen.) poursuivre; **erfed** (chaouïa) pour **fer** ed porter; s **erf** aht (chaouïa) (φόρος) messager pour **fer** at; ti **fer** ni (kab.) choix.

a **bar** ad (taïtoq) enfant; **ar** ou (kab.) accoucher pour **far** ou (φέρω).

a **var** en (Ghadmès) farine; **bar** da (ar. mogheb.) fardeau = **bhar** as. (sanscrit) même sens.

Latin. — **fer** o, **fer** culum, **fur**, **fer** ax, **for** dus, **far**, **far** ina, **fer** tilis, **for** s, **for** tuna, **for** tuitus.

Gothique. — **bar**, **bair** a porter, accoucher; ga **baur** impôt; **baur** ei fardeau; ga **baur** ths accouchement; **bar** n enfant; **ber** usjos ancêtres; **bar** ms sein; **ber** e orge. *Vieil haut allemand*. — **bar** a brancard.

Petit slave. — su **ber** a je réunis; **bre** me fardeau; **bra** ku mariage.

Bohêmien. — **ber** u prendre. *Lithuanien*. — **ber** nas enfant.

Vieil irlandais. — **ber** im je porte; **bir** tmac elle enfante un garçon; do **biar** je donne; as **biur** je dis j'emporte; com **bair** t accouchement.

Place du berbère et du libyen dans les langues européennes

Le berbère actuel se rattache par des affinités marquées au groupe des langues de l'Europe méridionale, et plus spécialement aux dialectes helléniques. Un apport appréciable de termes latins est dû à la domination romaine. On ne peut cependant pas dire que l'influence des dialectes italiques ait beaucoup modifié la physionomie hellénique du libyen, car on la reconnaît aujourd'hui encore malgré les altérations profondes qui ont créé le berbère moderne.

L'archaïsme de ces dialectes grecs paraît nettement marqué. Certainement, leur introduction sur la terre d'Afrique a précédé l'époque classique. Beaucoup de formes berbères se rapprochent davantage du sanscrit que du grec régulier. Quelques exemples suffiront pour mettre en relief ces affinités archaïques. Nous placerons, pour faciliter les comparaisons, le terme berbère entre le sanscrit et le grec :

ankam i (sansc.) coude.	th agem ort (chaouïa).	ἀγκών.
aqves i (eur.prim.) hache.	t aqbach t (kab.).	ἀξίνη.
arg, argati (s) étendre.	t ark is t échalas (V. de P.).	
asan (sansc.) sang.	ahen i (taïtoq).	
çarkar a (s.) caillou roulé.	cherchar (chaouïa.Masq.).	
cuan (védique) chien.	guayan (guanche).	κύων.
galas (sansc.) gosier.	γeres (taït.Masq.) égorger.	
gambhas (s.) mâchoire.	ta gemas (kab. riff., etc.) molaire.	γόμφος, articulation.
gavay a (sansc.) qui vient de la vache.	a kafaï (taït.Masq.) lait.	
ghaida (eur.prim.) bouc.	ghedi (divers dialectes).	hœd us (latin).
ghosti s (eur.prim.) hôte.	a chechti (kab.).	hostis (latin).
harjam i (sansc.) désirer.	herzem (zoua.) complaire.	χαρίζου κι.
kakras (sansc.) cercle.	ekres (zaouaoua) nouer.	κύκλος.
kam (europ.primitif) çam (sansc.) être fatigué.	kamm i (kab.).	κάμνω.
karamb a (sansc.) chou.	i caroumb (kab.).	κράμβη.
kart (sansc.) couper.	ert ès (l. H.), ket ech (zen.).	καρτός coupe.
manka (europ.) peu.	li manca s (kab.) misère, imperfection.	mancus incomplet.
mard a (europ.prim.), mrd (sansc.) terre.	la mort (divers dialectes).	
nakhas (sansc.) ongle.	ichech (k.) pour n ichech.	unguis.
samdayat i (s.) réunir.	semheyet (tam.).	
sinkam i (sansc.) verser, être humide.	sicem (tam.) se baigner.	ἱκμ κίνω oindre
skhad (sansc.) casser.	skhed (kab.) dévaster, briser, skot (ch.Masq.) coupure d'une montagne.	σχάσις incision
unadm i (sansc.) étang.	anoumda (V. de Par.).	
uraou (sansc.,zend) large.	eraou (chaouïa).	εὐρύς.

vijatis (sansc.) oiseau.   a iazid (gerbien) coq.   αἰϐετός.
yug (sansc.) joug.   a youg (Bougie) bœuf.   jugum (latin).

Une autre particularité des langues berbères est de posséder des termes qui se rapprochent par leurs caractères, plus des dialectes du nord que de ceux du midi de l'Europe. Fick avait noté un phénomène linguistique identique dans le thrace et le phrygien.[1] Il avait assimilé le nom du fleuve Strymon de Macédoine au germanique Strom, torrent. D'autres auteurs, parmi eux Karl Blind, ont insisté sur la présence de mots d'allure germanique dans les noms thraces.[2]

Voici, comme exemple du même phénomène, une liste, très incomplète d'ailleurs de termes berbères plus proches du germanique que du grec, lorsqu'ils ont leur similaire dans cette langue:

ahva (german.) œil.   aval (Tripli.Grüber).   ὀϰϜο, oculus (latin).

ak, akt (v. h^t allem.) attention, acht (moderne).   akhtef (zenaga) gare!

eijes (v. h^t allem.) œuf.   touj it [pl. toja] (zenaga).   ὠόν.

atjan (goth.) manger.   etch (Rhad.), edhen (t.).   ἔδω.

fraitan (goth.) manger en parlant des animaux.   efred (tam.) brouter.

giften (m. h^t allem.), geben (allem. mod.) donner.   ekef (divers dialectes).

gilden, gald (v. nordique) avoir une valeur.   tagalt (laït.) dot.

hacele (saxon), scicels (v. nordique) manteau.   asels ou (tam.) couverture

haft (v. saxon) prisonnier, pris.   enfou (kab.) être captif.   captus (lat.).

hails (goth.) sain.   elhou (kab.) être bon.   καλός.

hairto (goth.) cœur.   oul (kabyle).   κῆρ, cor (lat.).

halam (v. h^t all.) roseau.   alim (kabyle).   κάλαμος.

halôn (v. h^t allem.), holen (bas allem.) appeler.   hell (kab.) implorer.   καλέω.

hlût (v. h^t allem.) bruit.   lehs (kabyle).   κλεός.

koch (allem.) cuisinier.   akouach (kabyle).   coqus.

nathla (goth.) fil.   tineli (tamahaq).   νῆμα.

segek (v. nord.) je vois.   siged (kab.) regarder.

sgaka (v. nord.) sauter.   eskedou (taït.Masq.)

vagan (gothiq.), wachen (m. h^t all.) veiller.   aouki (kab.) s'éveiller.

[1] FICK : *Die ehemalige Sprachenheit der Indhogermanen Europas*, p. 408-423.
[2] KARL BLIND : *In Ilios*, de Schliemann. Traduction de Egger, p. 168-171.

smiel en (v. h* all.) sourire. smoum eʒ (kab.) sourire.
zahlen (allem.) paiement. ta zell (taît.) paiement.

On pourrait rapprocher des exemples précédents plusieurs formes berbères très voisines des dialectes celtiques :

sekkin (divers) couteau, épée.   sekin (écossais) d'une racine sag, d'où   secare (latin) couper.

abrid (divers) chemin.   abred (kymrique) voyage, chemin.

bas, basina (divers) tombeau.   baz (celtiq., breton) mort, tombeau.   θατός mort.

Ces constatations montrent combien était juste l'impression produite sur Masqueray par le dialecte de l'Aourès. « Pour moi, dit-il, en entendant ce langage de l'oued Abdi, si fluide, qui semble éviter à dessein les gutturales et rechercher tous les sons sifflants que peut admettre la langue humaine, sans séparer par une seule voyelle sonore des suites de consonnes douces, parlé aérien, chanté, retombant à chaque coup sur des finales en eñe, iñe, êth, ôth, az et ne s'arrêtant que sur des voyelles très longues, très ouvertes, faites pour le repos des lèvres, j'ai souvent songé à la langue allemande, enrichie du th de l'anglais ou de la ñ espagnole. Je ne sais quel retour vers le nord, qu'elle souvenance de régions froides et lointaines éveillait en moi cette musique naturelle, étrangère aux lieux où je l'entendais. »[1]

En résumé, le berbère présente tous les caractères d'une langue européenne archaïque, aujourd'hui dégénérée sous diverses influences. Les principales sont: croisements avec des races inférieures, rétrogradation de la civilisation et pénétration des langues sémitiques.

[1] Masqueray : *Le Djebel-Cherchar*. Appendice. (*Revue Africaine*, 1878, p. 278.)

IIᴱ PARTIE

LA LANGUE LIBYENNE PENDANT L'ANTIQUITÉ HISTORIQUE

Nous avons établi par des exemples suffisamment nombreux la persistance dans le berbère moderne d'influences linguistiques européennes. Ces restes considérables se rattachent aux langues parlées dans le bassin oriental de la Méditerranée : parmi elles, surtout aux dialectes helléno-phrygiens.

Malgré l'influence des langues locales préexistantes, que nous ne connaissons pas, malgré l'infiltration toujours grandissante de mots sémitiques, un stock considérable de termes helléniques a persisté jusqu'à nos jours.

Il est évident que plus on remonte vers l'antiquité, plus ce fonds devait être important. Plus il devait par sa grammaire se rapprocher du grec classique. En effet, les termes que nous retrouvons aujourd'hui sont comme des fossiles. C'est ainsi que nous avons signalé des verbes fixés par l'usage sur un temps quelconque de la conjugaison grecque, des substantifs, dégradés dans leurs éléments formatifs, redonnant parfois dans leurs pluriels la forme primitive des termes dont ils sont issus. La connaissance de la phonétique berbère aidera à retrouver les origines européennes de nombre de mots.

Histoire de la langue libyenne

L'étude de l'histoire de la langue des habitants du nord de l'Afrique confirme l'emploi dans ce pays d'un dialecte hellénique : le libyen, d'où est sorti le berbère.

Pour exposer l'histoire de cette langue, nous suivrons toujours le même ordre, en remontant, d'après les documents dont nous pourrons disposer, de la période contemporaine à l'époque phénicienne.

XVIᶜ SIÈCLE

M. Bossoutrot a donné dans la *Revue Tunisienne* la traduction d'un vocabulaire berbère ancien, du dialecte du djebel Nefoussa. [1] Ce vocabulaire comprend des termes usités vers le IXᵉ siècle, c'est-à-dire il y a quatre cents ans environ, et tombés depuis en désuétude. Le travail de M. Bossoutrot est très important au point de vue ethnologique. En effet, il n'existe actuellement à peu près pas de termes berbères pour exprimer les choses abstraites. Cette absence ne tient pas à la barbarie de cette population. Elle provient simplement de la substitution de termes arabes aux mots berbères qui exprimaient ces idées. Ces mots existaient, comme le prouve le vocabulaire ber-

---

[1] Bossoutrot : *Vocabulaire berbère ancien.* (*Rev. Tunisienne*, 1900, nᵒ 28, p. 489.)

bère ancien. Quant à la langue elle-même, elle est déjà aussi altérée que le sont les dialectes modernes. Dans l'étude que nous avons faite de ces derniers, nous avons donné plusieurs de ces mots parmi nos exemples. Il nous paraît inutile de revenir sur ce sujet déjà traité.

Marmol, qui vivait à l'époque où était employé ce dialecte (xvie siècle) avait tenté une classification. Il affirme que le berbère avait reçu un grand nombre de mots sémitiques, latins et grecs. [1]

Il est nécessaire de remonter à une période plus reculée pour retrouver un libyen moins altéré.

VIIIe SIÈCLE. — Invasion arabe.

Deux documents peuvent nous servir de jalons pour relier la période préislamique à la période moderne que nous venons d'étudier.

Tout d'abord, on trouve un fragment de Coran berbère datant de 744 de notre ère, c'est-à-dire quarante-cinq ans après le départ du dernier général byzantin, le patrice Jean. Ce Coran fut composé par un prophète nommé Salah ibn Tarif. Celui-ci était un Berbère. Il voulut enseigner aux Berghouata un nouvel islamisme. El Bekri, [2] à qui nous devons ces détails, a conservé quelques formules employées pour la prière. Leur analyse est très instructive. Elle nous permet de reconnaître le berbère antique, qui est un grec privé des désinences terminales.

Voici ces formules :

A bism en Bacos : Au nom de Dieu.
Moggar Bacos : Dieu est grand.
Ihen Bacos : Dieu est unique.
Our d'am Bacos : Il n'y a rien de semblable à Dieu.

Le nom de Bacos, ayant le sens de Dieu, revient quatre fois. Ce nom rappelle celui de Βαγαῖος, dieu suprême chez les Phrygiens, et du Bacchus des Latins, mot de même origine que le précédent. Baga en vieux prussien, Bogu en petit slave signifient aussi Dieu. Βάκχος était un des noms de Dionysos en grec. Le mot berbère reproduit fidèlement la forme grecque du nom de Dieu dans les langues européennes.

Analysons les autres mots. Dans la première phrase, nous trouvons dans **a**, premier mot, une préposition comparable au latin **ad**, ayant le sens du français **à**.

Bism est un mot arabe.

En est une préposition marquant la tendance, le génitif. Elle correspond à ἀνὰ des Grecs.

<hr>

[1] CARETTE : *Origine et migration des principales tribus de l'Algérie*, p. 298, ch. VIII.

[2] EL BEKRI, trad. de Slane, p. 310-313.

Moggar, dans la seconde formule, comme nous l'avons déjà signalé, existe en berbère moderne. Il a conservé le sens de grand. C'est le grec μέγας, avec rhotacisme comparable à celui que l'on trouve dans le terme μέγαρον ayant le sens de grande chambre. Le celtique nous fournit un exemple de ces formes en ar, on y trouvait les deux exemples de **magaros** et **magalos** grand. [1] Dans le mot berbère, la finale ος a disparu.

Ihen, de la troisième formule, signifie *un*. Ce terme existe encore à l'époque actuelle : il provient du neutre ἕν un, dont l'usage avait prévalu, par suite de l'emploi de cette forme aux divers temps de la déclinaison ἑνός, ἕνι, etc. Pareil phénomène s'observe dans le grec moderne ἑνίς, un.

La quatrième formule **our d am Bakos**, il n'y a rien de semblable à Dieu, est presque du grec régulier οὐχ δέ ὁμ (ός) Βαχχῶ. C'est aussi du berbère moderne, avec la même signification. *Our* et οὐχ sont deux négations, δέ et *d* sont des particules de renforcement. *Am* et ὁμός ont le sens de semblable. ἅμα se retrouve dans Homère avec la signification de comme. C'est le sanscrit **sama**, avec chute de s initial.

Tel est le plus ancien document berbère que nous possédions. On voit qu'il présente d'étroites affinités avec le grec. Il n'en diffère guère que par la chute des finales.

VIIe SIÈCLE

A côté de ce document de type franchement berbère, on peut en placer un autre d'allure beaucoup plus hellénique, mais possédant déjà une empreinte berbère très caractérisée. Il s'agit d'une épitaphe (*Corp.* 3041, t. VIII) relevée à Cuicul par M. le Dr Lodibert. Les caractères sont partie latins, partie grecs. Voici d'ailleurs le texte et sa traduction en grec régulier :

C A R R O V C	Σάρρῷ
C A Φ P I K A N	τ(ῷ) Ἀφρικαν(ῷ)
Π A T V P Π A	πατέρ(ι) πα
I O N M N H M Π Δ I	ί(δ)ων μνήμη Δι
Η O N I C E V Λ O P I Λ	ονυσ(ίου), Εὐλογία(ς)

La phonétique. — Cette inscription fournit de nombreux renseignements. La phonétique mérite par exemple de nous arrêter. ΠΑΤVΡ est écrit avec un Υ au lieu d'un Η. Cette faute tendrait à prouver l'analogie de son des deux lettres. Cette prononciation existe dans le grec moderne, le Η, comme le Υ, a le son de ι. Nous avons eu l'occasion de signaler plusieurs mots berbères dans lesquels le son i paraît

---

(1) D'Arbois de Jubainville : *Études grammaticales sur les langues celtiques,* p. 5-15, Paris, 1881.

provenir d'un η grec. Tels sont par exemple **himir** saison, de ἥμαρ ;
ixes,[1] de ἦχος bruit, etc.

EVAOPIA nous paraît être pour Εὐλογία. Les Grecs modernes prononcent encore le γ comme une liquide, avec un son très voisin de
celui de notre **r**. Il en était vraisemblablement de même en libyen.
Ce qui le prouve, c'est que beaucoup des mots berbères modernes dérivés d'un terme hellénique où il y avait un γ remplacent celui-ci par
un **r**. πελαργός cigogne a donné **bellirech** (chaouïa) ; αἴγος (gén.) chèvre,
ara (guanche), etc.[2]

La dentale dans ΠΑΙΟΝ s'est éliminée. Il y a là une faute du lapi-
daire. On a cependant en berbère moderne quelques exemples de
cette chute de la dentale.

La grammaire. — Dans cette inscription nous voyons que, comme
dans le berbère d'Ibn Tarif, la déclinaison a à peu près disparu. Sauf
ΠΑΙΟΝ qui est un génitif pluriel, tous les autres noms sont invariables.
·CARROVC est un nom propre ; il devrait être au datif ; on le laisse au
nominatif. De même ΑΦΡΙΚΑΝ et ΠΑΤΥΡ. La finale de ces deux mots
est tombée, comme dans les langues modernes. Les noms des deux
enfants sont également devenus invariables : ils auraient dû prendre
le génitif.

O devant ΑΦΡΙΚΑΝ nous paraît être l'article berbère. Il apparaît
fréquemment dans les inscriptions d'Afrique, surtout celles de basse
époque. Il se fond avec les noms. Le *Corpus* est intéressant à consulter sous ce rapport. Citons comme exemple de cet article : *Sabrutto*
(insc. 1242) pour Bruto, *Saburrio* (insc. 9430) pour Burrio (Burrhus),
Sagaris (4945) pour χάρις, grâce, etc.[3]

La traduction de cette inscription ne donne lieu à aucune difficulté :

« A Sarrus l'Africain, leur père, souvenir de ses enfants, Dionysios
et Eulogia. » Malgré le nom d'origine peut-être latine du père et les
appellations grecques des enfants, l'épithète d'*Africain* montre que le
défunt est un indigène. Les altérations grammaticales, de même que
les fautes d'orthographe, permettent de penser qu'il ne s'agissait pas
de gens instruits ayant voulu pour se distinguer de la masse rédiger
une épitaphe dans une langue plus noble, mais au contraire de personnes très ordinaires, s'exprimant dans leur langage courant. Le la-
pidaire a inscrit l'épitaphe en reproduisant jusqu'à l'accent du cru.

VIe et VIIe SIÈCLES. — Domination byzantine (533-698)

Il est certain que la domination byzantine dut avoir une grande
influence sur le développement de l'hellénisme en Afrique. Inutile

---

[1] V. p. 63 et *Revue Tunisienne*, 1903, p. 491.
[2] V. p. 88 et *ibid.*, 1901, p. 133.
[3] V. p. 36 et *ibid.*, 1903, p. 489-490.

de s'arrêter à cette période très spéciale. Il est beaucoup plus utile pour nos recherches de nous appesantir davantage sur les périodes antérieures, de façon à faire connaître l'extension de l'hellénisme dans le nord de l'Afrique.

V^e et VIe SIÈCLES — Période vandale (429-523)

Genséric fut obligé de se servir d'interprètes pour ses relations avec les chefs et évêques d'Afrique. Victor de Vita dit que ces derniers s'exprimaient les uns en latin, *d'autres en grec* et quelques-uns en punique.

Comme ces faits sont antérieurs à la domination byzantine, on voit quel était le parler des indigènes.

On peut remarquer que, pas plus dans cette énumération que dans aucune autre, il n'est fait mention d'interprètes pour la langue libyenne. Ce silence tend à prouver que celle-ci n'existait pas à proprement parler comme langue spéciale. Elle n'était qu'un dialecte du grec.

Le texte suivant vient d'ailleurs corroborer cette impression. Le biographe de l'évêque Fulgentius, qui vécut de 463 à 533, s'exprime de la sorte :

« Son père était mort prématurément. Une mère dévouée le fit, tout d'abord, s'imprégner de la littérature grecque. Elle ne lui permit pas d'apprendre quoi que ce soit de la littérature latine avant qu'il eût récité tout Homère par cœur et aussi beaucoup de passages de Ménandre. Elle voulait dès ses tendres années lui inculquer la notion de cette langue étrangère, pour qu'il pût avec plus de facilité et de succès *s'exprimer, parmi les Africains, avec l'élocution grecque, en conformité avec leurs aspirations,* et comme s'il avait été nourri dans ce parler. » [1]

Ce passage montre que la langue grecque était celle des Africains au Ve siècle. Un Romain ne pouvait plaire dans la société africaine que s'il parlait le grec avec un bon accent et comme langue maternelle. Cette raison poussa la mère de Fulgentius à faire apprendre à son fils le grec avant la langue officielle, le latin.

Période latine — (146 avant J.-C. à 429 après)

Nous abordons maintenant l'historique du libyen (ou de l'hellénisme africain) pendant la période latine.

---

[1] *Quem religiosa mater, moriente celeriter patre, græcis litteris imbuendum primitus tradidit ; et quamdiu totum simul Homerum memoriter reddidisset, Menandri quoque plura percurreret, nihil de latinis permisit litteris edoceri, volens eum peregrinæ linguæ teneris adhuc annis percipere notionem ; quo facilius posset, victurus inter Afros locutionem græcam, servatis aspirationibus, tanquam ibi nutritus exprimere, (C. 4.)*

Période impériale — (Du ier au ve siècle après J.-C.)

L'époque impériale est caractérisée par l'action puissante des pouvoirs publics pour la diffusion de la langue latine. C'est le langage officiel. Depuis le règne de Tibère, on l'emploie dans tous les actes; toutes les inscriptions de l'Etat, des villes, des corporations sont rédigées en latin. C'est dans cette langue que les indigènes intéressés portent leurs doléances à Rome.

Malgré cette vigoureuse impulsion latine, nous constatons la brillante résistance de l'hellénisme. C'est le langage de la population qui n'est pas d'origine punique.

On en relève de nombreuses preuves. A cette époque de prosélytisme religieux, le clergé devait, pour se mettre à la portée du peuple, faire usage de sa langue courante. Or, quelle était cette langue?

Au ive siècle, saint Augustin nous apprend que de son temps les Africains ne lisaient que la bible des Septante.[1] Ce livre grec fut ainsi pendant trois siècles entre les mains de la population de l'Afrique du Nord. Il n'est pas besoin de grand effort d'imagination pour conclure que si, jusqu'à saint Augustin, on n'avait pas éprouvé le besoin de traduire la bible en latin, c'est que le grec était une langue comprise par la population autochtone.

Plus tard, les Pères de l'Eglise, pour répandre les évangiles parmi les colons d'origine romaine, entreprirent leur traduction en latin. Ils employèrent, pour se mettre à la portée de leurs ouailles, le latin populaire d'Afrique. Ce latin était devenu un dialecte considérablement hellénisé, par l'influence du libyen.

Nous devons reconnaître cependant que saint Augustin avait une instruction essentiellement latine. Sa langue se rapproche beaucoup du classique. Il avoue mal connaître le grec.[2] Son vocabulaire renferme cependant une forte proportion de termes helléniques.

Une observation montre bien la résistance de ce parler local. Les linguistes ont en effet remarqué que les ouvrages religieux traduits du grec sont d'autant plus corrects qu'ils sont plus anciens. Cela tient vraisemblablement au petit nombre de personnes s'exprimant en latin à cette époque. Les colons fixés au milieu de populations étrangères parlent généralement avec correction l'idiome national. Quand, plus tard, les indigènes apprennent la langue du conquérant, ils la parlent en altérant la syntaxe selon leur mode de penser. En même temps, les mots se modifient. Ils introduisent aussi, selon les besoins, certains termes de leur langue qui finissent par être adoptés par la population entière. C'est ainsi que, par exemple, les noms de *gourbi, barda, bled, henchir, oued,* etc., ont passé dans la

[1] MIGNE : *Patrologie latine,* XXXIII, lettre 71, § 2 et 3.
[2] *De Trinitate,* III, 1.

langue courante des Français d'Afrique. Les Libyens ont procédé de
même. Plus on s'éloigne des premiers temps de l'occupation romaine,
plus la langue s'altère. Il y a finalement un latin d'Afrique spécial,
ayant des expressions particulières et des tournures de phrases caractéristiques, en un mot une série de caractères propres qui, chose
importante, se rapprochent de l'hellénisme. Nous étudierons bientôt
cette langue spéciale.

Beaucoup d'écrivains indigènes demeurèrent hellénisants malgré
l'influence romaine. On sait que Lactance, surnommé plus tard le
Cicéron africain, naquit au milieu du IIIe siècle. Disciple d'Arnobe à
Sicca, cet auteur africain s'exprimait en grec. Vers 290 on lui offrit
la chaire d'éloquence grecque à Nicomédie ; il accepta et professa
cette langue dans cette ville d'Asie-Mineure. Ce détail montre que
le grec lui était aussi familier que peut l'être une langue maternelle.
Jules l'Africain n'employa de même que le grec dans ses écrits. Le
stoïcien Cornutus, qui fut le maître de Perse, n'écrivit, lui aussi, qu'en
grec.

IIe - IIIe SIÈCLE

L'empereur Septime-Sévère, né à Leptis, parlait couramment le
grec. Aurelius Victor le dépeint comme un savant dans cette langue.
Il était éloquent en punique et n'avait qu'une instruction *suffisante*
en latin.[1] Septime-Sévère écrivit ses mémoires en grec. Cette langue d'ailleurs fut employée de préférence à sa cour. Sa famille ne
parlait qu'à peine le latin *(vix latine loquens)* (ep. 15).

La ville de Leptis est d'ailleurs connue comme ville hellénisée.
Grâce sans doute au voisinage des colonies grecques de Cyrène, les
habitants avaient corrigé leur parler libyen jusqu'à le rapprocher
des idiomes grecs classiques. Cette évolution linguistique est tout à
fait comparable à celle qui s'était produite en Asie-Mineure. La plupart des cités maritimes de ce pays avaient modifié leurs dialectes
primitifs (phrygien, mysien, carien, lydien, lycien, etc.) et professaient
dans leurs écoles le grec régulier.

Mommsen s'exprime ainsi au sujet de Leptis : « Comme les monnaies de Leptis le prouvent, *le grec était beaucoup plus répandu* que
le latin. » [2]

Rappelons que Gordien, empereur venu d'Afrique,[3] avait Platon
et Aristote comme auteurs préférés.

Une inscription grecque, trouvée entre Fez et Tanger, montre [4]

[1] « *Latinis litteris sufficienter instructus*, græcis sermonibus eruditus, *punica
eloquentia promplior.* » AUREL. VICTOR, epitome 20.

[2] MOMMSEN : *Histoire romaine*, trad. Cagnat et Toutain, t. XI, p. 284.

[3] CAPITOLIN : *Gordianus*, 7.

[4] MULLER : « Une inscription grecque découverte dans le Maroc. » *Revue archéologique*, 1874, II, p. 231-243.

qu'en ce point existait une population de langue grecque du iiie au ive siècle après Jésus-Christ.

Sous Septime-Sévère eut lieu la persécution des Scillitains (202 à 203 après J.-C.). Pour les *Actes* des martyrs scillitains, comme pour la Passion de sainte Perpétue, nous possédons une *rédaction grecque* fort ancienne. M. Aubé, puis M. Bonnet ont même cru y *reconnaître le texte original*. [1] Enfin, un curieux détail de la Passion semble indiquer quelle était la langue préférée des clercs de Carthage. Dans le récit d'une de ses visions, sainte Perpétue sortant du paradis aperçoit devant la porte l'évêque Optatus et le prêtre Aspasius, toujours en querelle ; elle s'approche d'eux et engage la conversation *en grec*, nous dit formellement le rédacteur des *Actes*. [2] Ajoutons que sainte Perpétue était originaire de la petite ville de Tebourba, à 30 kilomètres de Tunis.

Enfin, M. Sittl relève, dans le texte latin de la Passion de sainte Perpétue, de nombreux mots grecs, tels que *tecnon* (4) enfant ; *diastema* (7) distance, séparation ; *orama* (7-10) vision ; *agios* (12) saint, [3] etc., etc.

Ces mots font tellement partie de la langue courante qu'il ne vient même pas à l'esprit de l'écrivain de les traduire.

M. Sittl, étudiant le latin d'Afrique, reconnait que les écrivains de ce pays, prosateurs et poètes indistinctement, employaient les grécismes les plus risqués. [4]

Plus loin, M. Sittl s'exprime ainsi : « Il n'y avait pas que les savants pour embellir leurs discours de termes grecs. Les prédicateurs eux-mêmes qui s'adressaient directement au *peuple ordinaire* pouvaient également le faire en Afrique. *Ils employaient avec ce peuple dix fois plus* de mots grecs que Cicéron *n'aurait pu le faire avec ses compatriotes.* [5] »

Tertullien, qui vivait à cette époque (né en 160), avait composé quatre traités en grec : « Il est remarquable, dit M. Leclercq, que *c'était ceux qui s'adressaient au grand public.* » [6] Ce détail permet de conclure que ce dernier idiome était primitivement aussi familier au peuple et à l'apôtre africains que le latin. Ce n'est que plus tard qu'il aborde les écrits dans cette dernière langue.

La bible n'était pas encore traduite en latin à son époque. En effet,

---

(1) Aubé : *Etude sur un nouveau texte grec des Actes des martyrs scillitains* (Paris 1881), et Bonnet (*Revue Critique*, 1881, n° 11, p. 313).

(2) Monceaux : *Histoire littéraire de l'Afrique chrétienne*, t. 1, p. 51 : « *et cœpit Perpetua græce cum illis loqui.* » (*Passio Perpetuæ, 13.*)

(3) Sittl : *Die lokalen Verschiedenheiten der lat. Sprache*, p. 112, Erlangen, 1882.

(4) Sittl : *Ibid.*, p. 113.

(5) Sittl : *Ibid.*, p. 117.

(6) Leclercq : *L'Afrique chrétienne*, Paris, Lecoffre, 1904.

dans ses œuvres, il lui arrive en diverses circonstances de faire des citations d'un même passage. Ces passages sont cités, chaque fois, avec un texte latin différent. On en trouvera des exemples dans l'*Histoire littéraire de l'Afrique chrétienne* de M. Monceaux. [1] Ces divergences tiennent à ce que cet auteur écrivait en latin ses citations avec le texte grec sous les yeux : il ne citait pas une traduction déjà faite.

Même dans ses écrits latins, Tertullien incorpore un nombre considérable de termes grecs, plus ou moins latinisés.

Fronton (de Cirta) professait au début du règne d'Antonin (138-161). « Dans son œuvre, il y a quelques lettres en grec, adressées surtout à Appien et à l'impératrice Faustine, femme d'Antonin. » — Ses écrits sont un mélange d'archaïsmes, d'hellénismes, de mots populaires.[2]

Ce mélange a même été poussé fort loin. Dans les lettres de Fronton à Marc-Aurèle, il emploie une langue mixte dans laquelle il se sert au hasard de la plume des termes grecs ou latins.

« Au temps des Antonins, dit encore M. Monceaux, l'usage du grec était très répandu dans toute la région du littoral. Devant un tribunal, Apulée tournait en dérision l'ignorance de ses adversaires qui ne comprenaient pas la langue de Platon. » [3] Les écoles d'Afrique possédaient à cette époque de nombreux cours de grec. Il y eut d'ailleurs, pendant toute la période impériale, une importante école de littérateurs helléniques d'Afrique. Nous venons de citer Lactance, Jules l'Africain, Septime-Sévère, le stoïcien Cornutus de Leptis, Tertullien et Fronton. On pourrait joindre à cette liste le chroniqueur Olympiodorus, Apulée, Manilius, et le roi Juba II, contemporain d'Auguste.

A l'époque d'Apulée (IIe siècle), il était plus facile à un gamin des rues de Carthage d'apprendre le grec et le punique que le latin. Cette dernière langue, plutôt étrangère, n'était enseignée que sur les bancs de l'école. Parlant du fils de sa femme Pudentilla, Apulée s'exprime ainsi : « *et si quid adhuc a matre græcissat, latine enim neque vult, neque potest.* »[4] S'il parle quelque peu grec par sa mère, il ne peut ni ne veut le faire en latin.

On possède encore l'esquisse d'une leçon d'Apulée. Celle-ci commence en grec et se termine en latin. [5] C'est là une preuve de l'égale facilité de l'emploi des deux langues.

M. Gaston Boissier, appréciant l'œuvre littéraire d'Apulée, dit : « En

(1) T. I, p. 108.
(2) MONCEAUX : *Les Africains*, p. 225 et 241.
(3) MONCEAUX : *Ibid.*, p. 82.
(4) APULÉE : *Apologie.*
5) MONCEAUX : *Les Africains*, 1894, p. 1863.

somme, les tournures et les expressions qui reviennent le plus souvent chez Apulée et qui caractérisent son style, quand on les regarde de près, s'expliquent naturellement par le latin et le grec, sans qu'il soit besoin d'avoir recours à d'autres langues. »[1]

Ne peut-on pas voir une allusion aux circonstances de l'éducation contemporaine d'Apulée en Afrique dans la phrase suivante de son *Ane d'or :* « Je commençai à étudier la langue grecque à Athènes ; j'allai ensuite à Rome, où, sans maître, j'appris le latin avec une *peine incroyable.* Ainsi, on m'excusera si je fais quelques fautes en parlant cette langue qui m'est *absolument étrangère.* »[2] Dans cet ouvrage, on trouve un latin fortement mêlé d'éléments grecs.

Cet état d'esprit des indigènes apprenant le latin comme langue étrangère donne la clé de la littérature latine si spéciale au nord de l'Afrique. Leur pensée revêtait une allure particulière étrangère au monde latin. L'emphase spéciale, le *tumor africanus,* les audaces de style, la construction nouvelle de phrases d'une originalité inconnue à Rome accusaient bien une mentalité différente d'un caractère très spécial.

« L'influence du grec se démêle même dans la formation de la langue ; au témoignage d'Aulu-Gelle (vIII, 13), certains mots d'un usage courant en Afrique étaient *venus de Grèce ;* et l'on arrive à la même conclusion si on étudie de près le vocabulaire des auteurs et des inscriptions du pays. »[3]

Un document populaire, les *Tabellæ devotionis* ou *execrationum,* découvertes par le R. P. Delattre et publiées dans le supplément du tome VIII du *Corpus* (12504-12511), sont rédigées tantôt en grec, tantôt en latin. Preuve de l'emploi courant des deux langues, à l'époque impériale, par des gens de condition inférieure.

Le nombre élevé d'inscriptions grecques trouvées en Afrique, malgré l'emploi officiel du latin, montre quelle était la diffusion de ce langage dans cette contrée. Les Africains essayaient de s'exprimer dans une langue plus correcte que leur patois hellénique.

Comme nous le démontrerons plus loin en analysant la langue, beaucoup de noms et surnoms des inscriptions latines d'Afrique ne sont que des mots grecs souvent corrects, souvent latinisés, souvent encore altérés selon les habitudes phonétiques des Berbères.

Iᵉʳ SIÈCLE

Manilius était un écrivain africain du début de notre ère — fin du règne d'Auguste et commencement de celui de Tibère. Voici en quels termes en parle M. Monceaux : « On a voulu rattacher Manilius à

---

[1] G. Boissier : *Afrique romaine,* p. 248-249.
[2] *L'Ane d'or,* liv. 1.
[3] Monceaux : *Les Africains,* 1894, p. 84.

l'Orient hellénique. Mais les mêmes raisons de grammaire et de goût s'y opposent. Et, s'il connaît bien la littérature grecque, s'il en imite les lieux communs, si même les hellénismes abondent dans son vocabulaire et sa syntaxe, tout cela ne prouve rien »..... « notre poète parle du grec comme d'une langue étrangère. » [1]

Rois indigènes

Nous arrivons à Juba II, roi de Maurétanie. Ce souverain écrivit de nombreux ouvrages en langue grecque. On lui doit des épigrammes, des études sur le théâtre, enfin une *Histoire de la Libye* dont il ne reste que quelques fragments. Le royal écrivain a recueilli dans ce dernier travail les antiques traditions locales qui faisaient venir de Grèce les premiers habitants de son pays. Lui-même se faisait passer pour un descendant d'Hercule. Celui-ci, après le meurtre d'Antée, avait épousé Tingis, sa veuve. Sophax naquit de cette union. Il devint roi du pays. Son fils Diodoros lui succéda. Les nombreux contingents grecs qu'Hercule avait amenés avec lui d'Olbia et de Mycènes l'aidèrent à conquérir de nombreuses nations africaines. [2]

Juba s'efforça de sortir le libyen de la barbarie en le ramenant à la correction hellénique. Il attira, dans ce but, à Cesarea de nombreux maîtres grecs. L'exemple venu d'en haut porta ses fruits. Il fut de bon ton, tant à la cour que dans les familles maurétaniennes, de s'exprimer en langage correct, au lieu d'employer le dialecte local. Une poussée considérable d'hellénisme eut lieu sur ce coin de la Berbérie. Le roi l'aida encore en appelant des sculpteurs et des architectes de la Grèce et en créant un musée classique dans son palais. Pour mieux se rattacher au pays de ses aïeux, Juba se faisait nommer citoyen d'Athènes.

Ce mouvement de rénovation de l'ancienne langue libyenne ne put avoir son plein épanouissement. La vigoureuse pression de l'administration romaine en arrêta l'évolution. L'importation officielle du latin empêcha le grec classique de continuer la réforme du parler grossier libyen. Celui-ci garda son caractère de simple dialecte non littéraire. C'est sous cette forme qu'il s'infiltra, pendant les siècles suivants, au milieu du latin d'Afrique.

M. Monceaux s'est rendu compte de l'influence hellénique à cette époque, mais il n'en soupçonne pas la raison.

«Pendant un siècle et demi ou deux siècles, dit-il, jusqu'aux premières années de l'ère chrétienne, *l'influence prépondérante fut celle du grec*. En dehors d'Utique, qui resta longtemps la capitale, les Romains alors ne se montraient en nombre que dans les principaux

<hr>

[1] Monceaux : *Les Africains*, 1894, p. 138.
[2] Juba : *Hist. romaine*, liv. II, fragm. 19. *Fragm. hist. græc.*, t. III, p. 471.

ports de la Proconsulaire et dans quelques cités numides voisines
de la mer ; or, toutes ces villes, Hadrumète et Cirta, comme Utique
ou Leptis, depuis plusieurs générations étaient *à demi conquises par
la civilisation hellénique.* Auguste et ses successeurs, usant des pré-
rogatives de leur protectorat, fondèrent quelques colonies romaines
sur le littoral du royaume de Maurétanie ; mais là encore, surtout à
Cesarea, la capitale, nous rencontrons l'hellénisme, si cher aux derniers rois indigènes, Juba et Ptolémée.

« Pendant cette période de l'histoire des Provinces africaines, *le
grec était la langue littéraire préférée par les écrivains du pays.* (Ce
fut même *la seule* jusqu'au temps d'Auguste ; pendant les cent cin-
quante ans qui ont suivi la destruction de Carthage et la création
d'une Province d'Afrique, nous ne connaissons pas un seul auteur
du pays qui ait écrit en latin.) C'est alors que le latin de l'Atlas s'en-
richit d'expressions de forme et de tournure helléniques. »[1]

Les historiens ont beaucoup insisté sur l'hellénisme de Juba II.
Ce prince n'avait rien inauguré. Ce que nous savons des autres rois
numides prouve que la recherche de l'hellénisme classique était chez
eux une tradition. Les affinités du libyen avec le grec rendent seuls
compte de ces tendances, étonnantes au premier abord. En effet,
comment s'expliquer de leur part cette attraction pour le grec, du
moment que les occupants du pays étaient successivement les Phéniciens puis les Romains ? Pourquoi n'auraient-ils pas étudié d'abord
le phénicien, langue des affaires et de l'administration, plus tard le
latin, qui présentait, outre ces avantages, ceux d'une littérature en
plein épanouissement ? Ce que nous avons exposé jusqu'ici donne la
clé de ce phénomène ethnique. Le grec n'était qu'un perfectionnement
de leur propre langue.

Quoi qu'il en soit, voici quelques renseignements sur les princes
numides.

Au rapport de Ptolémée Evergète, dans ses commentaires (Strabon,
XVII, iii, 15), Massinissa entretenait dans son entourage des musi-
ciens grecs. Il avait su attirer à Cirta toute une colonie d'artistes et
de littérateurs grecs.

Ce prince helléniste eut même sa statue à Delos. On y lit le nom
de Μασαννάσας, forme jusqu'alors inconnue du nom de Massinissa, ainsi
que le remarque M. Wachsmuth.[2] De plus, dans deux inscriptions
de Delos, le père de Massinissa porte le nom de Γαία. Tite-Live l'appelle Gula.

Micipsa, fils de Massinissa, continua les traditions de son grand-
père et de son père. Il développa la colonie grecque de Cirta.

(1) MONCEAUX : *Les Africains*, 1894, p. 115.
(2) *Reinisches Museum für Philologie*, 1879.

« C'était, dit Diodore de Sicile, le plus généreux des rois de Libye ; il faisait venir à sa cour un *grand nombre de Grecs instruits et vivait dans leur société*. Il avait reçu une éducation soignée et s'était surtout appliqué à la philosophie. » [1]

Bogud, roi de Maurétanie contemporain, avait épousé une femme portant le nom grec d'Eunoé. [2]

CARTHAGE

L'influence libyenne sur Carthage a été jusqu'ici ignorée. Les historiens anciens ne fournissent que peu de détails sur ce sujet. Encore ces rares documents ne sont-ils pas toujours interprétés d'une façon convenable par les commentateurs modernes. Les archéologues, hypnotisés par l'action de la Carthage conquérante sur le monde méditerranéen dans les derniers siècles avant sa chute, voient du punique partout.

Et cependant l'influence libyenne sur Carthage a été des plus accusées. Tout d'abord, Carthage n'a pas été fondée dans un pays désert. Il y avait là un peuple préexistant. D'après Solin, les premiers Phéniciens débarqués prirent à bail, du chef libyen Iapon, l'emplacement de leurs magasins (Solin, 27-9). Ce chef libyen devait résider à peu de distance de cet emplacement. Selon les apparences, il n'y avait pas alors de puissants empires dans le nord de l'Afrique, mais des confédérations constituant des tribus comme celles qu'Hérodote énumérait quelques siècles plus tard.

A en juger par son nom, ce chef pouvait appartenir à une population européenne, à quelque tribu parlant un dialecte hellénique. Nous avons cru pouvoir émettre l'idée que les habitants préphéniciens de la région de Carthage étaient des *Tourshas* ou Troyens. [3]

Eustathe donne comme un des noms primitifs de Karchedon celui de Caccabe. Ce terme, dans la langue des indigènes, signifiait « tête de cheval ». [4] Karchedon ou Caccabe sont des mots européens. C'est même la préexistence de cette ville qui dut pousser les Phéniciens à appeler le marché qu'ils fondaient dans son voisinage du nom de Kart-haddach (nouvelle ville), devenu Carthage.

Les fouilles de MM. Delattre, Gauckler, Vernaz, etc., ont permis d'établir que les plus anciennes sépultures puniques étaient au bord de la mer. C'est donc de ce côté qu'il faut chercher l'emplacement de la Carthage du début.

Byrsa, la colline située en arrière, était entourée d'une fortification absolument identique à celle de Tyrinthe. La construction était bâtie

---

(1) Diodore de Sicile, fragm. des livres XXXIV et XXXV ; trad. Kœfer, t. IV, p. 423.

(2) César : *De Bello africano*, 23 ; Suétone : *César*, 52.

(3) Bertholon : *Les premiers colons de souche européenne dans l'Afrique du Nord*, p. 86-89. Leroux, 1899, et *Revue Tunisienne*, 1897-1898.

(4) *Commentaires d'Eustathe*, 195. *Géog. græc. min.*, t. I, p. 251.

sur le même plan. Les chambres voûtées, les couloirs, les citernes reproduisent non seulement le même dispositif, mais bien plus leurs dimensions sont rigoureusement les mêmes. L'appareil des murs est exactement semblable.

Fait intéressant, ces observations ont été faites à Carthage par Beulé[1] en 1859, non pas sur les fortifications de la ville, mais sur l'enceinte particulière de la citadelle de Byrsa. Ce n'est que plus tard, en 1885, que Schliemann et Dorpfeld exhumèrent les remparts de Tyrinthe. Aussi M. Dorpfeld se demanda si les murs de ces citadelles de la plaine d'Argos et de la côte d'Afrique n'avaient pas été construits par les Phéniciens. Ils avaient été élevés par le même peuple mycénien, qui avait à Byrsa sa forteresse identique à celle de Tyrinthe. Ces Libyens y avaient aussi des tombeaux à dalles buttées, rappelant la porte des lions de Mycènes et des tombes de la Phrygie. Ils pratiquèrent, en Afrique comme en Troade, la sépulture en jarre dans des *pithoi* et parfois les ensevelissements secondaires. La céramique rappelle celle des îles égéennes. Ces documents, à ne citer que les plus caractéristiques, concordent pour prouver qu'une ville libyenne d'aspect essentiellement mycénien préexistait à la Carthage punique. Les deux cités étaient, comme la plupart des cités analogues de l'Afrique du Nord, séparées par un espace libre. Cet espace servait de marché pour les nomades.

Les Phéniciens employaient pour la garde des magasins des mercenaires étrangers au pays. Ainsi faisaient les Juifs et les Européens en Tunisie avant l'occupation française. Des Marocains leur servaient de gardiens des maisons et des magasins.

Carthage se développa par suite de sa prospérité commerciale et aussi par l'immigration de réfugiés venus en 574, lors du siège de Tyr par Nabuchodonosor, et en 332 après la destruction de cette ville par Alexandre le Grand. La cité libyenne de Byrsa, par suite de l'attraction produite par le voisinage d'une grande place de commerce, suivit sans doute un développement parallèle. Cette prospérité amena la fusion des deux cités. La polygamie précipita celle des deux populations. De très bonne heure, le type crânien punique ne se rencontre plus dans les tombes qu'à l'état sporadique. La masse de la population, comme je l'ai montré, est physiquement libyenne ou berbère.[2] Le terme liby-phénicien correspond ainsi à un fait tangible. Dans le cas particulier, il s'agissait de Libyens parlant le punique.

Cette période de fusion hâta la disparition des rites égypto-phéniciens du début. Ils furent remplacés par un développement industriel, artistique et religieux d'influence hellénique de plus en plus accusé,

<hr>

(1) BEULÉ : *Fouilles à Carthage*, p. 59-60.
(2) BERTHOLON : « Année anthropologique. » *Rev. Tunis.*, 1904, 356-357.

d'après les fouilles. Le caractère local, dès le ixe siècle, changeait. Au lieu de commerçants prudents. comme l'étaient les Phéniciens, les Carthaginois constituèrent progressivement une nation conquérante. Les auteurs modernes, hypnotisés par cette brillante phase historique, attribuent aux Phéniciens un rôle prépondérant que ceux-ci n'ont certainement pas joué. Ils voient partout une action phénicienne, alors que celle-ci était devenue libyenne.

Cette influence libyenne et hellénique que l'on constate à Carthage dans la tombe, dans son mobilier funéraire, dans les rites et les croyances, dans la céramique, la sculpture et l'architecture, existe aussi dans la littérature locale. La population de Carthage, à l'époque romaine, parlait, nous venons de le voir, un dialecte hellénique. Il en fut de même à l'époque punique.

Dès les guerres médiques, on connait des écrivains africains s'exprimant en grec. Suidas cite un nommé Charon (Χάρων) qu'il fait Carthaginois. Son nom paraîtrait plutôt libyen. On lui doit une histoire des souverains d'Europe et d'Asie. Il aurait écrit aussi des chroniques éthiopiques, libyques et crétoises. Ces ouvrages ont malheureureusement disparu. A peine quelques fragments ont-ils survécu. [1]

Vers cette époque (480), Gelon fondait un établissement grec vers Hippone. [2]

Plus de deux siècles avant notre ère, un autre Carthaginois que nous croyons Libyen écrivait en grec. Il s'appelait Proclès, fils d'Eucratès. Pausanias nous a conservé deux fragments de ses œuvres. [3]

Le grand Annibal lui-même, quoique Phénicien, composa, d'après Cornelius Nepos, des ouvrages en langue grecque. [4] Un de ses officiers écrivit des livres d'histoire, dont un sur la Sicile, en se servant du grec. Cet auteur était Libyen. Il est appelé par les divers écrivains Σιλτνός, Σειληνός. Σιλανός, Silenus Calactinus (γαλάχτινος, blanc comme du lait).

Silenus a été cité par Cornelius Nepos (*Hannibal*, c. XIII) ; Cicéron (*De Divin.*, I, 21, fragm. 1) ; Tite-Live (XXVI, 49) ; Pline (*Hist. Nat.*, IV, § 36) ; Solinus (*Pol.*, c. II) ; Strabon (III, p. 172) ; Diogène (liv. II, 11) ; Stéphane de Byzance.

Horace [5] montre un Maure Jarbitas luttant d'éloquence avec l'historien Timagène [6] qui vivait un siècle avant notre ère.

Voici enfin une autre preuve que le libyen parlé au iiie siècle avant notre ère pouvait être facilement compris des Grecs. Théocrite, dans

---

[1] *Fragm. hist. græc.*, t. IV, p. 360.
[2] *Ibid.*, t. II, p. 479.
[3] *Fragm. hist. græc.*, t. IV, p. 483-484.
[4] CORNELIUS NEPOS : *Hannibal*, c. XIII.
[5] HORACE, épitre I, 19, vers. 15.
[6] *Fragm. hist. græc.*, t. III, p. 318-319.

ses *Idylles,* place cette phrase dans la bouche de Thyrsis : «Chante comme lorsque tu as vaincu par tes chants Chromis le Libyen.»

Il faudrait admettre ou que le Libyen connaissait le dorien de Sicile, ou bien que le Dorien Thyrsis connaissait la langue libyque. Une troisième hypothèse, beaucoup plus plausible, est que les deux peuples pouvaient se comprendre, parlant deux dialectes d'une même langue. Théocrite, originaire de Syracuse, devait mieux que personne être renseigné sur la langue libyenne.

On peut aussi rappeler que le contingent mysien venu au secours de Troie était commandé par Chromis.[1] Le nom porté par le Libyen Chromis est donc phrygien ou mysien. Après l'étude des mythes grecs se rapportant à la colonisation de l'Afrique du Nord, ce rapprochement offre une grande importance.

Nous arrêterons là cette étude générale de l'histoire de la langue libyenne. Tous les documents que nous venons d'énumérer concordent pour la représenter comme un dialecte hellénique.

CHAPITRE II

Influences libyennes sur la formation du latin d'Afrique

Nous venons d'esquisser l'influence hellénique, c'est-à-dire libyenne, en Afrique, tant à l'époque romaine que lors de la période punique. Ces renseignements généraux doivent être complétés. Quelques détails sont nécessaires, d'une part, pour faire apprécier combien le latin s'était imprégné en Afrique de termes libyens latinisés, d'autre part, quelles altérations d'influence latine avait subies le libyen ou grec africain.

L'imprégnation du latin d'Afrique par le libyen est attestée par Arnobe.[2] Cet auteur dit formellement que les livres saints étaient rédigés en «termes populaires»: *ab indoctis hominibus et rudibus scripta sunt.....* Si les écrivains de l'époque employaient alors un langage où fourmillaient les termes et les tournures de phrase helléniques, ce n'était nullement par mode ou par mauvais goût. Désireux d'être compris par leur auditoire, ils étaient forcés de parler sa langue, au lieu de s'exprimer en langue correcte. Beaucoup même ne le faisaient qu'à regret. Arnobe qualifiait cette littérature de «triviale et sordide»: *trivialis et sordidus sermo est.* Saint Augustin se scandalisait de voir les écritures sacrées rédigées dans un langage aussi peu relevé.[3] C'était cependant l'unique moyen de les répandre parmi les masses.

---

(1) *Iliade,* liv. II, v. 858 : Μυσῶν δὲ Χρόμις ἦρχε.
(1) ARNOBIUS : *Adv. gent.,* I, 45, 58.
(2) AUGUSTIN : *Confessions,* III, 5, VI, 5.

En essayant de faire connaître dans ses grandes lignes l'évolution du latin d'Afrique sous les influences libyennes (ou helléniques), nous traiterons successivement des altérations : 1º du vocabulaire, 2º de la grammaire.

Il demeure entendu que notre travail n'embrasse pas l'étude des diverses autres influences linguistiques qui ont créé le latin d'Afrique. Nous ne nous occuperons donc pas de l'action du phénicien, et fort peu de celle de la mentalité spéciale des indigènes. Celle-ci a créé cette exagération de langage appelée le *tumor africanus*.

ORIGINE ET FORTATION DU VOCABULAIRE LATIN D'AFRIQUE

A. — *Les doublets helléniques*

Au fur et à mesure que la langue latine s'est répandue chez les populations de l'Afrique, les indigènes ont substitué aux mots romains des expressions de leur langue, latinisées. Peu à peu, la plupart des mots latins ont possédé leur doublet indigène. Pareil phénomène se produit de nos jours chez les Berbères. Presque tous les mots berbères possèdent leur doublet arabe berbérisé. Ce doublet est de plus en plus usité, et le terme primitif berbère tend à tomber en désuétude.

A l'époque romaine, à mesure que l'on s'éloigne de la période de la colonisation latine, les termes latins disparaissent, les doublets libyens les remplacent. Les auteurs africains, comme nous l'avons vu, emploient une langue qui s'éloigne chaque siècle davantage du latin classique.

Nous allons citer quelques-uns de ces doublets, pris au hasard. Loin de nous la prétention d'en faire une liste complète. Un dictionnaire serait nécessaire. Il nous suffit de citer des exemples assez nombreux pour faire connaître la nature du langage parlé en Afrique, surtout vers la fin de l'empire.

Nous donnons, pour mieux faire apprécier les altérations subies :

1º Le terme latin classique;

2º Le mot africain;

3º Le mot grec d'où celui-ci provient.

Terme latin classique	Mot africain	Mot grec originel
ærarium, trésor public	gazophylacium (Cyp., *De* opere, etc., 15)	γαζοφυλάκιον.
anima, âme	de anemo certa est *(Corp.,* 1557)	ἄνεμος.
ardor, chaleur, amour ardent	cauma (Fulg., 46, 912 : 68, 940; *Vulg. Job.,* 30, 30)	καῦμα.

Terme latin classique	Mot africain	Mot grec original
adulterium, adultère	mœchia (Tert., *Pud.,* 5 ; Sap., 14, 26)	μοιχεία.
adulter	mœchus (Tert.)	μοιχός.
æmulatio, desiderium, zèle	zelus (*Sap.,* 1, 10)	ζῆλος, ta zela (k.O.) course, rapidité.
amabilis, aimable	eucharis (*Sap.,* 6, 5)	εὔχαρις εχeres (taï- toq. Masq.) être aimable.
alienus, étranger	exterus (*Sap.,* Tert., etc.)	ἐξωτερικός.
buxus, objet en buis	pyxis (Ap., *Met.,* III)	πυξίς objet en buis (boite).
concio, templum	ecclesia	ἐκκλησία (divers).
cornicen, trompette, jouant du cor	ceraula (Ap., *Met.,* VIII)	κεραυλία sonnerie de cor.
cubile, lit	choete	κοίτη.
conjunctio, liaison, réu- nion	synopsis (*Corp.,* 6981)	σύνοψις.
calix, coupe avec pied et anses	scyphos (acc. plur.) (*Corp.,* 1858)	σκύφος.
cella, horreum, cellier	apotheca (*Bull. archéol.,* 1904, p. 199.)	ἀποθήκη.
circulus, cercle	gyrus (*Sap.,* 13, 2)	γῦρος, a goro (guan- che) cercle.
careo, manquer	aporior (*Sap.,* 11, 18)	ἀπορέω, manquer.
camera, chambre	camara (insc. de Cherchell)	καμάρα, ti kaber (touar.) chambre
delator	sycophanta (Ap., *Met.,* VII)	συκοφάντης.
diluvies, diluvium, inondation	cataclysmos (Lact., 2, 10; Aug., *De Civ. Dei,* 18, 10; Tert., *Apol.,* 40)	κατακλυσμός.
desertus, désert	eremus (Tert., *Idol.,* 5; Au- rel. Vict. ; *Sap.,* 18, 20)	ἔρημος.
ecce, voici	en (Apul., *Met.*)	ἤν.
etiam, oui	næ (Apul., *Met.*)	ναί.
examen, essai	exagium (*Corp.,* 3294)	ἐξάγιον.
educatio, éducation	pædagoga (Fulg., *Cont. Virg.*)	παιδαγωγία.
extraneus, étranger	allophylus (Fulg., 21, 887)	ἀλλόφυλος.
finis, fin	pausa (Apul., *Met.,* II)	παῦσις.
funis, corde	tumicla (Apul., *Met.,* VIII)	diminut. de θῶμιγξ.

Terme latin classique	Mot africain	Mot grec originel
fovea, fosse; *gurges,* gouffre	barathrum (Apul., *Met.,* II)	βάραθρον.
fundamentum, fondation, base	catabolensis, fondamental (*C.*,2403) mot latinisé de	κατάβολη, fondation
famulus,legatus, serviteur	subdiaconus (*Corp.,* 880)	διάκονος.
fomentum, fomentation	malagma (Fulg., 57, 927)	μάλαγμα.
fictum, fictio	dolus (*S.,* 1, 5; 4, 11; 14, 25)	δόλος piège.
generosus, généreux	dapsilis (Apul., *Met.,* X)	δαψιλής, tsebil (k. Ol.) générosité.
gladius	machæra perfossus (Apul., *Met.,* IV)	μάχαιρα.
gutta, goutte	stilla (Apul., *Met.,* V)	στίλη.
gloriosus, glorieux	magnalius (Tert., *Ad. ux.,* 27; divers)	μεγαλείος
illotus, malpropre	illutus (Apul., *Flor.*)	ἄλουτος.
immortalis, immortel	dolicheno (dat. *Corp.* 2622) Jovi dolicheno	δολιχαίων.
inferi, enfers	abyssus (Tert.)	ἄβυσσος.
instrumentum, instrument	organum (*Sap.,* 19, 17)	ὄργανον.
libidinosus, débauché	cinædus (Apul., *Met.,* VIII)	κίναιδος.
lapideus, de pierre	acrolithus, simulacrum Dea acrolithum (*C.*,8309)	ἀκρόλιθος, dont les extrémités sont en pierre.
lautia, cadeau que se faisaient les hôtes	xenium (Fulg. 4, 863; Tert., *Adv. Marc.,* 4, 42).	ξένιον.
lapis, rupes, saxum, pierre	petra (*Sap.,* 11, 4; 17, 18)	πέτρα.
lancea, lance	romphaea (*Sap.,* 5, 21)	ρομφαία.
murmurare, murmurer	ogganio (Apul., *Met.,* II)	
merces, marchandise	entheca (Fulg., 18, 883; Aug. *Serm.,* 42)	ἐνθήκη.
nix, neige	ningor (Apul., *De mundo*)	νίγγειν neiger; defel (k.O.) neige.
occisus, tué, mort de mort violente	biæothanatus (Tertull., *Anim.,* 57)	βίαιος θάνατος.
opperior, attendre	opperiminor (Ap., *Met.,* I)	περιμένω.
onus, charge, fardeau	bastaga (inscr. 1322)	βάσταγμα; tsabga (kab.Oliv.)

Terme latin classique	Mot africain	Mot grec originel
opus, œuvre	erga (plur.) « ob merita erga » [1] « erga remperimentis » [2]	ἔργον.
omen, indicium, signe de reconnaissance	symbolum (Ap., *De dogm. Plat.,* II)	σύμβολον.
orbus, orphelin	orphanus (Fulg., 6, 865)	ὀρφανός.
offendiculum, obstaculum, pierre d'achoppement, obstacle	scandalum (Tert., *De virg. vel.,* 3; divers)	σκάνδαλον.
ovilio, berger.	opilio (Apul., *Met.,* VIII)	οἰοπόλος, berger. [3]
pectus, poitrine	thorax (*C.,* 993; *Sap.,* 5, 19)	θώραξ.
pedatura, action de mesurer avec les pieds	podismus (*Corp.,* 1296)	ποδισμός.
portorium, douane	teloneun (*Corp.,* 305)	τελωνεῖον.
patera, coupe sans pied	piahalas (acc. pl.) (*Corp.,* 1858)	φιάλη.
pronubus, pronubans, garçon d'honneur	paranymphus (Fulg., 53, 922; Aug., *De Civ. Dei,* 6, 9; 14, 18)	παράνυμφος.
persecutio, persécution des chrétiens	theomachia (Tertull., *Ad. Scap.*)	θεομαχία, guerre à Dieu.
pes (pl. *pedes*), pied	podia marmorea (*C.,* 1994)	πόδιον, πόδια.
prior factus, créé le premier	protoplastus (*Sap.,* 7, 1)	πρωτόπλαστος.
puer, enfant	tecnon (*Perpet. et Felic.; Patrol.,* III, 55)	τέκνον.
pœnitentia, repentir	exomologesis (Tertull., *De penit.,* 9)	ἐξομολόγησις.
proles, descendance	genimen (*Vulg. Ev.,* 26)	γέννημα.
redimiculum, diadème	diadema (*S.,* 5, 17; 18, 24)	διάδημα.
retro, en arrière	apage (Apul., *Met.,* I)	ἄπαγε.
rex, roi	tyrannus (*S.,* 12, 14; 14, 16)	τύραννος.
ridere, rire	cachinnare (Apul., *Met.,* II)	καγχάζω.
ruber ((adj.), rouge	œruthreus (*Corp.,* 212)	ἐρυθραῖος.
robustus (adj.), vigoureux	barosus (inscr. Zaghouan, *Corp.,* 2568)	βαρύς.
scenicus, scénique	thymelicus (Apul., *Apol.*)	θυμελίκος.

(1) CHERBONNEAU : *Rev. Afric.,* t. IV, 1860, lig. 6.
(2) TOUSSAINT : *Bull. arch.,* 1899, p. 228, nᵒ 129.
(3) Littéralement : qui fait paître les brebis : οἶος πέλομαι.

Terme latin classique	Mot africain	Mot grec originel
sepulchrum, tombeau	mausoleum (*Corp.,* divers)	μαυσώλειον.
stupidus	blaterans (Apul., *Met.,* VIII) adjectif en forme de participe présent	6λαδαρός.
sedes, siège	cathedretus (inscript. 828) mot formé avec	καθέδρα.
sedes, siège	thronus (Tert.)	θρόνος.
splendere, briller	lampare (Fulg., 52, 920)	λάμπω; lemmâ (k. Ol.)
simulacrum, image	idolum (*Sap.,* 14, 8, 11; 12, 27, 29, 30)	εἴδωλον.
serpens, serpent	draco (*Sap.,* 16, 10)	δράκων.
stragulum, couverture de cheval	ephippium (Ap., *Met.,* x)	ἐφίππιον.
sacramentum, chose sacrée, mystère	mysterium (Tert., divers)	μυστήριον.
similitudo, ressemblance	parabola (Tert.)	παραβολή.
sulcus, sillon	allucus (inscr. Zaghouan, Gauckler)	ἄλοξ (attiq.) ἄλοχος.
transfuga, déserteur	apostata (Cypr., *Epistol.,* 55, 12)	ἀποστάτης.
triennalis, triennal	trietericus (Apul., *Apol.*)	τριετερικός.
turbo, ce qui tourne, toupie, tourbillon, etc.	strobilus	στρόβιλος.
universalis	catholicus (Apul., *Trinit.;* Tert., *Adv. Marc.,* 2, 17)	καθολικός.
uva, raisin, grappe	botrus (Fulg., 34, 897; Cypr., *Epist.,* 37, 2)	6ότρυς.
vale, adieu	chaere (*Corp.,* 8854)	χαῖρε.
viniferum, broc à vin	œnoforum (Ap., *Met.,* VII)	οἰνοφόρον.
veneficus, magique	magicus (*Sap.,* 17, 7)	μαγικός.
vestiarium, vestiaire pour se déshabiller	apodyterium (inscr. 828, 1215)	ἀποδυτήριον.
victima, victime	holocaustum (*Sap.,* 3, 6) holocaustomata (acc. neut. pl.) (Tert., *Adv. Jud.;* Cyp., *Testim.,* 1, 24)	ὁλοκαύτωμα.
vates, prophète	propheta (*Sap.,* 7, 27; 11, 1)	προφήτης.

Ces mots grecs passés dans le latin d'Afrique se déclinaient sans modifications. Dans le *Corpus,* on relève : procurator neaspoleos (t. VIII, 8934), phrase hybride avec un génitif grec ; ob merita erga (Cherbonneau, *Rev. Afric.,* 1860), erga est un neutre pluriel grec. On le retrouve dans une autre inscription : erga remperimentis (Toussaint, *Bull. arch.,* 1899, p. 228, n° 129). Au lieu de pedes, on lit podia marmorea (*Corp.,* 7994) pluriel de πόδιον ; pour pomarium ver-ger, on a genio dendrofororum (*Corp.,* 7959). C'est le mot δενδροφόρος verger latinisé et mis au génitif pluriel.

Le mausolée des Flaviens (*C.,* VIII, 212) contient un mélange de mots latins et grecs. Les mots grecs sont déclinés dans leur langue. Tels sont les génitifs Pallados (vers 28), Acherontos (vers 38).

Il y a également plusieurs mots grecs dans l'inscription n° 1858 ; citons : ad alogiam veniatis hilares..... tetrastylis duobus..... thermis (dat. pl.), piahalas (acc.), scyphos (acc. pl.).

On relève ipopotamia navis sur le tombeau de Præcilius. (*Bull. arch.,* 1902, p. 176.)

Nous bornerons nos citations à ces quelques exemples.

Les inscriptions d'Afrique sont précieuses à consulter pour se rendre compte de l'influence hellénique dans le langage courant. C'est, en effet, la langue populaire qui figure sur ces inscriptions provenant de petits centres. Aussi consacrerons-nous un chapitre spécial à la langue des inscriptions.

B. — *Les altérations de sens.*

Souvent les Africains n'employaient pas de doublets libyens latini-sés. Mais dans ce cas encore, ils révélaient leur hellénisme en attri-buant au mot latin les divers sens que pouvait avoir le terme grec correspondant. Hâtons-nous de dire que le sens donné en Afrique n'existait pas le plus souvent, à l'époque classique, chez les écrivains de Rome.

Pareil phénomène se passe dans notre colonie nord-africaine. Les étrangers qui y parlent notre langue la déforment d'après les acceptions attribuées aux mots de leur idiome natal. Ainsi, par exem-ple, en arabe, le verbe رقد *(reqed)* a le double sens de se coucher et de dormir. Par suite, un indigène dira rarement « je n'ai pas *dormi* », presque toujours il emploiera l'expression « je n'ai pas *couché,* cette nuit ».

En italien, **sentire** a le double sens de sentir et entendre. Un Italien d'Afrique parlant français ne dira pas « je vous ai *entendu,* mais bien « je vous ai *senti* ».

Des déviations de sens analogues à ces deux exemples abondent chez ces populations d'origines diverses de notre colonie dans leur manière de s'exprimer en français.

Les Libyens en parlant le latin ne procédaient pas autrement. Ils altéraient par des procédés identiques le sens des mots. Nous allons en donner quelques exemples. La lecture des œuvres de ces écrivains permettrait de les multiplier très facilement.

Preuve nouvelle de l'hellénisme de ces indigènes, ces changements de sens s'expliquent par la langue grecque.

ἄγνωδτος a la double signification de 1° *inconnu*, 2° *ignorant*. Par analogie le latin *ignotus, inconnu*, a pris en Afrique le sens *d'ignorant*. Inversement, d'après le même procédé de déformation, Apulée (*Met.,* v. 26) emploie le mot *inscius,* dont le sens classique est *ignorant,* en lui attribuant la signification d'*inconnu.*

ἀκούω [1] possède les deux sens 1° *écouter*, 2° *entendre*. Le latin classique *audio* a le sens d'*entendre.* Apulée lui attribue la signification d'*écouter :* vilis ancillæ filius nepos Veneris audiet (*Met.,* vi, 9) — si divini puelli, hæc mater audierit (*Met.,* v, 16) — quod oppidum audit quidem nobilissimæ coloniæ Corinthiensium (*Met.,* x, 35). — Fulgence, comme Apulée, dit : immundus fraudator audit (*Epist.,* I, 17).

ἀπιθανος signifie 1° *incroyable,* 2° *incrédule.* Le mot latin incredibilis, dont le sens classique est *incroyable,* s'est vu, par suite, attribuer l'acception d'*incrédule.* (Ap., *Ad Asclep. ; Sapient.,* 10, 7.)

ἐγείρω possède les sens suivants 1° *éveiller,* 2° *exciter.* Aussi n'est-il pas étonnant de voir Apulée employer le verbe latin *suscitare* avec le sens d'éveiller (*Met.,* ii).

ἐνδέχομαι veut dire *prendre.* Les Grecs lui attribuent aussi le sens de *il est possible que* lorsqu'il est à la troisième personne suivi d'une proposition infinitive. Les Africains ont donné les mêmes significations au verbe *capio, prendre.* Ils en ont formé un verbe unipersonnel, à la troisième personne, *capit ;* ils l'emploient suivi d'un infinitif, avec le sens de *il est possible que* (Tertullien, *Bapt.,* I ; *Ad natt.,* 2, 3 ; *Idol.,* 10 ; *Cultu femin.,* 1. 2 ; *Adv. Marcion,* 2, 9 ; *De pat.,* 16). (Comparez Sittl, p. 119.)

κοινόω a le sens de 1° *communiquer,* puis par extension celui de 2° *souiller,* profaner. Les Latins classiques avaient pour exprimer le mot profaner le verbe *profano.* Or, les Africains, par analogie, attribuaient au verbe *communico,* partager, *communiquer,* le même sens secondaire que possédait κοινόω, *profaner* (Tert., *Spect.,* 17 ; *Pat.,* 8 ; *De jejun,* 2).

περιδδός. Sert à qualifier tout ce qui dépasse la mesure, d'où le sens 1° de *surabondant,* 2° d'*inutile,* vain. En Afrique, le mot *supervacuus, surabondant,* a été détourné de son sens, pour signifier, comme le grec : *inutile,* sans valeur (*Sap.,* 2, 16).

πρεδβύτης, adjectif, ayant le sens d'*ancien,* était d'ordinaire employé avec la signification de *vieillard.* Par déviation analogue, les

(1) Sittl : *Die lokalen Verschiedenheiten der lat. Sprache,* p. 119.

Africains, au lieu du mot *senex,* se servaient de *veteranus,* dont le sens est *ancien,* pour *vieillard.* (*Sap.,* 2, 10).

υπομένω veut dire 1° *supporter,* 2° *attendre.* Ces deux acceptions ont fait attribuer au verbe *sustinere, supporter,* le sens africain d'*attendre.* (*Sap.,* 8, 12).

χάρις signifie 1° *grâce,* 2° *remerciement.* De cette seconde acception provient le verbe grec ευχαριστεω, remercier. Par analogie, Tertullien emploie le verbe *gratulari, féliciter,* avec le sens de *remercier.* (*Pall.,* 7.)

Ces quelques exemples suffisent pour démontrer le mécanisme des changements de sens des mots latins en Afrique. En sa qualité de rhéteur, Apulée usait et abusait de ces variations. C'est ainsi que je relève dans *les Métamorphoses :*

asseverare, signifiant, non pas affirmer, mais rendre sérieux (III).

adorare, — non adorer, mais parler à (II).

appello, — non appeler, mais reconduire (II).

detestatio, — non imprécation, mais castration (VII), de *testis.*

hospitium, — non hospitalité, mais appartement (II).

producere, — non produire, mais faire sortir (III).

respectare, — non respecter, mais regarder (II).

On peut relever dans les auteurs autres qu'Apulée les variations de sens qui suivent :

competens, signifiant, non proportionné, mais grand (insc. Gigthis).

detractatio, — non suppression, mais mauvais propos (*Sap.,* 1, 11).

epulatio, — non festin, mais vie sensuelle (*Sap.,* 19, 11).

fictio, — non création, mais ruse (*Sap.,* 4, 11).

gremium, — non sein, mais gerbe. *Post tergus lincuens densa meum gremia* (*Corp.,* Mactar, 279). [1]

honestus, — non honnête, mais riche (*Sap.,* 10, 11).

honestas, — non honnêteté, mais richesse (*Sap.,* 7, 11).

honestare, — non honorer, mais enrichir (*Sap.,* 10, 10).

invisus, — non que l'on n'a pas vu, mais invisible (Lact., Fulg., Apul., etc.)

infidelitas, — non infidélité, mais incrédulité (*Sap.,* 14, 25).

perducere, — non conduire, mais absorber (*Corp.,* 1027 ; Arnobius, 5, 26).

serotinus, — non tardif, mais vespéral (Fronto, p. 32, 17).

sollicitudo, — non tourment, mais zèle (*Sap.,* 14, 17).

succiduus, — non chancelant, mais successif (Fronto), etc.

[1] KUBLER : *Die lateinische Sprache auf afrik. Insch. Arch. f. lat. Lexicographie,* 1892, p. 191.

Nous avons eu l'occasion, en étudiant le berbère moderne, de signaler la facilité de changement de sens d'un même mot, soit d'un dialecte à l'autre, soit en passant du grec au berbère. On pourra se référer à l'exposé et aux exemples que nous avons donnés. [1]

C. — *La formation des substantifs*

Le latin d'Afrique tire son originalité de la formation de la plupart des substantifs au moyen des verbes. Tantôt le verbe n'est pas modifié, on l'emploie à l'un de ses temps (infinitif ou participe) ; tantôt le substantif est formé par un affixe adapté à un temps.

Infinitif pris pour substantif. — Une des habitudes africaines est l'emploi de l'infinitif comme substantif. Les auteurs allemands ont attribué à une influence phénicienne cette manière de former des substantifs au moyen des verbes.

Cette influence peut avoir existé, mais c'est aussi une formation très européenne. En allemand précisément, il suffit de faire précéder un infinitif de l'article neutre pour constituer un substantif. Chaque verbe possède ainsi le sien. Dans les dialectes helléniques, même formation. L'infinitif précédé de l'article neutre est considéré comme substantif. Le verbe devenu substantif reste invariable. L'article se décline seul. Cet infinitif peut être sujet et complément. Il forme des noms d'action comme dans le latin d'Afrique. Aussi, je ne vois pas de raison pour trouver, dans cette pratique, autre chose qu'une influence libyo-hellénique.

On peut même ajouter en faveur de cette dernière opinion la remarque suivante : Dans les langues sémitiques, les noms formés avec les verbes subissent des altérations de son par suite d'insertion de lettres dans le corps du verbe pour former le substantif. De plus, l'accent tonique se trouve déplacé. Il en résulte que le nouveau substantif arrive parfois à différer totalement du verbe formateur. Ce n'est pas le cas chez les écrivains latins d'Afrique : il s'agit donc d'une formation libyenne.

Substantifs tirés du participe présent. — L'infinitif n'était pas seul à contribuer à la formation de substantifs. Les participes présents étaient fréquemment usités dans ce sens dans l'usage hellénique. Ne trouve-t-on pas : ὁ λέγων, l'orateur, οἱ ἄρχοντες, les chefs, etc. ?

Le participe présent libyen, au lieu d'être en ων, comme en grec, était en αν. Dans l'onomastique libyenne, on relève comme exemples les noms de Atarantes, Byzantes, Garamantes, etc. Aujourd'hui encore, la désinence **an** est restée également dans le berbère moderne. [2] Sous cette influence les Africains recherchaient les terminaisons en

[1] Page 58 et *Revue Tunisienne*, 1904, p. 49-61.
[2] *Revue Tunisienne*, 1903, n° 40, p. 318.

ans, ens. Ils remplaçaient des substantifs par des participes. C'est ainsi qu'Apulée *(De mundo)* appelle les animaux **animantia** ; pour dire aquatiques, il emploie les mots **nantium** (gén. plur.) ; pour stupides, **blaterantes**, etc. Lactance dit **generantium** (*De opif. Dei,* XII).

Il paraît inutile de multiplier ces exemples. En Afrique, ils sont d'un emploi courant.

Ces participes en **ens, ans** ont servi en Afrique à créer des substantifs, généralement féminins, en **entia, antia.** Ex purificans, part. prés. de purifico, a formé le substantif purific **antia** (Tert., *De exhort. castit.,* 10) ; extollens, extoll **entia** (*De cath. eccles. unit.,* 21) au lieu de superbia ; audiens, audi **entia** (*Epist.,* 34, 2) ; immoderans, immoder **antia** (Tert., *De baptism.,* 20) ; multinubens, multinub **entia** (Tert., *De jejun,* 1) ; multivorans, multivor **antia** (Tert., *De jejun,* 1) ; inval **entia** (Tert., *Mart.,* 3 ; Gellius, 20, 1, 27) ; refrigesc **entia** (Tert., *De anim.,* 43) ; jurul **entia** (Tert., *De jejun,* 1) ; renid **entia** (Tert., *De anim.,* 49) ; irasc **entia** (Ap., *De dogm. Plat.,* I) ; præst **antia** (Ap., *De dogm. Plat.,* I) ; inst **antia** (Ap., *Met.,* VII) ; vinol **entia** (Ap., *Met.,* VII) ; etc.

Substantifs en **tio, io.** — Une formation comparable consiste à tirer du participe passé d'un verbe des mots abstraits, en remplaçant la terminaison en us par un suffixe féminin en io. En voici quelques exemples :

Ampliat **io** (inscr. 1318, Tuccaber), de ampliat **us** ; cogitat **io** (Ap., *De dogm. Plat.,* liv. II) de cogitat **us** ; cruciat **io** (*Lib. sap.,* 6, 9) de cruciat **us,** etc. ; decept **io** (Tert., *Sap.,* 14, 21) ; delectat **io** (Apul., *De dogm. Plat.,* liv. II) ; dilect **io** (Tert., *Sap.,* 3, 9) ; expostulat **io** (Apul., *Apol.*) ; existimat **io** (Apul., *De dogm. Plat.,* liv. II) ; exquisit **io** (Tert., *Sap.,* 14, 12) ; famulat **io** (Apul., *Met.,* II) ; increpat **io** (Tert., *Sap.,* 12, 26) ; inquinat **io** (*Sap.,* 14, 26) ; irat **io** (Apul., *De dogm. Plat.,* liv. II) ; nutricat **io** (Apul., *ibid.,* liv. II) ; permixt **io** (Apul., *ibid.,* liv. I) ; permist **io** (Lact., VIII) ; subitat **io** (Tert., *Sap.,* 5, 2) ; etc.

Ce mode de formation existe dans le latin classique, mais il est plus rare qu'en africain.

Fréquence des substantifs tirés des verbes. — D'une façon générale, les Africains laissent de côté le substantif classique pour en forger un, dérivé d'un verbe.

Ainsi, au lieu de auxilium, ils disent adjutorium (Cass. Félix) tiré du participe passé adjutus ; de cibus, esca (*Sap.,* passim) d'escare, manger, ἔσθω, outchi en zouaoua ; de stabulum, stabularium (Apul., *Met.,* I) de stabulare ; de jusjurandum, juramentum (*Sap.,* passim) de jurare ; de nix, ningor (Apul., *De mundo*) de ningo, νίγγω neiger, edefel (kab. O.) ; de odor, odeur, olor (Apul., *Met.,* I) de olere ; de coquus, ou furnarius boulanger, pistor (Apul., *Met.,* IX) de pisso, πίσσω, pétrir ; de humor, humidité, **mador** (Arn., *Adv. gent.*, i) de madeo, μαδάω, être humide.

C'est un des modes courants de formation des substantifs chez les Berbères modernes. Ceux-ci les tirent des verbes. Cette tendance provient de l'époque où leur langue était plus voisine du grec que de nos jours, comme on peut le constater par les exemples qui viennent d'être donnés.

Substantifs en **men, mentum**. — On trouve une autre source de formation de substantifs au moyen des verbes. Nous avons vu [1] que les Berbères actuels possèdent une formation autonome de substantifs tirés des verbes, en préfixant **m** au radical. Cette formation nous a paru comparable à celle des Grecs qui tiraient des verbes certains substantifs en suffixant un **μ**, plus une terminaison variable selon le genre du substantif. Ces procédés linguistiques expliquent la fréquence de l'emploi de l'affixe latin **men** correspondant aux précédents.

Les Libyens écrivant en latin ajoutaient cet affixe à la racine d'un verbe pour confectionner des mots nouveaux.

Dans les inscriptions latines d'Afrique, M. Kübler [2] a relevé les noms suivants. Nous y joignons quelques formations grecques analogues :

Colu**men** (inscr. 4681, Madaura) (στήριγμα soutien); dicta**men** (inscr. 5530, Thibilis) voix, nom tiré du verbe *dicere;* leva**men** (inscr. 251, Sufetula) (κούφισμα soulagement); muni**men** (inscr. 2297) (ὀχύρωμα forteresse); sola**men** (inscr. 434) (παρηγόρημα consolation).

On peut en noter de nombreux chez les écrivains :

Amici**men** vêtement (Apul., *Met.*, xi); aug**men** (Arnob., 7, 24); geni**men** (*Vulg.*, 26) (γέννημα); nova**men** (Tert., *Adv. Marc.*, i, 20, iv, 11); nullifica**men** (Tert., *Adv. Marcion,* iii, 7); pingua**men** (*Itala,* 26); specta**men** (Apul., *Met.*, iv); sputa**men** (Tert., *Itala,* 27); voca**men** (Arnob., six fois); etc.

Le suffixe **men** est très souvent développé en **mentum** dans le latin d'Afrique. Cette formation, comme la précédente, est classique. Seulement, à Rome, les écrivains l'employaient d'une façon discrète. En Afrique, au contraire, les auteurs, par analogie avec le grec, dotaient maint verbe d'un substantif dérivé en **mentum**. Ils employaient ces doublets à la place des mots classiques. Au lieu de tutela, Apulée (*Met.*, i) — *Vulg. Maccab.*, 14, 13) emploie le terme tuta**mentum** ; au lieu de delirium, il dit delira**mentum** (*Apol.*); au lieu de capilli, capelli**mentum** (*Met.*, ii); etc.

Citons au hasard quelques mots créés par ce procédé : adju**mentum** (Apul., *Apol.*); avoca**mentum** (Apul., *Apol.*); asperna**mentum** (*Itala,*

<hr>

[1] Page 56 et *Revue Tunisienne*, 1904, p. 125.
[2] Loc. cit., p. 167.

22) ; factita **mentum** (Tert., *De anim.*, 18) ; dele **mentum** (Apul., *Apol.*) ; illecta **mentum** (Apul., *Apol.*) ; involu **mentum** (Aug., *De Civ. Dei*, 4, 8) ; sig **mentum** (*Corp.*, 1013) ; supplica **mentum** (*Itala*, 24) ; fig **mentum** (Gellius, 5, 12 ; Apul., Tertull., Cyprien) ; forma **mentum** (Arnob., 3, 56) ; lica **mentum** (*Cœl. Aurel.*) ; dissimula **mentum** (Apul., *Apol.*, 82) ; tuta **mentum** ; etc.

M. Ott a déjà appelé l'attention sur la fréquence en Afrique de ces substantifs verbaux en **mentum**. [1]

Substantifs en **tor**, *en* **trix** *et en* **torius**. — L'infinitif verbal, les suffixes en men, développés en mentum, servent à exprimer des actions dépendant d'influences naturelles ou d'objets.

S'agit-il d'exprimer une action déterminée non plus par un objet, mais par une personne, le suffixe est différent. On se sert du verbe suivi de **tor** au masculin, **trix** au féminin. Ce suffixe est classique en latin. Il existe aussi en grec, où il sert à exprimer la qualité d'une personne. Seulement, les Africains ont fait une véritable débauche de création de mots en **tor**. M. J. Schmidt n'a pas relevé chez Tertullien moins de cent six mots nouveaux en **tor** et quarante-sept en **trix**. [2] Ces mots abondent non seulement chez les écrivains d'Afrique, mais encore dans les inscriptions, ce qui prouve combien leur usage était courant dans le langage populaire.

Comme exemples de ces mots particuliers, on peut donner une liste provenant des inscriptions d'Afrique :

Admodera **tor** (inscr. 4681) ; adser **tor** (inscr. 9286) ; ama **tor** studiorum (inscr. 5367, 5530, 2400, 7174). Ici, amator n'a pas le sens d'amateur, mais d'amoureux. C'est le sens que ce mot a toujours dans Apulée, dans son *Apologie*, ama **trix** est employé dans le sens de fille de joie. Amplifica **tor** (inscr. 1179, Utique) ; conduc **tor** (inscr. 10570) ; dextra **tor** (inscr. 2532) ; dispunc **tor** (inscr. 9020, 9041, 9068, 9069, 9699, 1300) ; domina **tor** (inscr. 1523, 15) ; domi **tor** (inscr. 898, 2387) ; duc **tor** (inscr. 279) ; exerci **tor** (inscr. 1322) ; far **tor** (inscr. 9432) ; lamenta **tor** (inscr. 9519) ; munida **tor** (inscr. 4681) ; nutri **tor** (inscr. 3430) ; paca **tor** (inscr. 1579) ; restaura **tor** (inscr. 898) ; sarcina **tor** (inscr. 1002) ; struc **tor** (inscr. 9426) ; etc.

Nous allons reproduire, comme exemple de l'abus des substantifs en **tor**, la phrase suivante d'Apulée, tirée de son ouvrage intitulé : *De deo Socratis* (p. 143) : Domesticus specula **tor**, proprius cura **tor**, intimus cogni **tor**, assiduus observa **tor**, individuus arbiter..... malorum improba **tor**, honorum proba **tor**..... in rebus incertis prospec **tor** dubiis premoni **tor**, periculosis tuta **tor**, egenis opitula **tor**.

(1) Oтт, *Jahrb.*, 1874, p. 781.

(2) Schmidt : *Commentatio de nominum verbalium in tor et trix desinentium apud Tertullianum.* Erlangen, 1878.

Le suffixe **tor** a été parfois développé par une terminaison **ius, ium**, afin de former des substantifs marquant la qualité d'un état.

Exemples : adjuvo a servi à faire adju**tor**, puis adju**torium**, aide. Ce dernier mot, essentiellement africain, est synonyme du latin *auxilium;* paca**torius** (Tert., *Adv. Marcion,* IV, 29) ; pecca**torius** (Tert., *De carn. Christ.,* 8) ; præmoni**torius** (Tert., *De anim.,* 3) ; præmedita**torium** (Tert., *De jejun,* 6) ; sequestra**torium** (Tert., *De resurr. carn.,* 52) ; etc.

La plupart des mots en **tor** ayant leurs dérivés soit en **torius**, soit en **torium**, il est inutile d'allonger autrement cette liste.

Substantifs en **tas**. — Un certain nombre de mots désignant des choses abstraites provenaient non des verbes, mais d'adjectifs ou d'autres substantifs. Ces mots étaient formés au moyen du suffixe **tas** (féminin). Ce suffixe correspond au grec ταϛ et τηϛ très usité. Il existait aussi dans la langue correcte de Rome ; on l'employait d'une façon plutôt discrète, alors qu'en Afrique les écrivains en ont abusé en formant une quantité considérable de substantifs de ce type. En voici quelques exemples :

Æquabili**tas** (Apul., *De dogm. Plat.,* liv. I) de æquabilis ; beati**tas** (Ap., *ibid.,* liv. II) de beatus ; benigni**tas** (Ap., *ibid.,* liv. II) ; boni**tas** (inscr. 1646, Sicca ; 2185, Aq. Cæs., etc.) de bonus ; dicaci**tas** (Ap., *Met.,* I) ; dulci**tas** (Ap., *De mundo*) ; eges**tas** (Ap., *De dogm. Plat.,* liv. II) ; exigui**tas** (inscr. 9624) ; exsecrabili**tas** (Ap., *De dogm. Plat.,* liv. II) ; famosi**tas** (Tert., *De spect.,* 23) ; frugali**tas** (inscr. 9520) ; gratiosi**tas** (Tert., *Adv. Marcion,* 1, 9) ; hospitali**tas** (inscr. 5341, Calama) ; imboni**tas** (Tert., *Ad martyr.,* 3) ; incolumi**tas** (Ap., *Met.,* IV) ; indocibili**tas** (Ap., *De dogm. Plat.,* liv. II) ; integri**tas** (inscr. 1288, 1203) ; involun**tas** (Ap., *Apol.,* 45) ; levi**tas** (inscr. 212) ; lepidosi**tas** (Tert., *De cult. fem.,* 1, 5) ; medie**tas** (Apul., Tert., inscr. 697, etc.) ; mulieri**tas** (Tert., *De virg. vel.,* 12, 14) ; nativi**tas** (Min. Félix, 23, 9 ; Tert., etc.) ; nugaci**tas** (Aug., *Epist.,* 227, etc.) ; parili**tas** (Fronto, 91, 18 ; Apul., *De mundo,* 5, etc.) ; scævi**tas** (Apul., Tert., August., Gellius) ; stolidi**tas** (Arnob., 1).

A *privatif conservé ou rendu par* **in**. — Le α privatif grec a été employé en Afrique. On le trouve préfixé à des mots latins. Une inscription découverte par M. Mougin, à Sétif, contient le mot **a**vocatio, qui paraît être l'inverse de invocatio. [1]

Apulée (*Met.,* III) dit : attonitus in **a**mentiam, étonné jusqu'à la perte de la pensée.

Ces deux exemples **a**vocatio, **a**mentia, sont caractéristiques.

Le plus souvent les Africains traduisaient cet **a** par **in**. Ils formaient

<hr>

[1] *Revue Africaine,* t. V, p. 477, 1861.

ainsi des mots plus corrects que ceux que nous venons de citer.
M. Wolfflius a été le premier à signaler l'analogie de ces formes de
substantifs précédés de in avec le α privatif grec. Les noms de ce
type sont généralement la traduction de substantifs grecs.

En voici quelques exemples : imbonitas (Tert., *Ap. Mari.*, 31),
ἀτέρπεια; involuntas (Tert., *Apol.*, 45), ἀκουσία; inordinatio (*Sap.*, 14, 26),
ἀταξία; immemoratio (*Sap.*, 14, 26), ἀμνησία; inconcinnitas (Ap., *De
dogm. Plat.*, liv. ii); inhonoratio; indocibilitas (Ap., *De dogm. Plat.*,
liv. ii); impræscientia (Tert., *Adv. Marcion*, 11, 71); innotitia Gell.,
16, 13, 9); involuntas (Tert., *Apol.*, 45); etc.

Mots formés avec **con**, *traduction de* σύν. — On trouve dans le latin
d'Afrique une série de mots composés avec **con**. M. Kübler [1] explique
la présence de ces mots par l'influence du grec. Les Africains ont
fait une série de termes identiques aux substantifs composés avec
σύν.

Voici des exemples de ces formations : **con**curialis (inscr. 1845,
Theveste), lat. class. curialis; **con**gentilis (inscr. 1321, Tuccabor.),
lat. class. gentilis, συγγενής, de même famille; **con**catenata (Min.
Felix, *Oct.*, 17, 2); **con**civis, **con**cibones, lat. class. civis, συμπολίτης;
conlactaneus, qui a eu le même lait; **con**socius (*Itala;* Fulg., *Myth.*,
1, 2), lat. cl. socius, συνέταιρος; **con**sors (*Corp.*, inscr. 6027); **com**pa-
truelis (inscr. 2784, Lambessa); **con**decurio (inscr. 1284, Vallis;
2711, Lambessa; 9052, Auzia); **con**decurionalis (Ulp., *Fr. Vat.*, 142);
comparticeps (*Vulgata*, 3, 6; 5, 7); **con**cupiscentia (Tert., *Sap.*, 4, 12;
6, 18; 21; 15, 5; 16, 2).

Changement de genre. — Lorsque nous avons étudié l'article et le
substantif berbères, il nous est arrivé de signaler de très fréquents
changements de genre. [2] Tel mot masculin grec possède un dérivé
berbère du genre féminin, et réciproquement. Pareille altération
s'observait pour les mots latins. Le genre, en Afrique, manquait de
fixité.

On trouve le neutre employé pour le masculin, comme canthar**um**
pour canthar**us** (*Corp.*, 6982), hum**um** pour hum**us** (684); lac**um** pour
lac**us** (2631); mot**um** pour mot**us** (2481); templ**us** pour templ**um**
(9796); vot**us** pour vot**um** (5667).

D'autres fois, le masculin est usité au lieu du neutre, comme dans
castell**us** pour castell**um** (*Corp.*, 8426); colegi**us** pour collegi**um**
(1878); fatu**s** pour fat**um** (3319); gaudi**us** pour gaudi**um** (Vict. de
Vita, 3, 33); jug**us** pour jug**um** (*Corp.*, 5030); pignus, mis au masculin
(1310); terg**us** pour terg**um** (279).

(1) Bernhart Kubler : *Die lateinische Sprache auf afrikanischen Inschriften*
Arch. f. lateinische Lexicographie u grammatik, 1892, t. VIII, p. 187.
(2) P. 58 et *Revue Tunisienne*, n° 41, 1904, p. 128.

Sedes, mot féminin, est parfois employé au masculin, exemple : æternos sedes (*Corp.*, 4120); tacito contentus sede (2401).

D. — *Formation des adjectifs*

Participes adjectifs. — Les Africains remplaçaient fréquemment les adjectifs par des participes présents ou passés.

Apulée, au lieu de jejunus, emploie le participe impransus (*Flor.*, VI); masculatus (*Herb.*, 82) pour l'adjectif masculus; impurata bestia (*Met.*, II) pour impura; torum tepentem (*Met.*, II) pour tepidum; sordens (*Met.*, IV) pour sordidus; etc.

Cette habitude de multiplier les participes donnait à la langue une allure hellénique. On sait, en effet, que les participes tiennent une place considérable dans la phrase grecque.

Substantifs qualificatifs. — La langue grecque est riche de mots composés d'un adjectif juxtaposé à un substantif, comme ζυγοφόρος qui porte le joug; θηρόβατος fréquenté par les bêtes sauvages; τειχοδόμος qui bâtit des remparts, etc. Ce mode de construction n'est pas conforme au génie de la langue latine. Les Africains l'adoptèrent cependant. Leur latin est émaillé de nombreux mots composés de ce type, qui la plupart sont la traduction de mots grecs. Les composés avec « multi » représentent les termes grecs en πολυ :

En voici des exemples : Agaso (Apul., *Met.*, VII) ago asinum, conducteur d'ânes; divinisciens (Apul., *Apol.*); duricordia (Tert., *Adv. Marcion*, V, 4); famigeratus (Apul., *Flor.*); horricomis (Apul., *Met.*, VII); honoripeta (Apul., *De dogm. Plat.*, liv. II); ignigenus (Apul., *Met.*, VII); florisapus (*Corp.*, 212, 90, Cilium); locuples (Apul., *Apol.*); maliloquacitas; minutiloquium (Tertull., *De anim.*, 6); morigerus (Apul., *Met.*, II); multiscius (Apul., *Apol.*); multijugus (Apul., *Apol.*); multinubentia (Tert., *De jejun*, 1); multiformis (Apul., *De mundo*; Arnob., 1); multivorantia (Tert., *De jejun*, 1); mundicordes (Aug., *Serm.*, 53); pusillanimis (Tert., *Fug. in pers.*, 9); sacricola (Apul., *Flor.*); pravicordius (*Vulg.*, 227); posterganeus (Victorinus Afer); rudimaturus (*Corp.*, 628, Sicca); suaviludius (Tert., *De spect.*, 20); sœpenumerus (Arn., *Adv. gent.*, 1); turpiloquium (Tert., *De pudic.*, 17); tropœophorus (Apul., *De mundo*); versipellis (Ap., *Met.*, II), etc.

Parfois, au lieu d'un adjectif, les écrivains se servaient pour composer le mot de deux substantifs, comme dans risiloquium (Tert., *De pœnit.*, 10); stillicidium (Apul., *De mundo*), etc.

Souvent, ces deux substantifs, au lieu d'être soudés pour constituer un mot composé, étaient indépendants. Dans ce cas, le second terme était d'ordinaire employé au génitif. M. Sittl a, le premier, signalé cette particularité : selon lui, le second terme est d'ordinaire un mot abstrait. Cet auteur fait aussi remarquer que les premiers Africains n'employaient pas ce mode de qualificatif.[1] Il ne fut courant que plus tard. Il nous semble que cet usage fut répandu quand ce genre d'expression locale eut prévalu sur le latin classique.

Quoi qu'il en soit, voici quelques exemples donnés par M. Sittl: errorem pravitatis (Minuc., *Fel.*, 26, 8), signifiant erreur coupable; odorem suavitatis (Fulg., *Epist.*, 1, 15), odeur suave; filius perditionis (Fulg., *Serm.*, 2, 860), fils perdu; a viscera pinguedinis, gladium crudelitatis (*ibid.*, 4, 864); filium caritatis (*ibid.*, 5, 864); a vultum pietatis (*ibid.*, 9, 869); vas electionis (*ibid.*, 25, 892); o stuprum impudicitiæ (*ibid.*, 53, 921); virginitas castitatis (*ibid.*, 68, 940); increpationis epistolam (Liberatus, *Brev.*, 5); obodientiæ cervicem (Vict. Vita).

Dans certains cas, le substantif qui a le sens d'attribut n'est pas mis au génitif. Il est simplement juxtaposé à l'autre substantif et employé au même cas. Exemples : virgo continentia (Tert., *Apol.*, 2, 5); expugnatorem multitudinem (Tert., *Ad. natt.*, 2, 1); virgo senecta (Tert., *Adv. Valentin.*, 5); virgo saliva (Tert., *De jejun*, 6); ministras manus (Arnob., 2, 5); carnifex libido (*ibid.*, 46, 16); carnifices unci (*ibid.*, 2, 5-51, 7); opifices manus (*ibid.*, 3, 26); parricida nece (*ibid.*, 3, 26); regnatoris populi (*ibid.*, 6, 7); etc.

Adjectifs en icus, ica. — Certaines formes de qualificatifs sont très répandues chez les auteurs africains. Parmi elles, on peut citer les adjectifs terminés en *icus, ica*. Ce type ne peut être attribué qu'à une influence grecque; ainsi que l'a remarqué M. Sittl, [2] c'est le suffixe ικος, si commun dans la formation des adjectifs grecs. Voici des adjectifs de ce genre, employés comme surnoms, que cet auteur relève dans les inscriptions :

Billatica (Leptis Min.); Benica (Khemissa); Colonica (*Corpus*, 1695, 5237, 8577); Colonicus (cinq fois); Ephebicus (Apul. *Met.*, x) ἐφηβικός; Felica (*C.*, 6361, 6691, 6228); Garicus (*C.*, 4978); Karica (*C.*, 3288); Maiorica (sept fois); Mannica (*C.*, 9951); Manica (*C.*, 2837); Mapalica (*C.*, 3224); Matanica (*C.*, 7222); Matronica (dix fois); Mazica (*C.*, 8817); Minorica (*C.*, 3814); Monica (fréquent); Mustelica (*C.*, 422); Mustica (*C.*, 7395); Musticus (*C.*, 5956, 5971, 6237); Nannaricus (*C.*, 4960); Nonnica (*C.*, 9255); Paganicus (*C.*, 1261); Primulica (*C.*, 3802); Sericus (Apul., *Met.*, vIII); Spenica (*C.*, 3098, 3577, 5245); Urbanica (*C.*, 7077, 7822); Urbica (cinq fois); Urbicus (six fois); Vitalica (*C.*, 3138).

ε. — Formation des verbes

Verbes tirés d'adjectifs. — Certains verbes africains étaient formés sur des adjectifs. Parfois, ces adjectifs sont mis au superlatif. Apulée

[1] SITTL: *Die lokalem Verschiedenheiten*, etc., p. 104, 105, 110.
[2] *Ibid.*, p. 118.

tire de infimus le verbe infimare (*Met.*, I); d'intimus, intimare (*De dogm. Plat.*, II; Tertullien, divers; Arnobe, 5, 33; Cyprien, *Epistol.*, 42,2). Proxumare, approximare, summare, pessimare, etc., sont créés sur ce type par les Africains (Tertullien, Fulgentius, Ennodius, Apulée).

Cette formation mérite d'attirer l'attention, à cause du développement qu'elle a pris dans le berbère moderne. En effet, cette dernière langue est arrivée à supprimer le qualificatif. Celui-ci se conjugue, le plus souvent, comme un verbe, ainsi que nous l'avons précédemment signalé. [1]

Verbes précédés de e. — Une autre tendance, qui est devenue la règle des verbes berbères contemporains, consiste à faire précéder le verbe du son e préfixe. On trouve e bibere pour bibere (Arnobe, v); e volo (Apul., *Met.*, II) pour volo; e vigilare (*ibid.*, II) pour vigilare; e ffari (*ibid.*, II); e vomere (*ibid.*, IV); e miratus (*ibid.*, IV); e docens (*ibid.*, v); e nodare (*ibid.*, v); e domitum (*ibid.*, VII); e nutritus (*ibid.*, VII); e necare (*ibid.*, VII; Arnob., 1), en berbère eneγ; e vigiliare (Apul., *Met.*, VIII); e narrare (*ibid.*, VIII); e notare (*ibid.*, IX); e natus (Arnob., 3); e natare (Minut. Felix, 2, 6); e micare (*ibid.*, 2, 6); e mergere (*ibid.*, 2, 6); etc.

Verbes en izare. — D'une façon générale, les Latins d'Afrique recherchent avant tout les mots et les formations de leur langue maternelle, c'est-à-dire du gréc o-libyen.

Voici, comme exemples, quelques particularités de formation des verbes dues à l'hellénisme de la langue africaine. M. Monceaux [2] assimile, avec beaucoup de raison, les verbes africains en *izare* aux verbes grecs en ίζειν:

allegor izare (Tert., *De resurr. carn.*, 27 et 30); christian izare (Tert., *Adv. Marcion*, I, 21); sabbat izare (Tert., *Adv. Judœos*, 2-3); scandal izare (Tert., *Adv. Marcion*, IV, 18); evangel izare, εὐαγγελίζω (Arnobius).

Verbes en esco. — Un type de verbes très commun en grec est celui des verbes en όκω. Ils servent à indiquer une action qui commence. Ce type, rare en latin à la période classique, est devenu plus fréquent après Auguste. Ce sont surtout les auteurs africains qui ont déformé certains verbes latins dans ce sens. Ils ont créé une série de néologismes construits sur le type grec:

Adlub esco (Apul., *Met.*, VII); mansu esco (Coripp., *Johannide*, 6, 253, 484) apprivoiser; inol esco (Gellius, 12, 5, 7) implanter; hilar esco

---

[1] P. 30 et suivantes, *Revue Tunisienne*, 1903, nº 40, p. 321 et suiv.

[2] MONCEAUX: *Histoire littéraire de l'Afrique chrétienne*, t. I, p. 418.

(Aug., *Conf.*, 5, 13) regorger ; pav esco (Cor., *Joh.*, 1, 232) apeurer ; pulcr esco (Orestis, *Trag.*, 128) embellir ; tep esco (Orestis, *Trag.*, 582) réchauffer ; dulc esco (Fulg., *Verg. cont.*, 141) adoucir ; ferv esco (Arnob., *Adv. gent.*, 8) s'échauffer ; innot esco (Tert., *Adv. Marcion*, 4, 31 ; Aug., *Soliloq.*, 7, 1 ; Vict. Vita, 3, 4 ; Liberatus, *Brev.*, 11) faire savoir, notifier ; vir escit (Dracontius, *De Deo*, 295) l'herbe verdit ; frund escunt silvæ *(ibid.)* les forêts se couvrent de feuilles ; obmu tesco (Apul., *Apol.*) se taire ; ranc esco (Arn., *Adv. gent.*, 1) rancir ; ingem iscens (Apul., *Metam.*, 11) pour gemens ; eluc esco (Lactance) ; evig esco (Tert., *De anim.*, 38) ; fistul esco (Fulg., *Myth.*, 2, 19).

Influences libyennes sur la grammaire du latin d'Afrique

Quand un groupe humain se sert d'un idiome qui n'est pas sa langue maternelle, non seulement il y introduit des expressions nouvelles tirées de son propre vocabulaire, mais encore il se sert le plus souvent de constructions empruntées à sa grammaire particulière.

Tel est le cas de la population libyenne romanisée. Nous venons de donner un aperçu des transformations imposées par elle au vocabulaire latin. Il reste maintenant à signaler les traces de sa grammaire dans les écrits des auteurs locaux. On trouve, en effet, dans ce latin de nombreuses influences helléniques (ou libyennes). Nous nous bornerons à faire connaitre les plus caractérisées.

A. — *Déclinaison*

Emploi du génitif grec. — On relève dans le *Corpus* (t. VIII) : Acherontos pour Acherontis (inscr. 212), Pallados pour Palladis (*ibid.*, vers 28).

Dans les noms, on relève : Donatas (inscr. 9273) pour Donatæ, Paulas (inscr. 9430) pour Paulæ, Narias (inscr. 6707) pour Nariæ. Ces génitifs sont évidemment formés sur ceux de la première déclinaison grecque en ας.

Les noms suivants : Asicianes pour Asicianæ (inscr. 1495), Sissiones pour Sissionæ (inscr. 601) doivent être également assimilés à ceux de la première déclinaison des féminins en η, dont le génitif est ης.

Les noms en η sont d'ordinaire pour αε ; leur génitif ης est pour αες. Cette forme se trouve dans Helenaes pour Helenæ (inscr. 9347), Alaes pour Alæ (inscr. 6707).

Le génitif de ce type pouvait aussi être prononcé *ais*, comme l'indiquent les exemples suivants : dulcissimais filiais, pour dulcissimæ filiæ (Youks, *Bull. arch.*, 1896, p. 173, n° 51) ; Senecais, pour Senecæ (*Bull. arch.*, 1896, p. 639, n° 62) ; Urbanais, Urbanæ (inscr. 8706) ; bona[is] deais, pour bonæ deæ (*Bull. arch.*, 1896, p. 213, n° 71).

A ce sujet, on peut signaler une influence en retour. Il s'agit d'un mot grec prenant le génitif latin. On trouve en effet, dans une inscription grecque d'Afrique relevée par M. Gauckler (*Bull. arch.*, 1902, p. 536) : ΕΥΛΟΓΙ, pour εὐλόγου.

Dans certains cas, les Grecs emploient à la suite du verbe le génitif. Les Latins se servaient de l'ablatif dans les mêmes cas : le génitif grec usité à la place de l'ablatif se retrouve dans le latin d'Afrique. En voici des exemples relevés par M. Kübler dans les inscriptions d'Afrique : [1]

fraternæ adfectionis dilecto (inscr. 4292) ; utriusque linguæ perfecte eruditus (inscr. 8500, Sétif) ; omnium artium eruditus (Hyg., *Astron.*, ii, 6) ; legis eruditus (Hieron, *Chron.*, 26) ; impavidus Martis (inscr. 9142, Auzia) ; impavidus sui (Claud., *Idyll.*, liv. 14).

dominari a été employé avec le génitif, ainsi que l'a noté Sittl, par Minucius Felix (12, 5), Apulée (*Ascl.*, 39), Tertullien (*Apol.*, 26 ; *Cult. fem.*, 1, i), Lactance (*Inst.*, 4, 13, 10 ; *De ira*, 14, 3), Augustin (*Civ. Dei*, 15, 7).

On relève aussi avec le génitif : desino (*Act. mart. Scillit.*, c. 2), extermino (Apul., *Met.*, 3, 22), Tertullien (*De spect.*, 17).

Le complément d'un comparatif prend l'ablatif en latin, le génitif en grec, et aussi dans le latin d'Afrique.

On trouve les génitifs de comparaison suivants : Dans Apulée : mei majoribus (*Metam.*, 3, 11) ; sui meliores (*ibid.*, 8, 27) ; sui molliores (*ibid.*, 9, 39) ; deum magnorum potior (*ibid.*, 11, 30) ; omnium gignentium seniorem (*De dogm. Plat.*, 1, 9) ; dans Tertullien : majorem Asiæ atque Africæ (*Apol.*, 40) ; potiorum casus sui (*Adv. Val.*, 14) ; angelis inferioribus Dei (*De carn. Christ.*, 3) ; melior sui (Theod., *Mops*, 39, 11 ; 44, 21 ; 84, 20) ; Fulg., *Serm.*, 23, 890 ; 29, 896) ; Vita, *Fulg.*, 60 ; Corippus, *Inst.*, 4, 130). Dans la traduction latine du *Livre de la Sagesse* : omnium potentior (10, 13) ; quæ tibi omnium carior est terra (12, 7).

Certaines prépositions, employées d'ordinaire avec l'ablatif latin, gouvernent le génitif dans le latin d'Afrique, comme en grec. Tels sont :

foras, comme le grec ἐκτός ; dans Apulée (*Apolog.*, 50, foras corporis est la traduction de ἐκτός τοῦ σώματος. Cette formation se retrouve dans Fulgentius (*Myth.*, 2, 1), les juristes, le latin biblique. — Longe (Apulée, *Metam.*, 8, 29). — Intus, comme ἐντός (Apulée, *Metam.*, 8, 29 ; traductions de la Bible). — Incoram est un mot particulier à Apulée (*Metam.*, 9, 21). Il l'emploie avec la signification « en présence de », incoram omnium. C'est l'adaptation au latin du grec ἐναντίον, même sens : ἐναντίον πάντων.

Emploi de l'accusatif grec. — Les Grecs employaient l'accusatif dans certaines formes qui, en latin, se rendraient par le datif. Ce sont

<hr>

[1] Kubler : *Die lateinische Sprache auf afrik. Insch. Arch. f. lat. Lexicographie*, 8ᵉ année, 2ᵉ cahier, p. 174.

des accusatifs dits de temps, d'espace et de relation. Dans le latin d'Afrique, on rencontre ce type d'accusatif employé au lieu du datif ou de l'ablatif latin. Exemples :

nisi incidisset infirmitatem (inscr. 2728, Lamb.); universæ terræ civitates apparui (inscr. 7604, Cirta), lucem clara[m] fruitus et tempora summa (inscr. 7156, 2, Cirta); risus, luxuria[m] semper fruitus cum caris amicis (inscr. 9519); nondum fruuitus XVI annos, in me, oculos tuos, fixus es (Cyprien, *Ad Donat.*, I).

L'accusatif absolu est une tournure essentiellement hellénique. Les adverbes grecs sont la plupart des substantifs ou adjectifs employés à l'accusatif absolu. Ce type spécial se rencontre assez souvent dans le latin d'Afrique :

impleta tempora (inscr. 4551, Zaraï); seniles annos impletos (inscript. 1517, Cirta); curantes filios (inscr. 132, Capsa); reliquias recollectas (inscr. 4372, Djerma); se vibum (inscr. 5066, Thubursicum B.); se vivos (inscr. 7395, Cirta); rebelles cœsos, multos etiam et viros adprehensos, sed et prœdas actas (inscr. 8924, Saldæ); confestim exclamavit, vivere hominem! (Apulée, *Florides*, XIX).

Emploi du datif grec. — Voici quelques datifs d'allure grecque relevés dans les inscriptions :

Carissimai (inscr. 7219); Eliai Sgesai (*Rev. Afr.*, t. I, p. 247); Domitiai Rusticai honestai (inscr. 9462); dulcissimai (inscr. 9842); filiai (inscr. 601); Iuliai Quetai (inscr. 7819; maritai (inscr. 9842); provinciai (inscr. 627); Victorianai (inscr. 6235);

Eutycheti (inscr. 2842); Euticeti (inscr. 3327); otimi sorori (inscr. 466); Tuceni (inscr. 4111); Zoeni (inscr. 4351).

En grec, beaucoup de verbes intransitifs régissent le datif. Par analogie, les Africains faisaient suivre de ce cas les verbes latins semblables, ainsi que ceux qui exprimaient les sentiments de rapprochement ou d'éloignement.

On trouve dans *La passion de Perpétue :* miserere filia canis meis, miserere patri (11, 6); miserere infanti (11, 7); scriptor casui dolet (inscr. 5001, Thub. Numid.); pater dolens casui, posuit (inscr. 7271, Cirta).

L'usage du datif pour complément du verbe passif est un hellénisme fréquent dans le latin d'Afrique :

is cui libellus acceptus est (Cypr., *Epist.*, 55, 14); cui non misertus (*Corpus,* inscr. 7516, Cirta).

Enfin, on trouve le datif au lieu de l'accusatif de mouvement :

corpori superruens (Apul., *Met.*, II), se jetant sur le corps.

Emploi de l'ablatif comme adverbe. — En Afrique, comme le relève

M. Sittl, l'ablatif de mots abstraits est souvent employé comme adverbe. L'auteur donne quelques exemples de ces formations :

Misericordia (Apul., *Met.*, 1, 15) ; verecundia (*ibid.*, 1, 23 ; 2, 17) ; diligentia (Tertull., *Apol.*, 21) ; temeritate (*ibid.*, 1, 5) ; animo (*ibid.*, 18) ; injustitia (*Adv. Hermog.*, 11) ; injuria (Arnob., 1, 40) ; inutilitate (*ibid.*, 2, 61) ; indignitate (*ibid.*, 3, 10) ; perfidia (Cypr., 21, 9) ; fecunditate (*ibid.*, 203, 22) ; ignorantia (*ibid.*, 255, 9) ; etc.

M. Sittl fait remarquer que l'adverbe aurait dû être emprunté à l'adjectif correspondant. Cette tournure est, à son opinion, d'origine sémitique. Nous y verrions plutôt une influence libyenne. En effet, bon nombre d'adverbes grecs ne sont que des substantifs devenus invariables sur un cas de la déclinaison. C'est l'ablatif qui, avec l'accusatif, a contribué à former le plus grand nombre de ces adverbes.

De même, comme le remarque M. Clairin,[1] les adverbes en **ment** du français proviennent d'une forme latine adverbiale à l'ablatif : forti **mente**, fortement ; honesta **mente**, honnêtement ; dulci **mente**, doucement ; etc.

B. — Verbes

A l'époque romaine, tous les temps n'étaient pas employés avec la même fréquence. L'aoriste, l'indicatif et l'impératif étaient d'un usage plus courant. Le futur avait à peu près disparu. En effet, les futurs, aussi bien en latin qu'en grec, s'indiquent au moyen d'une désinence. Cependant, quelques futurs grecs se formaient au moyen du verbe auxiliaire μέλλω, je dois, suivi d'un infinitif. Cette pratique, d'abord exceptionnelle, est peu à peu devenue la règle. Elle s'est généralisée et le futur vrai, constitué au moyen d'une désinence, est tombé en désuétude.

Les auteurs africains avaient usé du même procédé. Ils se servaient d'un auxiliaire. Tantôt, c'était *habeo* qui était employé, comme dans l'exemple suivant : ejici de ecclesia et excludi habebat (Cypr., *Epist.*, 52, 3) ; tantôt *volo* : servire volunt (Corippus, *Johann.*, IV, 89) pour servient. Tous les auteurs formaient, le plus souvent, le futur avec un auxiliaire, comme Tertullien (*Rom.*, 8, 18 ; *Scorp.*, 13 ; *Adv. Marc.*, 4, 139) ; Cyprien (*Test.*, 1, 4 ; *Epist.*, 52, 3 ; 57, 3 ; 63, 6) ; Lactance (*Instr.*, 4, 12, 15) ; Corippe ; etc.

L'auxiliaire *volo* était un des plus employés. Il correspond au grec ἐθέλω, qui, jusqu'à nos jours, a servi à former le futur du parler moderne. C'était la traduction de ce mot que les Libyens employaient et qui a persisté dans la formation du berbère contemporain.[2] Leur futur se forme en faisant précéder le verbe de l'auxiliaire αθ (ἐθέλω) : les Grecs modernes le font précéder de θὰ (θέλω).

(1) Clairin : *Grammaire grecque*, p. 190.
(2) « Origine et formation de la langue berbère », p. 26 et *Rev. Tun.*, 1903, n° 40, p. 317.

Infinitif absolu. — En grec, les exemples d'emploi de l'infinitif absolu sont assez fréquents. Cet usage s'était développé chez les Libyens, car l'emploi de l'infinitif absolu est courant chez les écrivains d'Afrique. Apulée en use et en abuse. Des séries de phrases sont composées avec l'infinitif absolu et l'accusatif. Citons-en deux exemples pris au hasard :

Totum vero hominem in capite vultuque *esse*. Nam prudentiam, sensusque omnes, non alias quam illa parte corporis *contineri*. Cetera enim membra *ancillari* et *subservire* capiti, cibos et alia *subministrare*. Verticem etiam sublime positum ut dominum atque rectorem providentiaque ejus a periculis *vindicari*.....(Apul., *De dogm. Plat.*, liv. I) ;

Illum amicum cœtaneum, contubernalem, fratrem denique, addito nomine lugubri, *ciere ;* nec non interdum manus Charites a pulsandis uberibus *amovere :* luctum *sedare*, ejulatum *coercere :* verbis palpantibus stimulum doloris *obtundere*, variis exemplis multivagi casus solatia *nectere :* cundis tamen mentitæ pietatis officiis studium contrectandæ mulieris *adhibere*, odiosum amorem suum perperam delectando *nutrire*. (Apul., *Metam.*, viii.)

Infinitif complément. — En grec, l'infinitif s'emploie souvent comme complément d'un verbe. Les Latins ne se servaient pas de ce temps dans les mêmes circonstances. Aussi, les phrases suivantes, relevées par Kübler dans les inscriptions d'Afrique, irrégulières au point de vue de la syntaxe latine, seraient correctes en grec :

non dubitem gaudere patrem (*Corp.* 212) ; opto meæ caste contingat vivere natæ (*Corp.* 8123) ; prœcipere digneris (*Corp.* 10570) ; quos pietas duxit numerare parentes (*Corp.* 9170) ; memoriam feci omnibus esse perennem (*Corp.* 870) ; cum statuam possi ab ordine postulasset (*Corp.* 714) ; rogaturus eram, concedere nobis (*Corp.* 2728) ; est invenire (*Lib. Sap.*, 5, 10).

L'infinitif se met, en grec, après divers adjectifs. Ainsi, on dit ἡδὺ ὁρᾶν, agréable à voir. En latin régulier, cette forme ne s'emploie pas. Les Africains, comme les Grecs, se servaient souvent d'un infinitif après des adjectifs. Exemples :

cognoscere fines Cœsareæ veni cupidus (*Corp.*, 999) ; digni exterminari (*Sap.*, 16, 9) ; digni carere (*Sap.*, 18, 4).

Enfin, les Grecs faisaient usage indifféremment de l'infinitif, du présent et de l'aoriste. Ce dernier mode est reproduit dans la phrase latine suivante : non suffecerat errasse eos (*Lib. Sap*, 12, 24).

Adverbes. — Les Africains laissent facilement tomber l'adverbe *magis* devant *quam*, dans les comparaisons. Ainsi, Tertullien dit : quia bonum scilicet fidere in dominum quam fidere in hominem, pour : magis quam in hominem (*Adv. Marc.*, 2, 19). Une inscription du *Corpus* contient la phrase suivante : ut ejus spiritus vi extorqueretur quam naturæ redderetur (inscr. 2756, Lamb.). M. Sittl considère cette particularité grammaticale comme un grécisme. [1] M. Kübler est du même avis. [2]

Particules. — Les Grecs recherchaient beaucoup l'emploi de particules dans le discours, telles que : τί, δέ, καί, ἤν.

Les auteurs berbères en émaillent leurs discours. Apulée emploie fréquemment **en**; ses personnages, dans les conversations, disent **nœ** (*Met.*, etc.). **Ut quid,** reproduction latine de ἵνα τί, pourquoi, revient fréquemment sous la plume des traducteurs de la Bible, de Tertullien, d'Augustin, de Fulgence, de Victor Vita.

Tertullien, remarque M. Sittl, p. 117, use de l'analogie de **ὡς - ὡς** pour le traduire par **sic-sic** (*De jejun*, 15).

Nam est employé fréquemment comme δέ grec et revient aussi souvent. **Nam** correspond aussi à καί δέ.

Rappelons que la particule **d'** est encore en usage chez les Berbères. Dans le Coran, de Salah ibn Tarif, nous avons cité la phrase : our **d'**am Bacos : il n'y a rien de semblable à Dieu.

Style latin d'Afrique. — On observe dans les écrivains latins d'Afrique, Lactance, Arnobe et surtout Apulée, une cadence remarquable. Certaines phrases sont composées de mots disposés dans le même ordre, de façon que leurs terminaisons riment pour ainsi dire entre elles. Voici, pour plus de clarté, des exemples de cette disposition. Ils sont tirés d'Apulée, qui a poussé ce genre d'expression au plus haut degré :

frequen**tibus** delec**tari,** cessan**tibus** obir**asci,** persever**antem** celeb**rare,** desin**entem** deside**rare** (*De mundo,* xvii, 125) ;

temp**orum** ambi**tus,** vent**orum** fla**tus,** stell**arum** mea**tus,** toni**truum** sono**ra** mira**cula,** fulgu**rum** obli**qua** curri**cula**; solis ann**ua** reti**cula**; idem lunæ, vel nas**centis** increm**enta,** vel senes**centis** dispendia, vel delinqu**entis** obsta**cula** (*ibid.,* xviii, 129).

M. G. Boissier [3] attribue cette cadence recherchée à une influence hellénique. En effet, Isocrate recommande de placer à la fin des phrases, ou des membres de phrases, des mots à désinences semblables (ὁμοιο τέλευτα). Apulée a suivi le conseil, au point de faire une prose rimée.

(1) SITTL : Loc. cit., p. 117.
(2) KUBLER : Loc. cit., 1892, p. 178.
(3) G. BOISSIER : *L'Afrique romaine*, p. 249, note 1.

CHAPITRE III

Hellénisme des inscriptions populaires
et de l'onomastique africaines

Les indigènes romanisés de l'Afrique introduisaient, comme nous venons de l'exposer, dans le latin local, tout un dictionnaire nouveau tiré de leur langue. Ils employaient également dans leurs écrits des tournures de phrases tout à fait grecques.

Les documents que nous avons accumulés sur le berbère moderne et sur l'historique de la culture hellénique dans le monde africain montrent bien qu'il s'agit là, non d'une mode, mais de l'action continue d'un parler local. Au temps de la grande faveur de l'hellénisme à Rome, les mots et phrases grecs n'ont jamais été usités dans la proportion où ils l'ont été en Afrique. Il y avait donc dans ce pays un élément spécial pour développer et entretenir cette influence grecque : cet élément était le parler indigène. De même que nous en avons analysé les débris reconnaissables dans le berbère moderne, nous allons essayer de le faire connaître dans l'antiquité en réunissant les renseignements que nous avons pu recueillir à son sujet.

Nos documents proviennent des inscriptions de l'onomastique locale (villes, personnages, montagnes, rivières) et aussi des mots de langue libyenne conservés par les auteurs anciens.

Parmi les renseignements fournis par les inscriptions, les surnoms présentent un certain intérêt. Le surnom est, en effet, une appellation populaire. La langue et l'esprit du cru s'y manifestent beaucoup plus que dans les noms propres ; ceux-ci d'ailleurs, dans l'Afrique romaine, étaient copiés sur les noms de Rome. Or, les surnoms grecs plus ou moins correctement écrits se trouvent dans la proportion de trente-deux pour cent. Cette fréquence est considérable. C'est la confirmation de la parenté du libyen avec des dialectes helléniques.

Dans ce travail, nous n'allons pas reproduire les surnoms écrits en dialecte classique. Il nous paraît plus intéressant de ne nous occuper que des mots altérés, pour faire saisir les particularités du langage africain.

Parmi ces surnoms, tout un groupe présente un grand intérêt au point de vue qui nous occupe. Il s'agit, en effet, de surnoms grecs qui ont été romanisés au moyen d'un suffixe latin. Cette transformation répondait très vraisemblablement au désir des indigènes de se procurer un nom romain en latinisant leur surnom grec. Voici quelques exemples tirés du *Corpus* (t. VIII) :

Finales en **us** : Ariman**us** (*C.*, 2787, 8637) au lieu de ἀρειμανής belliqueux ; Chinit**us** (*C.*, 4817) pour κινητής agitateur ; Sozon**us** (*C.*, supp., 16790) pour σώζων sauveur ; Charmn**us** (*C.*, supp., 16790) χάρων joyeux, etc.

Finales en **ius** : Asarcius (*C.*, 4317) ἀσαρκής immatériel ; Atarbius (*G.*, 9913) ἀταρβής intrépide ; Megethius (*Bull. arch.*, 1897, p. 416) μέγεθος de haute taille ; Scironius (*Rev. afr.*, t. XXI, p. 311) σκιρός racine ; Charius (*C.*, 1511) χάρις grâce ; Botria (henchir Battaria) βότρυς raisin, etc.

Finales en **arius** : Ipaliarius (*C.*, 8269) ἁπαλία délicatesse ; Arsenaria (ville) ἄρσην viril ; Buturarius (*C.*, 6412) βούτυρος beurre ; Ancorarius Mons (Ouarensenis) ἄγκυρα crochet, mont crochu, etc.

Finales en **asius, atius** : Gypsasius (*C.*, 1633) γύψ vautour ; Onomasius (*Rev. afr.*, t. V., p. 139) ὄνομα nom ; Egnatia (*Bull. arch.*, 1898, p. 225.) ἀγνεια chasteté.

Finales en **osus** : Barosus (*C.*, 2568) βάρος poids, force ; Maurosa (*C.*, 8833) μαῦρος noir ; Chrysoporusa (*C.*, 8130) χρυσόπορος au sillage d'or, etc.

Finales en **anus** : Areianus (*C.*, 826) ἄρειος martial ; Calianus (*C.*, 2554) καλός beau ; Erotianus (*C.*, 912) ἔρως amour ; Eutychianus (*C.*, 2561) εὐτυχής heureux ; Potamianus (fons), (hr Oglat, Constant.) ποτάμος fleuve ; Ampelianus (*C.*, 7150) ἄμπελος vigne ; Stratonianus (*C.*, 1646) στρατός armée, etc.

Finales en **inus** : Cricinus (*C.*, 9912) κρίκος anneau ; Melanina (*C.*, 1758) μέλαινα noire ; Monnina (7 noms) μόνος seul ; Xanthinus (*C.*, 1931) ξανθός blond, etc.

Finales en **illus** : Aristilla (*C.*, 4917) ἄριστος excellent ; Himerilla (*C.*, 3078) ἱμέροεις aimable ; Posilla (*Rev. afr.*, t. I, p. 388) πόσις fiancé, etc.

Ces exemples suffisent. Il est d'ailleurs facile de les multiplier. Leur lecture permet de se rendre compte que les indigènes à noms helléniques essayaient de se donner une apparence de Romains au moyen d'une désinence empruntée au latin, ainsi que nous l'avons expliqué.

A côté des surnoms indigènes en grec latinisé, on en relève en langue correcte. On les retrouvera aisément dans le *Corpus*. Inutile de les recopier ici. L'énumération de noms de localités africaines susceptibles d'être expliqués par le grec nous paraît beaucoup plus démonstrative.

Cette possibilité d'expliquer par le grec le nom d'un grand nombre de villes libyennes nous paraît d'une importance considérable au point de vue qui nous occupe. En effet, beaucoup de ces noms, conservés surtout par des écrivains grecs, sont antérieurs à l'occupation romaine. Les Latins une fois installés dans le pays ont reproduit les appellations toponymiques avec une orthographe phonétique. En d'autres termes, ils notaient le nom de la localité selon la façon de prononcer des habitants.

Il est évident que si ces noms avaient été importés par des administrateurs romains, admirateurs de l'hellénisme, ceux-ci auraient écrit d'une façon correcte les noms attribués aux centres dénommés par eux, ce qui n'est pas le cas.

La présence de ces noms helléniques nombreux et déformés souvent ne peut se comprendre que par une colonisation d'idiome hellénique ayant précédé l'arrivée des Phéniciens. C'est la confirmation des légendes que nous avons groupées et commentées dans la partie historique de cet ouvrage.

Notons tout d'abord, avec Tissot,[1] que l'Afrique renfermait deux Néapolis (dont le moderne Nabel); deux Aphrodisium; une Mégalopolis.

Toute une catégorie de noms caractérise les particularités géographiques:

Acra (Tingitane).	ἄκρα les caps, les sommets; en berbère, *akerrou* = ἄκρον.
Agma (frontière tripolit.)	ἀγμός (grec régulier) lieu escarpé; en berbère, on a agmoun provenant sans doute du libyen **ἀγμόν.**
Barathra (sud tunisien).	βαραθρά les bas fonds, les gouffres.
Cotis (cap Spartel).	κότις cap, tête.
Δυσωπός (Stadiasme).	le mauvais pas.
Mesphe (sud tunisien).	μέσφα entre deux, intermédiaire.
Pharaca Come (Pie-Syrte).	φάραγγα κώμη le village escarpé.
Pontos (Pie-Syrte).	πόντος la mer.
Thaenae (Pie-Syrte).	θιναί les dunes.
Ἵππου διάρρυτος (Bizerte).	le courant du cheval.
Urusis (hr Sougda).	ὄρυξις le creusement; *th'arouzi* a le même sens en zouaoua.

Une autre série de noms de villes est formée au moyen d'épithètes plutôt laudatives, destinées à les caractériser:

Κυρήνη. (Cyrène).	κοίρανη, τύρανη reine.
Cala (Tlemcen).	κάλα la belle.
Euphranta (Pie-Syrte).	εὐφράντα la gaie; en berbère, *ifrah* être gai peut aussi s'expliquer par l'arabe.
Iskheri (Biskra).	ἰσχυρή la forte; en berbère, *izouer*.
Leptis (Lebida).	λεπτὸς petit; laisse supposer une forme libyenne λεπτίς.
Megalopolis (Diodore).	la grande ville.
Megasa (Hecatée).	μεγάς grand; forme féminine locale pour μεγάλη.
Mniara (vers Tlemcen).	μνιαρά moelleuse.
Neapolis (Nabel).	la nouvelle ville.

[1] Tissot: *Géographie comparée de la province romaine d'Afrique*, t. I, p. 429.

Silesua (Sud tunisien). συλήσια la dénudée.
Usalis[1] (Tunisie).
Uselis (Constantine). } ὑψηλὸς élevé; forme libyenne : ὑψηλίς.
Ubus (fleuve) Seybouse. ὑϐός sinueux.
Μάκαρα (fleuve) Medjerda sens de bienfaisante, en berbère, *moghar*
  signifie grand, long.

La note guerrière se trouve dans quelques noms :

Charax (Pte-Syrte). χάραξ retranchement; *t'harakist* (kab.) pieu.
Taphroura (Sfax). τά φροῦσι les remparts.
Aspis (Ptol.).
Clypeis (Peuting.). } ἀσπις le bouclier.
Tabalta (sud tunisien). τήπέλτη le petit bouclier.

Parfois, des noms de plantes ont été appliqués aux villes :

Carpi (Mraïssa) κιρποί les fruits.
Calama (Guelma). καλάμη chaume; en berbère, *halim*.
Iol (Cherchell). ἴολη = viola (Curtius) la violette.
Kisse (vers Dellys). κισσός lierre, d'où la forme féminine libyen-
  ne κισσή.
Lacene (Tarf-el-Ma). **λάχανα** marché aux légumes.
Phelline)Diodore). **φελλίνη** de liège.
Misua (vers Nabel). **μίσυ** truffe d'Afrique.

Quelques centres ont été désignés par un nom général :

Agarmi (anc. Rav). } **ἀγερμ**ός réunion; forme libyenne féminisée:
Augarmi (vers Metamer)) **ἀγερμή**, En tamahaq, **aɣerem** signifie ville.
Sullectum (Salakta,Tun.) **σύλλεκτος** agglomération. La forme libyen-
  ne est au neutre.

D'autres tirent leur nom de quelque particularité commerciale :

Byrsa (Carthage). **βύρσα** cuir, peau tannée.
Thubursicum Bure (Te- **τὸ βυρδικόν πορ**όν le marché aux cuirs. En
  boursouk). grec régulier **πορός** est masculin.
Buthurus (source du Ba- **βούτυρος** beurre.
  gradas).
Cillium (Kasserine). **κέλλιον** cellier.
Latomiæ (Cap-Bon). **λατομία** carrière de pierre.
Tarichiæ (Stad Pte-Syrte) **ταριχεία** saline.

La religion avait inspiré le nom de diverses villes. A ce groupe
paraissent appartenir les noms suivants, que nous proposons de traduire:

—————

[1] Le nom actuel d'Usalis est *El-Alia* « la haute ». C'est la traduction en arabe du
terme libyen. En berbère, *oufella* signifie « au-dessus ».

Altiburos (Medeïna).... ἄλτις bois sacré; πορός sens de màrché en
        libyen, : marché de bois sacré.

Thysdrus (El-Djem).... θυσία sacrifice; ὀρῦς arbre; d'où θυσόρός l'ar-
        bre du sacrifice.

Mustis (vers Teboursouk) μύστις mystique. On trouve en latin le mot
        mustus nouveau. Apulée dit : « mustulen-
        tus autumnus (*Métam.*, II).

Certains noms ont trait plus spécialement aux cultes locaux.

Altération des mots par dégradation phonétique

L'étude de quelques noms d'Afrique et de certains surnoms peut
nous donner une idée de la prononciation libyenne. Nous signalerons
au passage quelques dégradations phonétiques particulières au pays,
et susceptibles de déformer considérablement certains mots. Cette
revision rapide sera semblable à celle que nous avons faite pour le
berbère moderne par rapport au grec classique. [1] On verra que les
mêmes genres de dégradations des mots se produisaient à l'époque
ancienne, comme d'ailleurs elles se produisent de nos jours d'un
dialecte berbère à l'autre.

1. — *Déformation des sons voyelles*

i libyen correspond souvent au son α grec :

νομάδες nomades ...... **Numidæ** (transcript. phonétique romaine).
μονάχη seule, unique... **Monica** (*C.*, nombreux noms).
στάξις qui tombe goutte **Sticsisis** (gén.) (*Bull. arch.*, 1888, p. 478).
  à goutte.
βασιλεύς roi .... **Bisil** (*C.*, 11870).
καλύπτω cacher, d'où Ca- **Ciripsa** (*Bull. arch.*, 1892, p. 91).
  lypso.
μάγγανον sortilège, d'où **Migin** (*C.*, supp., 11476, 15794).
  le terme local μάγγανος
  magicien.
βασίλικος, βασίκος royal.. **Bisica** (ville).

Réciproquement, *i* pouvait être prononcé *a* par les Libyens :

λίμνη marais.......... **Lamni**ana (Bou-Ficha), avec le suffixe
    —anus, —a.
βουνίτης situé sur la col- Tha**bunati** (Sud tun.).
  line.
ἰσχυρά forte .... T**ascuri** (l.) (*C.*, 2200).
στιχάων celui qui aligne **Stachaon** (Proc.. *Bell. Vand.*, II), chef des
  les troupes.   **Austures** en 368 de notre ère.

---

[1] Pages 89-101 et *Revue Tunisienne*, mars, mai, juillet, septembre 1904.

α se prononçait parfois *e* en Afrique :

ἁγνεία chasteté........ **Egna**tia(*Bull. arch.*, 1898, p. 225, nº 96) avec le suffixe —atius, —a.

ἰατήρ médecin......... **Iatér**(inscr. grecque ds Sousse, *Bull. arch.*, 1891, p. 255, nº 19).

μάγγανον sortilège..... **Meggen**i (*Bull. arch.*, 1896, p. 236, nº 49), sens de magicien.

βασίλειος royal........ **Bezereos** (vers Douz).

λάχανα marché aux légu- **Lacene** (Tarf-el-Ma, Sud tunisien).
mes.

καρκίνος crabe......... **Cercinis** (Kerkenna, île).

μακρός long, grand..... **Mecra**si (*C.*, 15) nom formé avec la dési-neuce —asi[us].

ὁιαρός brillant de santé. **Pieris** (*C.*, 3635).

μέσθα entre deux, inter- **Mesphe** (ville, Sud tunisien).
médiaire.

Réciproquement, *e* était prononcé comme un *a* en libyen :

ἀγερμός réunion........ **Augarm**i (Sud tunisien).

ἐλαφώδης semblable au **Sala**putis (*C.*, 10570); s = article libyen.
cerf.

ἄνηβος homme mûr .... **Anabus** (*C.*, 8992).

μεριστής qui partage.... **Marisath** (*Bull. arch.*, 1892, nº 28).

διψήρης altéré......... **Tipsaris** (*Bull. arch.*, 1889, p. 231).

ἱερός fort............. **Ihar** (*C.*, suppl., 25079).

Beaucoup de noms féminins grecs en η correspondaient à des mots libyens en α:

λεπτή mince.......... **Lepta** (*C.*, 4924).

πίθακη guenon........ **Pitaca** (*C.*, 3969).

κλαγγή cri aigu........ **Clanca** (*C.*, 6741).

κόσμη femme d'ordre.. **Cosmia** (*C.*, 3476).

φιλική affectionnée..... **Filica** (*C.*, 297).

ἀγαθωπόλη bonne fille . **Agathopula** (*C.*, 7717).

ἀντιστίλβη reflet lumi- **Antistilfa** (*Bull. arch.*, 1887, p. 101).
neux.

ἐλευθέρη libre........ **Eleutera** (*C.*, 5854).

καλάμη chaume....... **Calama** (Guelma).

μοναχή seule.......... **Monnica** (divers).

σοφή sage .... **Sufa** (*C.*, 4124); *a-zouf* (berbère).

e était fréquemment prononcé *i* :

ἵμερος passion .... **Himir** (*C.*, 5220).

Cette confusion existait surtout à cause de la lettre η, que les Libyens prononçaient souvent *i*. Ce mode de prononciation a prévalu au moyen âge chez les Grecs modernes. Pour nous en tenir aux seuls Libyens, nous relevons :

ἀλήπτη imprenable .... **Alipota** (Mahedia).
δαφής pure, claire...... **Asafi** (Maroc) ; a = article.
ἰσχυρή forte .... **Iskeri** (Biskra). **Tascuri** (*C.*, 2200) ; t = art.
ὀχή caverne .... **Uchi** (deux villes en Tunisie).
βουνίτης qui est sur une **Tabunati** (Sud tunisien).
   colline.
εὐτυχής heureux .... **Eutychis** (*C.*, 8040).
ἥγησις domination..... **Tigisis** (ville, Procope).
ἰάτηρ médecin .... **Iadir** (*C.*, 9923).
οἰνοφερής qui produit du **Aunobaris** (hʳ Battaria).
   vin.
σελήνη lune .... **Seline** (*C.*, 7287).
ἀρίσημος, —η remarqua- **Arsim**a (*Bull. arch.*, 1897, p. 422).
   ble.
ὁμήθεια intimité .... **Omidia** (femme.) (*Rev. afr.*, t. XXII, p. 360).
αὐθέντης dominatrice .. **Autenti** (ville, Sud tunisien).
μελανή noire .... **Tamellani** (Sud tunisien) ; ta = article.

Le son *o* pouvait être prononcé *i* en Afrique :

ἄσμενος joyeux........ **Asmunis** *C*(., 5306).
κώνωψ moustique...... **Cinyps** (fleuve), rivière aux moustiques.[1]

Syncope des sons voyelles. — Certains mots sont altérés par la syncope d'une voyelle médiane :

ἀρίσημος remarquable . **Arisma** (*Bull. arch.*, 1897, p. 422, n° 174).
πόριμα industrieuse.... A **pormia** (*Bull. arch.*, 1892, p. 203, nᵒ 13).
σείριος brillant .... **Tziro** (*C.*, 3450) ; t = article.
τέναγος lagune; en libyen **Tingis** (Tanger) ; en berbère moderne :
   τέναγης. *tinja*, signifie lac.
εὔφημος de bon augure . **Eupmus** (*C.*, 7344).

Insertion de sons voyelles au milieu d'un mot. — Les Libyens déformaient parfois les noms par l'insertion d'un son voyelle :

βρασμός ébullition ..... **Braisamo** (*Bull. arch.*, 1885, p. 154, n° 1).
μεριστής qui partage.... **Marisath** (*Bull. arch.*, 1892, nᵒ 28).
λάμψις éclat.......... **Lambæsis** (Lambessa). Le son *œ* a été inséré entre le son *p*, devenu *b*, et le son *s* de la lettre double ψ, les Berbères évitant ces sons heurtés.

<hr>

[1] Le nom arabe actuel : oued Namous, est la traduction de ce terme.

λάβρος vorace . . . . Ti labiru (*C.*, 9730) ; ti = article libyen.
μαχητής combattant. . . . Mechiet (*C.*, 2305).
ἀλήπτη imprenable . . . . Alipota (Mahedia).

Cette tendance que nous signalons d'insérer des voyelles est une des déformations courantes du latin d'Afrique. On relève comme exemples, dans les inscriptions : Geramalina pour Germanila (*Corpus*, 7937) ; Celodia pour Clodia (*C.*, 3520) ; Caresces pour Crescens (*C.*, 6220) ; Geracilis pour Gracilis (*C.*, 6237) ; materona pour matrona (*C.*, 6260) ; Ocetavi pour Octavi (*C.*, 6239) ; offeret pour offert (*C.*, 2389) ; Quaderatus pour Quadratus (*C.*, 6255) ; saceroru pour sacrorum (*C.*, 7111) ; alumino pour alumno (*C.*, 410) ; Quinita pour Quinta (*C.*, 7213) ; etc.

2. — *Déformation des consonnes*

Voici maintenant les altérations les plus fréquentes dues aux consonnes :

Les labiales se substituent fréquemment les unes aux autres. C'est ainsi que le son *f* est souvent prononcé *p* :

ἀτυφία modestie.   Atupinius (*C.*, 8691).
ευφορία fécondité.   Euporia (*C.*, 2004).
εὔφημος de bon augure.   Eupmus (*C.*, 7344).
ἐλαφώδης semblable au cerf. Salaputis (*C.*, 10570) ; s = article libyen.
θεοφιλή aimée de Dieu.   Tiopila (*C.*, 3748, 3823).
παντροφός qui nourrit tout le monde. Pantropus (*C.*, 7938).
φιαρός brillant de santé.   Pieris (*C.*, 3665).
φιλάδελφος qui aime son frère. Piladel (*C.*, 2568).

Réciproquement, on note *p* prononcé *f* (ph) :

ἐλπίς espérance.   Elphina (*C.*, 4791).

Le son *f* se prononçait parfois *b* :

οἰνοφόρης qui porte du vin.   Aunobaris[1] (hr Battaria).
τύχαφορος qui porte bonheur· Tuccabor (Toukaber, Tunisie).
φερενίκη qui porte la victoire. Bérénice (ville de Cyrénaïque).

Réciproquement, *b* peut prendre le son *f* :

ἀντιστίλβη reflet lumineux.   Antistilfa (*Bull. arch.*, 1887, p. 101, nᵒ 321).

[1] La forme *bar*, *ber*, se rapproche du sanskrit *bhar* ; du vieux persan *bar* : porter ; du petit slave *bera* ; du celtique *ber*, entrant en composition au lieu de *fer*. — Dans Auno*baris*, le second terme est comparable au sanskrit *bharus* = φερής.

p pouvait se prononcer *b* :

πόρος passage, marché | **Bur**ianus (*C.*, 683). **Bur**icus *C.*, supp., 11400). **Bur**e (ville). Alli**bur**os (ville).

ἐμπόριον marché, comptoir. | **T**im**bure** (ville); t = article.

Les dentales s'échangent fréquemment entre elles :

δαῖος habile. | **Daï**us (*C.*, 10616). **Daï**a (*C.*, 10784). **Taï**a (nom d'une Libyenne devenue reine d'Egypte); en taïtoq, *daïssan* signifie habile, c'est un participe.

δίψα soif, d'où l'adjectif local δινψώρης altéré. | **Tipsaris** (gén.), (*Bull. arch.*, 1889, p. 230, n°20.).

ὀμήθεια intimité. | **Omidia** (f.). (*Rev. afr.*, t. XXII, p. 360)

σελήνιον petite lune. | **Selidiu** (*C.*, 1048).

On trouve des exemples de passage de dentales (*d*) aux liquides (*l*) :

μεγάλη grande. | **Thamugadi** (Timgad); th = article.

Les Libyens, dans beaucoup de mots, ne prononçaient pas la liquide médiane :

φανερά distinguée. | **Fanæa** (*Rev. afr.*, t. XXII, p. 32), pour *Fanera*.

ἱερά forte. | **Hiea** (*C.*, 2248), pour *Hiera*.

μαύρα noire. | **Mavonia** (*Bull. arch.*, 1887, p. 114,) pour *Mavronia.*

χελιδών hirondelle. | **Cheidon** (*Bull. arch.*, 1898, p. 109), pour *Chelidon.* [1]

Altération des mots par dégradation des finales. — Voici quelques exemples de la disparition de ς final :

αὐθέντης dominatrice. | **Autenti** (ville, Tunisie).

σαφής claire. | **Asafi** (ville, Maroc).

παγκάλος tout à fait beau. | **Pankalio** (*C.*, 3694).

διάφορος faible. | **Diaboro** (*C.*, 5571).

πλόκαμος boucle de cheveux. | **Plocamiano** (*Rev. afr.*, t. XIX, p. 319); nom construit par addition de la désinence —iano-s.

φίλος ami | **Philo** (*C.*, 9508).

σάλος mouvement. | **Salo** (*C.*, 8773).

[1] On peut rapprocher de ce nom : 1° **Gildon**, frère de Firmus; 2° Ibn **Khaldoun**, historien berbère.

δείριος brillant.   Tziro (*C.*, 3450).

ἀμφορεύς chargé du service des   Amphuru (*C.*, 2298).
amphores.

λάβρος vorace, violent.   Labreco (*C.*, 1211); avec la désinence —eco-s.

Tilabiru (*C.*, 9730); ti = article libyen.

ξ final peut se syncoper de même :

γαζοφύλαξ la garde du trésor.   Gazophyla (ville, Procope).

Il en est de même de ψ :

κόλλοψ cuir de bœuf.   Chullu (ville numide).

η final peut s'élider aussi :

ἀγαθάνθη bonne fleur.   Agasant (*C.*, 9206).

Parfois la syncope peut porter sur les deux finales :

—ης :

ἡδυφαής au doux éclat.   Sadufa (*C.*, 8851); s = article.

φιλαλήθης ami du vrai.   Philalis (*Bull. arch.*, 1887, p. 114,
nᵒ 404.)

—ις :

ἀγγαρειαβάδις étape des cour- Agariabas (vers la Hamma de Ga-
riers.   bès).

πονόεις qui prend de la peine.   Ponhoe (*C.*, 8887).

—ος :

ἄθῶος innocent.   Atho (*C.*, 8809).

ἵμερος désir passionné.   Himir (*C.*, 5220).

ἱερός fort.   Ihar (*C.*, suppl., 15079).

κύανος bleu, lapis lazzuli.   Chian (*Bull. arch.*, 1897, p. 199).

μάγγανος sorcier.   Migin (*C.*, suppl. 11476, 5794).

νικηφόρος qui apporte la victoire. Nicephor (., 7599).

σύμμαχος compagnon d'armes.   Sammac (*Rev. afr.*, 1878, t. XXII,
p. 253).

μακρός grand, long.   Mecrasi (*C.*, 15, 16); nom formé de
μακρος, avec la désinence —asi-*us*.

μῆκος haut de taille.   Miccasi (*C.*, suppl., 14319); nom
formé de μῆκος, avec la dési-
nence —asi-*us*.

—υς :

ἀρηγεύς libérateur,   Areugi (*C.*, 1611); il y a métathèse.

Parfois toute la finale disparaît :

ἀγήσιλαος conducteur de peuples. Agisil (*C.*, 10540).

βασιλεύς roi.   Bisil (*C.*, 11870).

θαρσήεις résolu. Tharas (*C.*, 3507).
στάχυς épi, μέλισσα abeille. - Stachumelis (*C.*, 1309).
φιλάδελφος qui aime son frère. Piladel (*C.*, 2568).
φιλοκωμάσιον ami de l'orgie. Philocomas (*C.*, 9507).

Le *tumor africanus* poussait les Libyens à prononcer comme doubles certaines consonnes simples en grec classique.

ἀγανός aimable; variante libyen- Sagganis (*Bull. arch.*, 1893, p. 125).
né : ἀγανίς.
δῶμα construction, temple. Ἀδδυμή (Ptol., vers Dellys); a = article
ἰνωτιδής nerveux. Innodius (*C.*, 1358).
μελανή noire. Ta mellani (Sud tun.); ta = article.
μοναχή fille unique. Monnica (quatorze noms dans le *Corpus*).
ῥύμη force. Rummeus (*C.*, 9198).
τύχα heureux sort (même origine que τυγχάνω). Thugga (Aïn-Tounga).
χιλός fourrage vert; variante libyenne : χιλά. Ti chilla (Testour); ti = article.

3. — *Variation de genre*

Certains noms libyens n'ont pas le même genre que les noms grecs classiques. La connaissance de ces changements permet de comprendre plus aisément le sens de mots locaux.

On a déjà remarqué souvent les changements de genre des mots latins en Afrique.[1] Pareille observation est applicable aux termes grecs, passés dans le libyen. Nous en avons d'ailleurs fourni des exemples à propos des dialectes berbères.

1° Noms masculins devenus féminins:

ἀγερμός réunion. Agarmi (anc. Rav, Sud tunisien) : ἀγερμή.
ἔρεβος obscurité. Thereba (*C.*, 2078); th = article : ἔρεβα.
κισσός lierre. Kisse (ville, vers Dellys : κισσή.
σικύος courge. Auziqua (ville) : ὅ-σικυῇ l'endroit de la courge.
χιλός fourrage vert. Ti chilla (Testour); ti = article; χιλά.
χρυσωπός topaze. Chrysophe (*C.*, 2922) : χρυσωπή.

(1) Autumnun pour autumnus (Tert., *De cor.*, 9; *Resur.*, 12; Cyprien, *Ad dem.*, 3) lacum pour lacus (*C.*, 2631); motum pour motus (*C.*, 2181); Castellus pour Castellum (*C.*, 8426); collegius pour collegium (*C.*, 1878, 1696); tergus pour tergum (*C.*, 279); jugus pour jugum (*C.*, 5030); fatus pour fatum (*C.*, 3319, 1310); etc.

2º Noms masculins devenus neutres :

ἀγμός lieu escarpé

Agma (ville). ἀγμόν (libyen). Ag-moun (berbère).

πόρος marché.

Thubursicum **Bur**e (Teboursouk) : .τό ϐυρσικόν, πόρον le marché aux peaux.

διάλλεκτος agglomération.

Sullectum (Salakta) : σύλλεκτον.

3º Noms neutres devenus masculins :

κύμινον cumin.

Cuminus (*C.*, 4017).

4º Noms neutres devenus féminins :

λευκοϊον giroflée blanche

Leucoia (*Bull. arch.*, 1892, p. 98).

CHAPITRE IV
Influences phrygiennes dans la formation du libyen

Nous abordons maintenant l'étude d'une série de noms qui s'éloignent des formations grecques régulières. Ils se rapprochent souvent de celles du phrygien. Ce phénomène n'a rien de surprenant puisque l'importation d'un dialecte hellénique dans le nord de l'Afrique est dû à une importante immigration thraco-phrygienne. Nous en avons donné les détails dans nos *Premiers Colons de souche européenne dans l'Afrique du Nord*. [1]

1ᵘ Article libyen préfixé

L'article libyen se trouve généralement préfixé au substantif. C'est une particularité commune à cette langue et au phrygien. Nous avons signalé ce mode d'affixation au début de ce mémoire, en traitant de l'article berbère. Au risque de nous répéter, il faut rappeler ici que les Thraces, d'après A. de Byzance, les Mysiens et aussi les Grecs de la période épique, les Achéens préfixaient l'article. Nous avons cité plusieurs exemples de cette catégorie. [2] Parmi les noms phrygiens connus, on pourrait ajouter à la liste : ἀζήν barbe, pour ζεν = γένυς menton ; ἄκριστις, meunière, boulangère, de κριστις, lat. *crusta*, croûte.

L'article libyen, comme le phrygien, peut être rapproché du grec ὁ, ἡ, τό.

Il affectait deux formes principales, l'une prononcée tantôt *a, i*, et même *ia*, l'autre représentée par *ta, ti*, masculine et féminine. Cette forme offre diverses variantes de prononciation, aussi l'écrit-on ϐa, za, sa, et aussi ϐi, zi, si. Ces articles sont pour les deux genres. Leurs variantes ne seraient que le résultat de la manière différente de prononcer selon les villes et les provinces.

---

(1) *Revue Tunisienne*, 1898-1899, et Ernest Leroux, Paris, 1899.
(2) Pages 31, 46 et *Revue Tunisienne*, nᵒ 12, novembre 1903, p. 188 et suiv.

Nous allons en donner des exemples relevés les uns dans les inscriptions d'Afrique, les autres dans l'onomastique africaine.

Première forme de l'article libyen

Article avec le son *a* correspondant à ὁ hellénique :

A cimarius (*C.*, 6093), ὁ χίμαρος chevreau, mot latinisé avec le suffixe
—ius. En zouaoua, a *zimer* signifie l'agneau.

A msiginus (*C.*, 7418), ὁ μεσηγύς, nom latinisé avec le suffixe —inus ;
sens de moyen, homme de taille moyenne. En chaouïa, a *mass* sens
de milieu.

Article avec le son *a* correspondant à ἡ hellénique ; la substitution
du son *a* au son η était courante chez les Doriens :

A maïa (*C.*, 5210), ἡ μαῖα la mère ; en berbère, la mère se dit *i ma*, ἡμἄ ;
en guanche, on a *maya*.

A pormia (*Bull. arch.*, 1892, p. 203). ἡ πόρμη l'active.
A charita (Proconsulaire, Pline). ἡ χάριτη l'agréable ; *i garaz* en tam.
A maura (ville). ἡ μαυρά la noire.
A safi (Maroc). ἡ σαφής la claire ; en zouaoua *isefa*.
A mmœdara (Hydra). ἡ μαδάρα la dénudée.

Article avec le son *i* correspondant à ὁ hellénique :

I paliarus (*C.*, 8269). ὁ παλαιός vieux, mot latinisé avec le
suffixe —arus.

I acheni (gén.) (*Bull. arch.*, 1892, ὁ ἀχήν pauvre.
p. 205, n° 24).

I artis (*C.*, supp., 15277). ὁ ἄρτιος bien proportionné.

I asina (H) (*C.*, 5039). ὁ ἀσινής inoffensif ; en zouaoua, calme se dit *i hedna* ; comp. *ias(i)na*.

I naennus (*C.*, 10688), métathèse
pour neannus. νεανίας, νεᾶνις jeune.

L'affixation libyenne de l'article *i* est fréquente quand il s'agit de
surnoms latins. On relève dans le *Corpus :*

I speratus, I statianus, I sthefanus, I tuverus, I stabilicus, etc.

Article avec le son *ia* :

Ia mcar (*C.*, 8988). μάκαρ heureux.
Ia mgur (*C.*, 7753). même étymologie que le précédent.
Ia mrur (*C.*, supp., 11050). même étymologie que le précédent ; en berbère, *meɣar* ou *meghar* signifie grand.

Ia melicus (*C.*, 3332). μελίκος musicien ; peut-être *melek*
(phénicien) roi, latinisé avec la
désinence —us.

Iafis (gén.) (*C.*, 69).   terme libyen, de φύω, φιτύω engendrer.[1]

Deuxième forme de l'article libyen (ta, θa, za, sa, ti, θi, *etc.*)

Cette deuxième forme d'article *ta,* avec ses variantes phonétiques, correspond au grec τό, τοῦ, τῆς, ou plus vraisemblablement au sanscrit *ta.* C'est un mode archaïque disparu du grec classique. Son emploi était plus fréquent que les formes que nous venons d'étudier. Les Berbères modernes continuent à s'en servir pour caractériser le féminin. A l'époque ancienne, il s'employait aux deux genres.

La plus ancienne mention de cette forme d'article est dans Hérodote. Cet auteur nomme un rat habitant les collines *zegeries* (ζεγέριες).

D'après lui, ce mot libyen signifie les collines (Hérodote, IV, 192). *Ze* est un article.

Polyhistor donne le nom d'une île libyenne *Samatho,* mot qui, dit-il, signifie la grande (*Frag. hist. græc.,* t. III, p. 238). *Sa* est l'article.

Dans le *Corpus,* nous relevons les noms suivants, dont nous donnons en regard signification probable :

Ta ratara (H) (*C.*, 1672).   ἀρητήρ prêtre.

Ta rafan (*C.*, supp., 11221).   ῥάφαν (ος) chou.

Ta ecusa (*C.*, 3306).   ἐκοῦσα empressée.

Ta macar (*Bull. arch.,* 1888, p. 478).   μάκαρ bienheureux.

Ta camtissa (*C.*, 9644).   κάμπεισσα participe local venant de κάμπω courber. La courbée.

T ascuri (F) (*C.*, 2200).   ἄσκυρον millepertuis (nom féminisé) ou ἰσχυρή la robuste.

T ascut (F) (*Bull. arch.,* 1899, p. 183)   ἄσκυλτ (η) l'infatigable.

T ossunis (gén.) *Bull. arch.,* 1892, p. 156, nº 6).   ὀσσεύω présager, d'où le libyen ὀσσεύων celui qui présage, augure.

T hereba (*C.*, 2078).   ἔρεβος obscurité, nom à désinence féminisée.

Ti ftene (*C.*, 8698).   φθάνω arriver le premier, d'où le substantif local φθήνη ainée.

Ti labiru (*C.*, 9730).   λάβρο (ς) violent. Il y a dans le terme libyen insertion du son *i,* selon une habitude phonétique fréquente chez les Berbères.

Ti otelus (*C.*, 7413).   ὠτειλή blessure, d'où *otelus* blessé.

T ziro (*C.*, 3450).   σείριο (ς) brillant. En kabyle, lune se dit *ta ziri,* littéralement « la brillante » (τ) ἡ σείρη.

---

[1] Ce mot correspond au latin *filius,* au cypriote Ἴυις, forme qu'on retrouve chez les tragiques. Ἴυις se prononce chez les Grecs modernes Ifis, comme chez les Libyens.

Parmi les noms de villes libyennes précédés de l'article *ta. tha, the*, etc., nous relevons :

Th agaste (Souk-Ahras).	ἀγαστή l'admirable.
Th agora (vers Thagaste).	ἀγορά le marché.
Ta mellani (Sud tunisien).	μελανή la noire.
Tha boudeos (Touda).	βούδειος bouvier ; comp. Βούδειος en Asie Mineure.
The lepte (vers Feriana).	λεπτή la petite, la pauvre.
Te pelte (Henchir Bel-Aït).	πέλτη bouclier ; c. Aspis, Clypœa.
Ta muda (vers Uthina).	μυδάω être humide, sens de marécageux ; en guanche, *ta maide* signifie fontaine.
Ti surus (Touzeur).	ἰσχυρός fort, ἐχυρός fortifié ; en kabyle, *ezouer* fort, fortifié.
Th ibica (Bir-Magra).	ἄβαξ, —ακος le plateau.
Ti gisis (Procope).	ἥγησις la domination.
Ti pasa (Tefesed).	πᾶσα l'importante.
Th uba (Chuiggui).	ὑβή bosse. La bossue.
Tha bunati (Sud tunisien).	βουνός colline, βουνίτης(ς) qui est sur la colline.
Th oar (Meninx, Pline).	ὄαρ compagne.
Ti mbure (vers Teboursouk).	ἐμπύρ(ιον) le marché.
Ti bubuci (Sud tunisien).	τή βουβόσκη le pâturage des bœufs.
Tu busuptus (*C.*, 8837, Pline).	βοῦς ὀπτός bœuf boucané.
Tu bursicum bure[1] (Teboursouk)	τό βυρσικόν πορόν (forme neutre locale) le marché aux peaux de bœuf.
Thu burnica (Hr Tebournouk).	πορνική la prostituée.
Tha mugadi (Timgad).	μεγάλη la grande.
Ti chilla (Testour).	χιλά (forme féminine locale), le fourrage vert ; en grec classique χιλός.
Th ignica (Aïn-Tounga).	ἁγνός pur ; avec le suffixe —ica, sens de purifiée.
Th apsus (côte tunisienne).	ἄψος la jointure, le nœud. Cette ville était sur le cap Dimas.

Les surnoms suivants fournissent des exemples de l'article prononcé avec un son sifflant :

S alginus (*Bull. arch.*, 1886, p. 459). ἀλγεινός qui cause de la douleur.

S agganis (*Bull. arch.*, 1893, p. 125). ἀγανός aimable (forme libyenne en —ης) ; σίκιννις danse phrygienne ; de σόκκος soulier, etc.

[1] En Afrique, on trouve divers noms terminés en bure : Tubursicum bure, Timida bure, Timbure, etc. Ce mot *bure* correspond au grec πόρος, au thrace *para*.

Sagaris (*C.*, 4945). — χάρις grâce ; en tamahaq, *iegaraz,* être agréable.

Sadufa (*C.*, 8851). — ἡδυφα(ής) au doux éclat, ou ἄτυφη modeste.

Salit (*C.*, 1254). — ἀλήθ(εια) vérité.

Stimandra (*C.*, 4706). — τιμὰ valeur, ἄνηρ, ἀνδρός homme.

Samana (*C.*, 9143). — Μήνη la lune, ou *Mên.*

Zaacciqua (*C.*, 5184). — ἀκκίζω être maniéré ; ἀκκώ femme maniérée, d'où ἀκκίκα, avec la désinence —ικκ.

Zaplutius (*C.*, 7219). — πλούσιος le riche.

Zaedon (*Bull. arch.*, 1886, p. 457). — ἥδων charmant.

Ziora (*C.*, 2967). — ὥρα heure.

Ziommoris (*C.*, supp., 14924-14926). — ὅμορος voisin ; variante libyenne, ὅμορις.

Seressis (Henchir Oum-el-Abouab, Tunisie.)' — ῥῆξις crevasse. En berbère ûi rezzi.

Safrag (*Bull. arch.*, 1901, p. 128). — Afrag, afric (anus).

Sitifis (Sétif). — τίφη, —ης variété de blé, ou τῖφος marais.

Zeucharis (Sud tunisien). — εὔχαρις l'aimable.

2ᵘ Finales des noms en —as, —es, —is

Une autre particularité rapproche le libyen du phrygien. Comme nous l'avons précédemment exposé à propos des substantifs berbères, les Libyens, de même que les Phrygiens et les Hellènes du nord, prononçaient —as et quelquefois —ès les finales en —os du grec classique. Rappelons les noms de Mid**as**, Gordi**as**, Marsy**as**, etc., chez les Phrygiens, du roi Sitalc**ès** (Thucydide, ii, 96) chez les Thraces.

On peut rapprocher de ces formes les noms de chefs libyens de diverses époques, tels que : Antal**as**, Bithu**as**, Coutzin**as**, Dacam**as**, Elym**as**, Iabd**as**, Iarb**as**, Masson**as**, Mastig**as**, Medisiniss**as**, Mephani**as**, Micipsa (Μικίψ**ας**, Plutarque, *C. Gracchus,* 2), Narau**as**, Ortai**as**, Oxynt**as**, Stoz**as**, Tacfarin**as**, Zarz**as**, et, d'après l'inscription de Delos, Masannass**as** (Μασαννάσας).

Dans les noms en —ès, nous notons Mássanassès, (Μασσανάσσης, Appien, pass.), Œsalcès, Golossès, Salmacès, Archobarzanès.

La signification de ces noms est évidemment douteuse. En se basant, cependant, sur l'ensemble des documents réunis dans ce travail, on peut proposer pour quelques-uns des interprétations acceptables. Ainsi, nous rapprocherons :

Bithuas (Appien, viii, 70) de Βίθυς, et peut-être du libyen Battus, roi. Dacamas (App., viii, 41), chef allié des Romains, de Decimus. Nom d'influence romaine, comme Firmus, Dius (Divus), Nubel (Nobilis), tous princes de la même famille romanisée. Leur sœur portait le nom grec de Κυρία (Ammien Marcellin).

Elymas (Diod., XX, 17), ἔλυμος (phrygien) roseau; *alim* (berbère) paille, chalumeau.

Iabdas, Iarbas, nom d'influence phénicienne.

Massonas (Proc., *Bell. Vand.*, II, 13; Μάσσωνας = μάσσων plus grand.

Mastigas (Proc., *Bell. Vand.*, II, 20); μαστιγόω brandir une épée. On a en lithuanien *mastegut*, même sens.

Ortaïas (Proc., *Bell. Vand.*, II, 13); ὀρθός droit; 'Ορθαῖος troyen (*Iliade*, 13, 791).

Oxyntas, fils de Jugurtha, ὀξύς aigu, tranchant; ὀξύτης acuité, intelligence; ὠκύς rapide; *i ketea* (kabyle) aigu; *ixaï* (chaouïa) pointu.

Masannasas, Massanassès, Massinissa, se compose de *mas*, mot libyen indiquant la filiation; *inissa, anassès* = ἄναξ, ἄνασσα roi, reine, ἀνάσσω régner.

Œsalcès, οἰσεῖν porter; ἀλκή puissance, secours.

Golossès (Diod., Polyb., XXXIX, 1), Gulussa, Κολοσσός colosse.

Un autre type de finales usitées chez les Thraco-Phrygiens se terminait en —ις. Nous serions tenté de les rapprocher des noms grecs en —νς.

Quoi qu'il en soit, rappelons comme exemples de ce type de finales les noms du dieu Zalmolxis, de Daulis, en Phocide, du Thrace Thamuris, etc.

Les Libyens recherchaient également cette finale en —ις. En voici quelques exemples, avec le terme grec correspondant : asmunis (*C.*, 5306), ἄσμενος joyeux. — Leptis (ville), λεπτός petit. — Marmaris (*C.*, 364), μάρμαρος brillant. — Nepheris (ville), νεΓαρός nouveau. — Ziommoris (*C.*, supp., 14924), ὅμορος voisin. — Tituris (*C.*, 1249), τίτυρος mouton qui mène le troupeau. — Uselis (Tun.), Usalis (Const.), ὑψηλός élevé. — Pieris (*C.*, 2306), φιαρός brillant de santé. — Sitifis (ville), σίτη blé; τῖφος marais. — Cercinis (île), καρκίνος crabe. — Aunobaris (Oued-Ramel), οἰνο-φόρος qui porte le vin, fertile en vignes. — Sagganis (*Bull. arch.*, 1893, p. 125), ἀγανός aimable.

3° Noms tirés de participes

En étudiant la formation des substantifs et des adjectifs chez les littérateurs africains écrivant en latin, nous avons eu occasion déjà d'attirer l'attention sur la fréquence extraordinaire de l'emploi des participes pris substantivement. [1]

Nous avons signalé dans cet ordre d'idées un certain nombre de noms ethniques ayant le type de participes présents, tels que Ata-

[1] Page 138 et *Revue Tunisienne*, 1905, p. 230.

rantes, Byzantes, Garamantes. Ajoutons que beaucoup d'ethniques d'origine phrygienne sont construits sur ce type conservé en libyen, tels sont les noms des Abantes, des Corybantes, des Byzantes, etc. Ces participes en αν rappellent les formes doriennes.

Outre les exemples donnés d'après les auteurs latins d'Afrique, l'épigraphie nous fournit de nombreux noms propres du type des participes présents. Nous allons en citer quelques-uns, avec leur explication probable au moyen du grec :

Sugan (*C.*, 1059), σιγάων silencieux.

Cotuzanis (gén.) (*C.*, 5218); κοτέω, en grec, a le sens d'être irrité. Fick attribue au phrygien κότυς le sens de guerrier.[1] D'après les données, on peut supposer un verbe libyen κότυζω dont *cotuzan* serait le participe présent, avec le sens de combattant. On relève dans le *Corpus* **Cutaï** (*C.*, 9816), **Cutaiu** (*C.*, 9637); **Cotuza** (insc. bilingue de la Chellia).

Fittanis (gén.) (*C.*, 6866). En grec classique φυτεύω signifie engendrer, d'où le participe présent φυτεύων = *fittan*. Dans le même groupe de racines on trouve **Fittan** (*C.*, 8772) nom de femme; en grec classique φυτή féconde.

Quelques participes des inscriptions d'Afrique sont, comme en grec classique, formés en —ων. Exemples :

Ἐλαιῶνες (Ptol.) de ἐλαὶα, olivier: ἐλαιῶν qui cultive l'olivier.

Discun (*C.*, supp., 12238), δισκῶν celui qui lance le disque.

Sophon (Polyhistor, fragm. 7; *Fragm. hist. græc.*, III, 214) σοφῶν, participe présent, sage, habile. Diodore donne l'ethnique Zouphones ζουφώνες qui reproduit la prononciation locale. On connaît le nom de Sophonisbe. Une stèle punique, communiquée à l'Académie des Inscriptions (1898) donne Sophonibaal. Ce nom parait être un mot hybride composé du libyen Sophon et du phénicien Baal. Son sens serait : la sagesse de Baal.

Stachaon (Proc., *Bell. Vand.*, II), chef des Austures en 368 de notre ère; στιχάων conduisant des troupes en lignes.

Zaedon (*Bull. arch.*, 1886, p. 157); *za* article, ἥδων (part. prés.) charmant.

Cestronis (gén.) (*C.*, supp., 14948); κέστρα poinçon, aiguillon, d'où le participe κεστρῶν celui qui poinçonne ou aiguillonne.

Dillonis (gén.) (*Ecole de Rome*, 1893, p. 458, nº 75); δηλῶν (part. prés.) celui qui frappe, qui blesse.

Occonis (gén.) (*Bull. arch.*, 1897, p. 398, nº 118); ὀχῶν (part. prés.) dirigeant les chevaux, cocher.

---

[1] Fick : *Die ehemalige Sprache der Indogermanen Europas*, p. 422.

Tossunis (gén.) (*Bull. arch.*, 1902, p. 156, n° 6) ; *t* article, ὀσσεύων présageant, devin.

Turonis (gén.) (*Bull. arch.*, 1902, p. 389) ; τυρῶν (part. prés.) faisant des fromages.

Manionis (gén.) (*Bull. arch.*, 1892, p. 199) ; μανιῶν (part. prés.) atteint de folie.

Burgaon (Procope), montagne de Byzacène ; πυργόω protéger, d'où le libyen prononcé βυργάων protégeant, sens de protecteur.

Nous avons relevé quelques exemples de ces participes mis au féminin :

Prepousa (*C.*, 7665) ; πρέπουσα (fém.) distinguée.

Sumpherusa (*C.*, 8056, 9486), **Semperusa** (*C.*, 8674) ; συμφερούσα assistante.

Spendusa (*Bull. arch.*, 1902, p. CLXXXI, 10) ; σπένδουσα (part. prés.) celle qui fait des libations. A ce groupe, on peut rattacher le nom de **Spendius**, de la guerre des Mercenaires.

Taecusa (*C.*, 3306) ; *ta* article, ἐκοῦσα (part. prés.) empressée.

Tacamtissa (*C.*, 9644) ; *ta* article, κάμπτω courber, d'où le participe libyen κάμπεισσα courbée.

Hanapsua (*C.*, supp. 14692) ; ἀνάπτω allumer, enflammer, d'où le participe féminin ἀνάπτιουσα celle qui enflamme, transcrit ἀνάψου(σ)α.

Creptalusa (*C.*, 7319) κρυπτός caché, d'où le neutre pluriel κρυπτά sens de secrets ; λύουσα (part. prés. fém.) par crase *lusa* déliant. Creptalusa, celle qui délie les secrets, devineresse. En grec régulier, il aurait fallu écrire Cryptal(y)ousa.

4° Noms théophores d'origine phrygienne

Quelques noms théophores du nord de l'Afrique nous paraissent provenir des idées mythologiques particulières aux populations de la grande famille thraco-phrygienne. Ses deux principales divinités étaient Mên et Bagaios.

Mên, divinité lunaire des Phrygiens, paraît avoir été très en honneur chez les Libyens à en juger par le nombre des noms de lieux qui paraissent formés avec le nom de cette divinité. On pourrait interpréter les noms comme il suit :

Manangé. — Μὴν ἀνάγκη par crase Μανάγκη la volonté de Mên. En berbère *aneggi* signifie nécessité.

Menephese. — Μὴν ἔφεσις puissance de Mên. *Tifessi*, en berbère, a le sens d'habileté.

Meninx (île). — Μὴνιγξ (*Stad.*, Ptol.), forme archaïque pour μῆνιγκ(ος) l'île de Mên.

Menegere. — Μὴν, ἐγείρω exciter, d'où la signification de : excitation de Mèn ; ou ἀγείρω assemblée, d'où : l'assemblée de Mèn. Une troisième hypothèse serait que le terme *egere* soit le nom libyen de colline que nous a conservé Hérodote (Ζεγέριες, IV, 192). Ce terme est assimilable au sanscrit *giri*, à l'européen primitif *gari*, colline. Le sens de Menegere serait dans ce cas : la colline de Mèn.

Les noms de **Mem**brone et **Mem**bressa pourraient aussi comprendre dans leur formation le nom de Mèn.

Le nom de **Me**phanias (Proc., *Bell. Vand.*, II, 13, p. 465), père de Massonas, paraît composé également avec le nom Mèn. On peut le comparer à Μῆνοφάντης, que l'on trouve dans les inscriptions de l'Attique ; le sens en est : l'éclat de Mèn.

Les Phrygiens adoraient aussi, comme placé à un degré hiérarchique supérieur à Mèn, le dieu **Bagaios** (Βαγαῖος), le **Bacchus** des Latins. Diodore nous apprend quel développement le culte de Bacchus avait eu en Libye. [1] Nous avons vu précédemment que **Bakou**, en berbère antique, signifiait dieu. Les noms théophores composés avec Bacchus ou Bakou sont fort nombreux en Afrique. Divers auteurs avaient signalé cette particularité. Nous leur laissons la parole :

« Les noms de Bocchus et de Bacchus, dit M. Lefébure, se ressemblent d'une manière frappante, coïncidence qui a été déjà signalée, et Judas, Cavedoni, Duchalais, entre autres, ont vu dans les monnaies bachiques de Bocchus une allusion à cette ressemblance. » [2]

Le même auteur compare : **Bocchus** et **Bogud**, rois de Maurétanie ; **Boxus**, Maurétanien servant dans l'armée d'Alexandre (Quinte-Curce, IX, 7) ; **Bocchar**, officier de Syphax (Tite-Live, XXIX, 32) ; Cornelius **Bocchus**, affranchi de Sylla, écrivain latin (Pline, XXXVII, 9) ; **Bocchus**, chef des Massyles (Silius Italicus, III, Ed. Nisard, p. 252.)

On peut rapprocher de ces noms théophores : **Bacuates**, de Ptolémée (au nord de la Tingitane) ; **Bac**ates (Ptol.), (Marmarique) ; **Bocc**huris (Ptol.), Marmarique ; Io **bacchi** ; **Begg**uensis regio (enchir El-Begar, Tun.) ; gens **Bacchu**iana ; [3] **Bagaï** (ville numide) ; **Bagaï**sa (Bougie), **Baga** (Béja), **Beqqou**ya (Rif).

Peut-être pourrait-on joindre à cette liste le dieu Bacax, de la grotte de Taïa.

5° Vocabulaire libyen

Outre les mots déjà étudiés et expliqués, l'antiquité classique nous a conservé plusieurs mots particuliers au libyen. Il est intéressant de les citer, car leur analyse permettra de reconnaître les affinités du

---

[1] Diodore, liv. III, LXVI ; trad. Hœfer, t. I, p. 248.

[2] Lefébure : « La politique religieuse des Grecs en Libye. » (*Bull. Soc. Géog. Alger*, 4e trim. 1902.)

[3] Tissot : *Géographie de la province romaine d'Afrique*, t. II, p. 599.

libyen avec les autres langues de l'Europe. On sait que le phrygien possédait un certain nombre d'expressions inconnues en grec. Le même phénomène caractérise le libyen. De plus, certains termes qui, à notre connaissance, n'ont pas été signalés dans la langue thrace ou phrygienne, se retrouvent dans les langues celtiques. Or, on sait que les Celtes forment un rameau de la population thrace détaché de cette souche à une période moins reculée que ne l'a été l'antique rameau phrygien qui a essaimé jusqu'en Afrique. On devra donc tenir compte des rapprochements que ce groupe linguistique est susceptible de fournir.

Nous avons réuni ici la plupart des mots libyens conservés par les auteurs. Il semble intéressant de rappeler aussi certains mots du berbère moderne qui paraissent provenir des mots phrygiens.

Dans l'énumération de ce vocabulaire, il nous a paru nécessaire de présenter les mots dans l'ordre des dialectes susceptibles d'en faire connaître la signification. Notre ordre sera : mots explicables 1º par le grec et par le thraco-phrygien, 2º par les langues celtiques.

Répétons que nous ne croyons pas que ces mots impliquent pour les populations nord-africaines une origine plus spécialement en rapport avec l'une quelconque de ces nationalités. Il ne s'agit ici que d'établir la filiation de ces Africains avec la souche mère linguistique d'où se sont détachés ces divers rameaux.

Lily (eau). Hesychios donne comme étymologie de la ville de Lilybée un mot libyen Lily (λίλυ). Ce mot, d'après lui, aurait le sens d'eau. Ce nom paraît être une forme intensive d'une racine lu, lou, λοῦ, ayant le sens de mouiller, de laver. Un groupe de mots dérivent du vocable lib qui en provient ; tels sont λείβω verser, λίμνη pour λιβνη marais, mer ; en latin, nous trouvons de même les mots lib*are*, lib*us* ayant le sens primitif de verser, faire des libations. Nous rapprocherions, d'après l'indication d'Hesychios, **Lilyb**ée de λίμνη ou de **Lim**en, ayant le sens de mer, marais ou port de mer.

Caccabé (tête de cheval). Je relève dans les commentaires d'Eustathe la phrase suivante sur Carchedon : « On l'a appelée aussi Neapolis, Cadmea et Caccabé, *ce qui, dans la langue des indigènes, signifie tête de cheval*. » [1]

En admettant cette signification, on peut reconnaître le mot *tête* dans la seconde portion du nom, *cabé*. Le vocable **cap** ou **kap** peut être assimilé à la racine européenne **cap** ou **kef**, qui a servi à former le latin **cap***ut*, le grec κεφαλή et le berbère moderne **kef**.

Le premier terme du mot, dans ce cas, aurait le sens de *cheval*. C'est à la forme du primitif **akv***a* (cheval) qu'il faut nous référer. Le latin **equ***us* et **equ***a* lui est comparable. Le nom libyen restitué

---

[1] *Comm. d'Eustathe*, 195 ; *Géogr. grec. min.*, t. I, p. 251.

serait donc **Equacabe** (**Akvacabe**), au lieu du terme écrit par l'auteur grec selon une orthographe phonétique. L'hypothèse est d'autant plus plausible que les Grecs de Sicile prononçaient ἴκκος ; les Touareg prononcent **ech**_ou_ et les Zenaga **ich**_i_.

La traduction d'Eustathe peut être admise, étant donné le rôle joué dans la tradition libyenne par la tête de cheval. Virgile, en savant archéologue, n'a eu garde de n'en pas tenir compte. Selon lui, les Tyriens, en creusant les premières fondations de Carthage, y auraient trouvé une *tête de cheval* placée là par Junon :

> *Quo primum . . . . . . Pœni*
> *effodere loco signum quo regia Juno*
> *monstrarat caput acris equi.*

Bure. — Dans Tubursicum **bure**, Timida **bure**, Tim **bure**, **bure** correspond au thrace —**para**. Ce terme se trouve dans divers noms de lieux, tels que Bessa**para**, Subzu**para**, Druzi**para**, etc. Fick l'assimile à l'allemand fur*th*, comparé au grec πόρος passage. La forme **para** n'était pas unique. Nous relevons, en effet, vers le delta de la Maritza, une ville thrace du nom de Τέμπυρα. Ce nom est précieux, au point de vue qui nous occupe. Nous y trouvons l'article *i* préfixé, puis le nom ἔμπυρα, probablement un neutre pluriel, assimilable au grec ἐμπόρια. Il est inutile de faire ressortir l'identité de **Τέμπυρα** (Thrace) et de **Timbure** (Afrique). Tubursicum **bure** se décompose en τόβυρσικόν πορόν (forme neutre) : le marché aux peaux de bœufs. Timida **bure** (vers Teboursouk) paraît avoir son premier terme tiré de μυδαω être humide, sens de source. En guanche, *ta maide* signifie encore fontaine, d'où le sens : le marché de la source. Ce terme libyen explique aussi pourquoi tous les lieux de commerce de la région carthaginoise, au lieu de porter un nom sémitique, étaient désignés sous celui de ἐμπόρια.

Ballene prœsidium (Oranie). Dans ce mot, il faut reconnaître le sanscrit bal*a* force, d'où le latin **val**_ere_. En slave, on a bol*ij*, comparatif signifiant plus grand, plus fort ; enfin, en phrygien, βαλήν signifie roi. C'est à ce dernier terme que l'on pourrait rapporter le mot **ballene** (adjectif) avec le sens de royal, ou de fort.

Sua. — Dans l'onomastique, nous trouvons un autre mot susceptible d'être rapproché des dialectes de l'Asie Mineure. Une ville libyenne se nommait Sua ; son nom actuel est Chaouach. Cet endroit est remarquable par la multiplicité de ses tombes antiques. Les unes sont creusées dans le roc, les autres sont des monuments mégalithiques. Or, σούα (Steph. Byzance) en carien signifiait tombeau ; nul terme ne pouvait mieux s'adapter à une localité couverte de tombes préhistoriques. Il y a là un rapprochement curieux.

Gela (carien) roi ; **Goliath** (philistin) ; *agueli*d. Dans le courant de cet ouvrage, nous avons eu l'occasion de rapprocher les uns des au-

tres ces trois noms. Nous savons que **gela** est un mot carien signifiant roi. Par l'histoire des Hébreux, le nom de **Goliath**, chef des Philistins, nous est connu. Or, les Philistins étaient un peuple européen
fixé sur la côte de Syrie. Leur langue pouvait présenter des affinités
avec les dialectes européens d'Asie Mineure. Il est donc naturel de
rapprocher **Goliath** de **Gela**. Enfin, en berbère, *a*guelid signifie roi.
C'est un mot à assonance intermédiaire entre **gela** et **Goliath**, il a
la même signification. Il est logique de lui attribuer la même origine.

Battos. Ce mot a le sens de roi en libyen, dit Hérodote (Λίβυες γάρ
βασιλέα βάττον καλέουσι, IV, 155). Il paraît avoir été usité en Asie Mineure,
comme le prouvent ces vers de l'*Iliade :* « Devant la ville, non loin des
murailles, s'élève une colline assez étendue, en pente douce et d'un
accès facile de tous côtés. Les hommes l'appellent **Bateia,** les dieux
la nomment le tombeau de la vaillante Myrina. » [1] En d'autres termes, Homère nous apprend qu'un tumulus était le tombeau de Myrina, reine des Amazones. Ce nom de **Bateia** paraît être le féminin
de Batos. Le tumulus se nommait donc, en phrygien, le tombeau de
la reine.

.La femme du roi Dardanos portait aussi le nom de Bateia.

Enfin, on peut rapprocher de ces mots : βᾶς, employé par Eschyle
(*Suppliantes,* v. 892-901) avec le sens de roi. Le terme plus moderne
de βασιλεύς a été expliqué par βᾶς-λαός le chef du peuple.

Tityrus, Τι Τυρος. On doit à Probus certains commentaires sur Virgile. D'après ce critique, le nom de Tityrus donné par le poète à un
berger de ses bucoliques ne serait autre qu'un mot *libyen.* Tityrus,
dans cette langue, aurait signifié bouc. Le scoliaste de Théocrite explique ce nom de même façon.

On peut rapprocher, dans ces conditions, **Tityrus,** bouc, du grec
Σάτυρος. Ce nom désignait des dieux rustiques offrant par le nez ca-
mus, les oreilles pointues, les cornes, le bassin et les membres infé-
rieurs l'aspect du bouc. Cette coïncidence de nom et de personnage
permet de se demander si Σάτυρος n'a pas la signification de Tityrus.
Ce serait une forme disparue de la langue grecque en tant que nom
commun : il ne s'y serait conservé que comme nom mythologique.

L'analyse de ce mot permet de le décomposer en Σα ou Τι, article,
et Τυρος (Tyrus). Or, nous retrouvons ce terme en grec classique ; il
signifie fromage.

Dans les divers dialectes berbères, **tiri** désigne également le fromage et le lait aigre. Chèvre se dit **taret** chez les Chaouïa et les Beni-
Mzab. Un rapprochement avec sa**tyrus** et **taret,** τυρος et **tiri**, paraît
très logique.

Mathos (grand). Alexandre Polyhistor nous donne un autre terme

---

[1] *Iliade,* vers 811.

libyen. Il parle de « la grande île libyenne qui se nomme dans le dialecte des Libyens *Sa*matho, ce qui signifie la grande ». [1] Nous retrouvons **Mathos** comme nom d'un chef libyen révolté contre Carthage. Ce mot a été rapproché du sanscrit **mahaut** (masc.), **mahati** (fém.), **mahat** (neutre) grand, du grec μέγας, du gothique féminin **magathis**, signifiant grande. Il est évident que le premier terme *sa* est l'article libyen. Le nom propre libyen **Matho**s fournit une preuve de cette affirmation.

Bassarion. Hérodote (IV, 192) désigne sous le nom de βασσάριον un renard de Libye. Ce mot a survécu en copte; le renard est appelé **bassor** dans ce langage. Il ne semble pas que ce soit un terme sémitique. En effet, les Thraces désignaient sous le nom de βασσάρα un grand vêtement. Celui-ci était probablement en peau de renard. Un fait le confirme : c'est un terme lydien, dialecte du thraco-phrygien. Dionysos était invoqué par ce peuple sous le nom de **Bassar***éus*. Cette appellation, comme le remarque M. Ridgeway, [2] indique que ce dieu passait pour protéger les raisins contre la dent des renards.

Ne pourrait-on pas rapprocher de **Bassar**a le nom de la tribu libyenne écrit **Bassach**ites, et celui de la ville de **Bezer**eos (Sud tunisien)?

Ce nom paraît persister dans le berbère moderne. Les Zouaoua disent encore *a***barer** (renard) pour **baser**. Peut-être faut-il voir une altération par rhotacisme du nom primitif **bassarion**?

Thoès, θώες. (Hérodote, IV, 192) est un nom d'animal de Libye. Or, δάος en phrygien désigne le loup; δαϝος est presque le même mot que θώς, gén. θωός probablement chacal. La racine est **dhu** assaillir, d'où le petit slave **div***iij*, **dik***u* sauvage.

Ἔλυμος. Rappelons que dans le berbère moderne nous avons vu le terme **aloum**, **alim**, signifiant paille, roseau; c'est un mot d'origine phrygienne, comparable à Ἔλυμος roseau, en grec κάλαμος.

Σιρός, seraf. Le mot silo, que les Berbères nomment aussi **seraf**, paraît être, comme l'objet qu'il désigne, d'origine thraco-phrygienne. Démosthène nomme les *silos* en Thrace : ὕπερ δὲ τῶν μελινῶν καὶ τῶν ὀλυρῶν ἐν τοῖς Θρακίοις **σιροῖς** ἐν τῷ βορακίῳ χειμάζειν (*De Chersonneso*, 38). Quinte-Curce en désigne au sud du Caucase « **siros** *vocabant barbari* » (CXXVIII). En Phrygie, ils étaient d'usage courant. Il était utile de signaler l'identité de nom et de procédé de conservation des grains, tant en Phrygie qu'en Afrique.

Voici maintenant un certain nombre de mots libyens disparus du grec ou des dialectes thraco-phrygiens. On peut les expliquer à l'aide

---

[1] AL. POLYHISTOR : Fragm. 132; *Fragm. hist. grec.*, t. III; édit. Didot-Müller, p. 238-239.
[2] RIDGEWAY : *Classical review*, t. X, nº 1, 1897.

des langues celtiques où ils se sont conservés. Les langues celtiques dérivent, comme on le sait, du thrace.

Mas (fils). C'est un terme thrace ou cimmérien. Il fut usité un moment en Grèce. Les héros de la période épique portent souvent des noms terminés en **mas**. Nous avons précédemment cité à ce sujet les noms Atha**mas** (fils d'Eole), Aca**mas** (Troyen), Dy**mas** (Apollodore), Teuto**mas** (Thessalien). En latin **mas**, mâle, enfant mâle, fils, paraît provenir de ce vocable.

Beaucoup de noms libyens ont été formés en mettant **mas** comme premier terme. Citons au hasard : **Mas**sinissa, **Mas**siva, **Mas**intha, etc.

La sifflante de **mas** se prononçait également c. Les noms de diverses tribus en sont la preuve : **Mac**ai, **Mac**atoutai, **Mac**anitai, etc.

Dans le berbère moderne **mas**, écrit aussi **mis** et **mes**, **mac** et **mach**, a le sens de fils. C'est encore celui que lui attribuent les Touareg, avec celui de maître, seigneur.

Massès, appelé aussi Manès, était un antique roi de Phrygie et l'aïeul de la race.

Les langues celtiques ont le plus fidèlement conservé le terme **mac**. Il est encore actuellement d'un usage courant dans l'irlandais et l'écossais. Les clans de l'Ecosse font précéder leurs noms, comme jadis ceux de Libye, par cette particule de filiation. Certaines assonances de Libye et d'Ecosse sont même remarquables. Citons au hasard : Μάχυνοι (Mac-Kines) et **Mac-Kin**on, Μαχλύες (Mac-Klyes) et **Mac-Cleiz**, Μάξυες (Mac-K'zyes) et **Mac-Kenzie**, **Macmacon**[1] et **Mac-Mahon**, **Mackeg'lan** (inscr. libyque) et **Mac-Coughlan**,[2] etc. En irlandais, homme se dit **mogh**, en guanche **mago** (Bethencourt).

Parmi les noms historiques, nous avons eu l'occasion d'expliquer déjà le sens de celui de Massinissa. Celui de Masintha semble un doublet du premier, prononcé un peu différemment.

Voici l'interprétation de quelques autres noms libyens :

Mazippa, chef maure contemporain de Tibère, *mas* fils, ἴππα, cavale.

Micipsa, *mas* fils, ὕψος hauteur, comp. Ὑψεύς, roi des Lapithes.

Macatoutai. Ce nom peut s'expliquer par *mac* fils et le mot *teuta* qui existe dans les langues osque, sabine, celtique, gothique, lettique, lithuanienne, avec le sens de peuple, tribu.

Masclonis (gén.) (*Bull. arch.*, n° 20, 1898, fasc. I, p. 109). Ce nom peut être rapproché du latin d'Afrique **Mascel**, comparable à Masculus. **Mascl**on serait un participe présent. On trouve formés avec ce vocable les noms de **Meskel**a (Diodore), **Mascul**a (Khenchela), **Masclianœ** (Djebel-Aïoun).

---

[1] *Bulletin archéologique du Comité*, 1891, p. 514, n° 30.

[2] JUDAS : *Sur plusieurs épitaphes libyques*, Paris, 1868, p. 37. Nous faisons en passant quelques réserves sur l'exactitude de la lecture de ces inscriptions libyques.

Macomades, noms de divers centres. En grec régulier on a le nom ὅμαδος, rassemblement. Les Libyens paraissent avoir employé une forme ὅμας, αδος. Le premier terme du nom, *mac,* est l'ethnique ayant le sens de filiation, très usité en Afrique. Les noms des divers *Macomades* d'Afrique sont suivis du génitif. Tel est *Macomades Selorum.*

Masmacon (*Bull. arch.,* 1891, p. 514), *mas* fils, *macon* mot en forme de participe présent provenant de la racine *meg, mag* être grand, d'où le grec μέγας, grand, le latin *magnus;* sens de fils de grand. Comparez le libyen Massonas, = μάσσων, plus grand.

Massuricus (*C.,* supp., 11575-11576); *mas* fils, σύριγγος nom local provenant de σύριγξ flûte. D'où le sens de fils de joueur de flûte.

Mascanis (*C.,* supp.,12253); mot hybride formé du mot fils et *canis* (lat.) chien. Le berbère actuel a le mot *akioun* correspondant à κύων. Les inscriptions donnent Saccanis (*C.,* 10485); *sa* est l'article; *chian* (*Bull. arch.,* 1897, p. 399); Chinidial (*C.,* 5217) correspondant à κυνίδιον petit chien.

Mastalaï (gén.) (*Bullet. archéol.,* 1899, p. 214); *mas* fils, τάλας infortuné.

Mastucaranis (*Bull. arch.,* 1904, p. 239, nº 34). Ce nom peut s'expliquer par *mas* fils; *tu* = τοῦ article au génitif; κάρανις (gén.) mot qui se retrouve dans Adicran, Ἀδίκραν, d'Hérodote (IV. cl.lx). D'après le vieil historien, Adicran, chef libyen, fut dépossédé de son territoire par les Cyrénéens. Nous expliquerions, d'après le nom de l'inscription *Caranis,* la seconde partie du nom libyen par κάραν(ος), chef, de κάρα (grec, carien) tête. Cette explication est d'autant plus acceptable que chef se dit en canariote *a choran.* Ainsi, *mas tu caranis* signifierait fils du chef.

Quant au nom de Adicran, nous serions tenté de le décomposer ainsi : *a* article, *di* deux fois, *caran* chef.

Bounos. Βουνός (Hérod., iv, 199) est un mot cyrénéen, selon Hérodote, signifiant colline. Ce mot devait exister aussi en grec. En effet, les Grecs modernes emploient encore le mot βουνόν, au neutre, pour désigner la montagne. Il est peu probable que cette expression soit venue de Cyrène en Grèce. On peut, de plus, rapprocher **βουνός** de **benn,** qui en celtique signifiait aussi montagne, mot conservé dans les noms propres actuels de Cé**venn**es, A **penn** ins, Alpes **Penn** ines, etc.

Une tribu des quinquagentes du Jurjura actuel portait le nom de **Abenni.** Ce nom paraît se relier aux termes précédents. La phonétique libyenne permet de rapprocher de ce nom les **Βανίουραι** (Ptolémée). Le terme ουραι, conservé dans le berbère *our,* signifie homme, *vir* (lat.). Le nom libyen aurait donc le sens de montagnards. La ville de Tu**bunæ** (Tobna), dans le Hodna, à 460 mètres d'altitude, tire son nom du vocable libyen **Bounos,** forme féminisée. Les Berbères appellent aujourd'hui *la* bouna le petit four en forme de mamelon que les femmes construisent pour la cuisson du pain.

Mapalia (Salluste), **Magalia** (Virgile). La différence de nom tient à un phénomène phonétique commun au celtique et au libyen. Nous en avons déjà parlé à propos du nom des Libyens comparé à celui des Ligyens ou Ligures. Movers avait aussi insisté sur la substitution fréquente du G au B et réciproquement dans les noms libyens.[1] Le même phénomène se retrouve pour d'autres labiales P. F. V. à l'égard des diverses gutturales K. G. Pareille règle existe dans les langues celtiques. En d'autres termes, les Libyens disaient indifféremment Mapalia et Magalia.

Mapalia ou Magalia servait à désigner l'habitation numide. Ce mot paraît formé dans sa première partie d'une racine comparable au vocable européen **mag**, ayant le sens de puissant, grand. Nous avons déjà exposé la comparaison des formations obtenues au moyen de cette racine : 1º en grec ; 2º en celtique, dialecte thraco-cimmérien du nord-ouest ; 3º en libyen, dialecte de même origine, développé au sud de la Méditerranée.[2]

La présence de la racine **mag** servant à former le nom libyen de maison est une formation comparable au grec. Cette racine entre en effet dans le mot μέγαρον. Ce terme prend dans Homère la signification de salle de réunion (*Odyssée*, 16,341-17,604), parfois de maison (*Od.*, 4,210-10, 452), sanctuaire du temple (Hérodote, I, 47-65 ; II, 141-143). Le guanche possède ce mot à peine déformé *almogaren*, signifiant temple. En celtique, on trouve le nom de **Mag***us* dans beaucoup de noms de lieux. Roger de Belloguet attribue à ce terme le sens d'habitation. Son opinion se fonde sur les mots **mag***en* (kymrique, irlandais) foyer ; **mag***wyr*, rempart, maison ; **mog***er* (armoricain) mur. Ces divers termes s'emploient pour désigner une construction. Magalia serait donc un terme identique. On peut en rapprocher aussi le nom de la ville libyenne de **Meg**asa. C'est une variante féminine archaïque de μέγας. Les Grecs avaient adopté la forme **Meg**ara. Des villes ont porté ce nom dans le Péloponèse, en Béotie, Attique, Thessalie, Pont, Illyrie, Sicile. **Mages**, localité située dans le sud de la Province d'Afrique, Thamugas, Thamugadi (Aourès) sont des variantes de **Μέγας**.

Adyrin, Dirin, montagne. « La montagne nommée Atlas par les Grecs est appelée **Dyrin** par les Berbères. »[3] Ce mot a été relevé aussi dans Pline (v, 1). Tissot l'a rapproché du berbère **deren**, ayant la même signification. **Dar**, *a* dar est un terme courant pour désigner la montagne. Connaissant les habitudes de la phonétique indigène, il ne

(1) Movers : *Phönizische Alterthum*, t. II, p. 404, nº 149.

(2) « Formation comparée des mots dans les langues berbères et européennes », p. 106 et *Revue Tunisienne*, 1905, p. 46.

(3) *Chrestomaties* de Strabon, liv. xvii, 51. *Geog. græci min.*, t. II, p. 635.

paraîtra pas osé de rapprocher de **dyr, dyrin**, les *A* **taran** *tes,* d'Hérodote, habitant très vraisemblablement dans ces montagnes. La signification de ce nom serait celle de montagnards.

Un autre nom de tribu libyenne donné également par Hérodote est celui des **Adyrmachides** ᾿Αδυρμαχίδαι. La valeur du premier terme de ce nom ἀδύρ nous est connue; le second terme μαχίδαι peut être rapproché de μαχητής, combattant, guerrier. Les guerriers de la montagne. Combat se dit en berbère *menyi.*

Actuellement, certaines montagnes portent encore en Afrique le nom libyen de **adyr, dyr**. Tels sont entre autres le **Dyr** du Kef, le **Dir**a vers Aumale, le cap **A**dar en Tunisie, l'**Edough** vers Bône.

En Europe, on retrouve le vocable **tor** ou **dor** avec la signification tantôt de montagne, tantôt de fleuve qui en découle. Le **Taur**us des anciens, le nom des Cimmériens **Taur**i montrent l'existence de ce vocable chez les Thraces. Les peuples celtiques qui en sont issus employaient également ce vocable. **Tor**, en ligure, en kymrique, en armoricain, en irlandais, a encore le sens de montagne. Dans les Alpes, **Tar**antasia ne diffère que par la désinence ethnique asia, du nom des **A tar**antes. On trouve : **Tor**amina (Basses-Alpes), **Tur**i, peuple ligure (Pline), **Taur**os en Sicile, **Taur**ocis (Tarente), **Taur**ini (Ligures). Ces derniers étaient fixés dans la région où s'élève aujourd'hui Turin.

L'onomastique actuelle permet de noter deux monts **Dore** (Auvergne et Lyonnais), la **Doire** (rivière), deux **Dor**ia dans la haute Italie, l'**A**dour, la **Dor**dogne, le **Dor**redon, etc. Il y a là de nombreux indices permettant d'affirmer la présence du même nom signifiant montagne, des deux côtés de la Méditerranée.

Zegeries, collines. « On y voit trois sortes de rats : les dipodes, les zegéries (ζεγέριες) nom libyen qui signifie en notre langue « des collines » (βουνοί). » (Hérodote, IV, 192).

Le mot **Zegeries** paraît formé de deux composants. Dans le premier terme *ze,* il est facile de reconnaître l'article libyen ; **geries,** le second terme du mot, provient d'un vocable **ger** suivi d'une désinence locale. C'est ce vocable qui possédait le sens de colline. Il entrait dans la composition de plusieurs noms géographiques libyens. Dans l'Afrique propre et aussi en Maurétanie, nous trouvons deux villes de **Segermes**. Le terme *mes* servant à former le nom de Segermes signifiait, tant d'après les noms numides que d'après le touareg moderne : *seigneur* ou *grand*. La puissante colline ou la colline du seigneur. A l'époque romaine, une ville portait le nom de Turris Timeze **geri** (Sud tunisien). Ce mot hybride peut s'expliquer : *ti* article, *mes* grand, *geri* colline. La tour de la grande colline.

C'est surtout dans l'onomastique géographique du Nord africain que l'on rencontre le vocable **ger** écrit aussi **gar, gir, gour**, employé pour désigner les montagnes. Nous avons déjà signalé le nom des

Gorgones (gor montagne, *gone*, γυνή femme) à propos du mythe de Perséus. Nous relevons les monts **Gar**as et **Gar**aphi dans Ptolémée,[1] **Gur**ubi dans Corippus, **Gyr** dans l'itinéraire de Balbus. Actuellement diverses montagnes portent encore des noms formés au moyen de ce vocable ; citons plusieurs monts : **Gor**a (Tunisie), **Gour**in (Beni-Menacer, Sud tunisien), **Gour**aya (Bougie, Cherchell), *Hog* **gar** (Sahara), les **Gar**ian (Tunisie), etc.

On peut penser que ce nom a persisté chez quelques tribus berbères. *A* zer*ou*, ou, selon les dialectes, *a* cher*ouf*, signifie rocher. *I* ghil, gar, pluriel *i* gour, signifient colline, mont. Le terme *a* γer*da*, rat, paraît composé du même élément que le mot ze geries. Il se retrouve dans tous les dialectes berbères. Ce terme de **gar, ger, gor**, si libyen, est en même temps essentiellement européen. Comme nous l'avons déjà dit,[2] on trouve **gar, gari** (européen primitif), **giri** (sanscrit), **gairi** (zend), **gor**a (petit slave, ligure), **gir**i (lithuanien) montagne. En d'autres termes, les divers groupes linguistiques de l'Europe le possèdent. Il n'a pas persisté dans le groupe italo-grec. Un grand nombre de montagnes et aussi de fleuves d'Europe et d'Asie Mineure ont leur nom composé avec ce vocable.

Abrid. Selon l'anonyme de Ravenne, la côte africaine voisine de l'Espagne portait le nom d'*Abrida*. M. Tissot rappelle à ce sujet que *abrid* en berbère (zouaoua, mzab, chaouïa, etc.), a le sens de chemin. Ce terme manque en grec. Par contre, divers mots des langues européennes paraissent composés avec ce vocable. Remarquons que le gaélique **abred** signifie passage, migration, comme le berbère **abrid**. On a aussi en celtique **aberes** voyage. En lithuanien **bred***a*, en petit slave **bred***a*, **brod***a* ont aussi le sens de passage et de gué. Il s'agit donc là d'un mot ayant disparu des langues méditerranéennes.

CHAPITRE V

Possibilité de distinguer les diverses couches linguistiques dans le libyen et le berbère

La langue libyenne a tiré son vocabulaire de divers dialectes européens à des époques variables. Ces époques correspondent très vraisemblablement à des immigrations successives.

Quelques exemples vont le faire comprendre.

Les reliefs du sol et les rivières qui en découlent fournissent sur ce sujet des données fort intéressantes. La désignation de l'homme, de sa descendance et de son abri constitue aussi une autre source d'informations utiles à consulter.

[1] Liv. IV, c. ii, p. 256. Wilb.
[2] *Revue Tunisienne*, 1898, p. 63.

Grâce à ces documents, on peut reconnaître :

1º Une première couche d'expressions archaïques ayant été usitées aussi en Europe et en Asie Mineure ;

2º Une seconde couche moins ancienne ;

3º Des termes helléno-phrygiens. Parfois leurs équivalents phéniciens leur sont accolés, ce qui montre bien que ces termes sont antérieurs à la colonisation punique ; ils ne sauraient donc être attribués à l'action de Byzance.

Termes servant à désigner la montagne

1º Le terme le plus archaïque paraît être celui conservé par Hérodote, Pline, Strabon : **Dyr**is, d'où les noms de **Adyr**machides, **A tar**antes, etc.

Il persiste, comme nous l'avons vu, dans les noms de **Ras Adar, Dyr, Dir**a, etc. Les Berbères contemporains emploient encore les mots **der**en (Bekri), **Adrar** (chaouïa, maroc., touareg, etc.).

En Europe, ce vocable a servi à former des noms de montagne dans les pays thraco-phrygiens et en Gaule, que nous avons relevés précédemment ;

2º Le vocable **ger**, conservé dans **Ze ger**ies, d'Hérodote, **Se ger** messa, Timeze **ger**i, a servi à désigner les collines et aussi les montagnes. Nous avons énuméré divers noms formés avec ce vocable en Afrique, dans l'antiquité. La toponymie berbère et la langue actuelle conservent des mots qui en dérivent.

Ce vocable est européen. Beaucoup de noms de montagnes en proviennent, tant en Europe qu'en Asie Mineure.

Nous avons vu le nom **Βουνός**, qu'Hérodote regarde comme cyrénéen. Dans l'antiquité les **A benn**i, **Ban**ioures, **Tu bun**æ paraissent en provenir. Aujourd'hui, Ta **boun**a, le four, rappelle cette expression. Nous l'avons rapprochée du celtique **Benn, Penn**.

3º Le mot ὄρος prononcé, comme le faisaient aussi les Ioniens, οὖρος, paraît appartenir à une troisième couche de population.

Dans l'antiquité, le nom **A**ur**asius** (Aourès) paraît être, précisément, ce terme avec l'article *a* préfixé. Les Berbères contemporains appellent a**our**ir (zouaoua) ou ta**hor**t (touareg) les collines.

Agmoun signifie montagne en zouaoua. C'est le terme ἄγμος lieu abrupt, mis au neutre comme le latin **acumen**.

Lar, en berbère, signifie contrefort, comme le grec antique λᾶρ.

Nous avons aussi eu occasion de rapprocher a**lous**, colline, mot targui, de λόφος. Il y a eu, selon les lois phonétiques locales, disparition du son φ.

ἄκρον, colline, cap, se retrouve dans le zouaoua **akerrou**, et peut-être ἄκρα dans le taïtoq **herkah**, avec métathèse pour **ekra**.

La dernière couche, qui paraît hellénique, a imposé une grande abondance de termes pour désigner les reliefs du sol. Cette couche est antérieure aux Phéniciens. Il est bon de l'établir. Les Phéniciens, à leur arrivée, trouvèrent ces noms grecs, et comme font les envahisseurs d'un pays, les conservèrent en les faisant précéder du terme de leur langue désignant l'objet. Ainsi, les Phéniciens ont remplacé le nom de cap ἄκρον, akerrou par le mot *rouz, rus*, signifiant également cap dans leur langue. Ce mot a été placé devant le terme libyen. Un cap portait le nom de **akerrou**, le cap par excellence. Les Phéniciens l'ont appelé : rus **Akerrou**, Rus ucuru m (An. Rav.) Ῥουσουκόρον (Ptolémée).

En Sicile, existait un mont Ecnome, Ἔκνομος, sens de dangereux. Un cap d'Afrique portait le même nom. Les Phéniciens ne manquèrent pas de faire précéder le nom indigène du mot de leur langue signifiant cap : *rus*, d'où le nom hybride Rus ucnom a.

Un cap se nommait Γονίας, cap de la tempête. Les Phéniciens lui accolèrent leur terme *rus*, cap. D'où le nom Rus **guniæ**, aujourd'hui cap Matifou.

Du mot σνκά figuier, les Libyens avaient formé l'adjectif σνκᾶδος, -α, qui a des figuiers. Un cap portant ce nom fut désigné par les Phéniciens sous celui de rus **Sicada**, Rusicada. [1]

Ἄζω, vénérer, d'où le grec ἅγιος, saint, et sans doute le libyen ἄζος = ἅγιος, a servi à dénommer le cap Ruzazu, le cap sacré.

Ce rapide examen indique bien la succession sur le sol berbère de quatre couches de population :

1º Une population appelant le reliefs du sol du nom de dar, dyris ;
2º Une couche leur donnant celui de ger ;
3º Une couche hellénique : οὖρος, βουνός. ἅγμος, λᾶς, λόφος, ἄκρον ;
4º Une couche punique : rus.

Termes servant à désigner les cours d'eau
des deux côtés de la Méditerranée

1º Les plus anciens noms servant à désigner les cours d'eau chez les Libyens paraissent formés avec la vocable **sar**.

Sar n'entre pas dans les formations de noms de cours d'eau dans les pays helléniques. C'est un vocable européen très archaïque. De lui dérivent **sar**, sar ati (sanscrit) couler, sar a, sar as, eau. Ce terme appliqué à la mer persiste dans le terme grec ἅλς, mer, eau salée, puis sel, et le latin **sale**, sel.

Comme noms de fleuves, M. de Jubainville relève **sar** a = Sarre,

[1] HANOTEAU : « Archéologie du territoire des Beni-Raten », *Rev. afric.*, t. V, 1861, p. 182.

affluent de la Moselle ; **sar**a = Serre (affluent de l'Oise) ; **sar**aonicus = Rhôny (département du Gard) ; **sar**ius = Serio (Lombardie). [1]

En Libye, on trouve les noms de **Assar**a (Ptolémée), **A**sar, **I**s**sar** (Ysser), **Si**s**ar**is, **Asi**s**ar**ath, **Zar**ythos, **Au**s**ere**, **Sufa**s**ar**, **Isar**iren (Adrar Ahnet). Les Beni-Menacer appellent le ruisseau Ɵaria. A ces termes, se rapporte le berbère thal**a**, source = **sar**a, eau.

Plusieurs de ces noms libyens sont précédés de As, Is. Des formes semblables se retrouvent en Europe. Citons : Isar**a** = Isère et Oise ; Isar**a** = Isar (affluent du Danube, en Bavière) ; Ysr**a** = Iser (affluent de l'Elbe, en Bohême) ; Yser (département du Nord).

Ce préfixe As, Asi, Is, Ys est une racine ayant le sens de *rapide*.

Le son *s* initial a disparu de certains noms formés avec le vocable **sar**. Nous avons signalé, en grec, le mot ἄλς, mer. Comme exemples de cette déformation, on a relevé en Europe les noms de **Ar**ar (Saône) ; **ar**iminium (rivière en pays ligure) ; **Ar**va = Arve, vers Genève ; **Ar**va = Avre (affluent de l'Eure) ; **Ar**annus = Aren (Bouches-du-Rhône) ; **Ar**aris = Aar (affluent du Rhin) ; **Ar**nus = Arno (Italie).

En Libye, on peut citer les noms suivants : **Ar**dalio (vers Haïdra) ; **Ar**moniacum (vers Tabarca) ; **Ar**mua ; **Ar**mascla ; Oued **Ar**aar.

Il est difficile de ne pas être frappé de l'identité de composition de ces noms de cours d'eau situés des deux côtés de la Méditerranée.

2° Une deuxième formation de noms de rivières en Libye a été empruntée à la même racine **ger** que nous avons trouvée pour désigner les montagnes. Les peuples primitifs de presque tous pays ont l'habitude de tirer d'une même racine les noms de leurs montagnes et des cours d'eau qui en découlent. Pareil phénomène existe en Europe. Un nombre considérable de noms de cours d'eau sont formés au moyen du vocable **ger**.

En Gaule, nous relevons : Li**ger** (Loire), Li**ger**ula (Loiret), In**ger**a (Indre), Vi**ger**a (Voiro). Dans l'onomastique actuelle, on trouve le **Ger**s, la **Gar**onne, la **Gir**onde, **Gar**tempe, **Gier**, **Guier**s (Savoie), **Gère** (Isère), **Guer** (Bretagne), **Gar**d, **Gir**on (Aude), **Gar**don, **Cher**, **Char**ente, **Guer**gour, **Guer**gaïr, **Guer**garo, en Bretagne.

En Libye, Ptolème nous a conservé le nom du fleuve **Ger**. A l'époque actuelle, nous relevons : l'I**ghar**ghar, l'oued **Gar**a (Tunisie), **Guer**gour (point d'eau vers Sfax), E**ger**i (point d'eau en Tripolitaine), **Ghar**is (Sahara), E**guer**e (Sahara) et peut-être N'**ger** (le Niger), nom identique au mot In**ger**a, l'Indre.

Dans les dialectes berbères contemporains, on peut citer les noms de aɣahar, fleuve (taïtoq) ; aɣer, en chaouïa, signifie « passer une rivière » (Mercier) ; tedjert, ruisseau (taïtoq) ; ajerjo, torrent (guanche).

---

(1) D'Arbois de Jubainville : *Les premiers habitants de l'Europe*, t. II, p. 150.

3º Un troisième groupe de noms de cours d'eau paraît formé avec le vocable **souf**, correspondant à l'européen **sab** as.

Ce terme paraît se retrouver en Afrique dans certains noms de lieux antiques signalés par Tauxier, [1] puis par Tissot, tels que **Sufasar**, **Sufevar**, **Suffès**, **Suffetula**.[2] Ces mots paraissent composés avec un premier élément, *souf*, ayant le sens de rivière. Aux remarques de Tissot, nous joindrons les noms de l'Aveus **Sav**us (Harrach actuel, P. Mela), **Sav**a (oued Sahel) (itinéraire d'Antonin), le **Sub**ur (Maurétanie). Nous avons vu (phonétique, p. 78-84) que la confusion des lettres *f, v, b* existe chez les Berbères.

Le nom berbère actuel de rivière se prononce a **sif** dans le nord (Kabylie), **souf** dans le sud.

Des noms comparables se retrouvent en Europe. Chez les Lætani, il y avait un **Sub**ur. On relève un **Sub**is ibérique. Vada **Sab**atia (Ligurie); **Sab**atis (id.); **Sab**atinæ (Norique); **Sav**ara (diverses rivières); **Sav**a = Save (Illyrie); **Sav**o (Savone); **Sab**is (Sambre); **Sab**rina (Severn), rivière de Grande-Bretagne; **Sab**ios (Lombardie), etc.

Ces différents noms sont rapprochés par M. d'Arbois de Jubainville, [3] d'une part du sanscrit **sav**as libation et du vieil allemand **sou** suc, d'autre part d'une racine **sab**, d'où le vieil allemand **saf** sève, l'anglais et le hollandais **sap** sève, l'irlandais **sabh** salive, le berbère **sou** boire. Ces divers termes qui semblent apparentés entraînent l'idée d'humidité, de sécrétion. En grec, on admet une racine ὀυ mouiller, d'où le dérivé ὕει, il pleut. Cette racine persiste encore dans le berbère avec la même signification, puisque l'on trouve les mots **souf**, a **sif** fleuve; i **out** (t.), th **ouet** ou **souet** (zouaoua), il pleut.

Ce terme **souf** paraît le plus récent, à en juger par le nom de **Sufasar**. Ce mot est, en effet, composé de *souf* rivière et de *asar* la rivière; il y a là une répétition de deux termes de langues différentes désignant le même objet. Ce phénomène se produit, comme nous l'avons signalé à propos du punique, chaque fois qu'un peuple de langue différente envahit une contrée. La rivière Sufasar indique deux couches de population, la plus antique appelait les cours d'eau *asar*, la plus récente *souf*.

Tandis que pour les noms de montagnes nous trouvons une pénétration de nombreux termes grecs, les dénominations berbères empruntent à ces trois couches de vocables **Sar, Ar — Ger — Souf** tous leurs éléments. On ne relève guère comme grec que le mot *fons potamianus*, vers Constantine (ποταμός, fleuve). Les noms kabyle et beni-

<hr>

(1) Tauxier : « A propos du nom de Sufasar (Amoura) », *Rev. afr.*, t. IX, 1865, p. 394.

(2) Tissot : *Géographie comparée de la province romaine*, t. I, p. 420.

(3) D'Arbois de Jubainville : *Les premiers habitants de l'Europe*, II, 2ᵉ édit., p. 143 et 190-191.

menacer *irezer*, targui *arahar* ruisseau peuvent être, sans doute, rapprochés du grec ῥέω et plus particulièrement de ῥύσις courant.

Termes servant a désigner l'homme

1º Les Zenaga emploient le terme **man** pour désigner l'homme. Ce terme, disparu des langues du midi de l'Europe, a persisté dans celles du nord. En sanscrit, on trouve le mot **man**u, homme. Ce terme existait en phrygien; en effet, les Phrygiens appelaient Μάνης l'ancêtre de leur race. **Man**u est également celui des races germaniques. Le mythique **Min**os porte un nom identique aux précédents. Ce mot se retrouve dans le pluriel **mid**en signifiant en targui « les gens ». Les Kabyles emploient le terme similaire de **medden**.

2º Le terme le plus usité dans les différents dialectes berbères pour désigner l'homme est celui de **argaz**, avec ses variantes locales de **arias** (chaouïa, sud tunisien), **ales** (taïtoq). On peut se demander si ce nom ne peut pas être rapproché du grec ἀργός blanc, nom par lequel les tribus nobles immigrées d'Europe désignaient les leurs, par opposition aux μέλανοι, tribus brunes ou noires indigènes réduites en servage, telles que les Mélano-Gétules, etc.

Le mot **argaz** se retrouve avec sa même signification d'homme dans les dialectes celtiques du nord de l'Europe : **arguass** (Gallois), **argoaz** (Léonard). Est-ce une simple coïncidence, ou un terme importé des bords du Danube par les Kymris ?

3º Un autre mode de désigner l'homme est l'emploi du mot **var** en targui, d'après Barth, *our* dans les dialectes berbères du nord. Ce terme doit être rapproché de l'européen primitif **vîr**a, d'où le latin **vir**. Nous ne pensons pas qu'il provienne directement du latin, car dans les langues celtiques on trouve les formes **gou** et **gour** identiques au berbère. La seule différence est que les Celtes ont altéré le *v* en *g'* selon les habitudes de leurs déformations phonétiques, les Berbères ont laissé tomber l'initiale *v*.

En résumé, trois groupes de noms servent à désigner l'homme dans les dialectes berbères. Ces groupes peuvent aussi se rattacher aux familles : 1º phrygienne, 2º grecque, 3º italique. Mais leur origine est moins nettement marquée que pour les dénominations étudiées déjà. Cette différence tient à ce que les termes plus particulièrement employés par chacun des trois groupes préexistent dans ce qui fut l'européen primitif.

Termes libyens exprimant l'idée de descendance

1º Nous avons étudié le terme **mas**. Celui-ci a servi à la formation du nom de nombreux personnages ayant vécu avant et pendant l'occupation romaine. Ce mot se retrouve dans l'appellation de **maz**igh et dans le nom targui **mes** maître. L'origine de ce terme, qui existe dans les langues celtiques, semble être thraco-phrygienne.

2º L'influence hellénique paraît avoir aussi importé divers termes. Fils se dit : **ou** en beni-menacer, **iou** en ghadamésien, **iouï** en targui, a **ïou** en chaouïa. Ces variantes rappellent ὑύς (archaïque), ὑιός fils.

Les Zenaga désignent le fils par o **gesi**, les Kabyles par a **qchich**. Peut-être ces termes doivent-ils être regardés comme une corruption du mot γέ(νε)σις, descendance. Ces termes proviennent d'un vocable **γα**, engendrer, dont nous avons signalé les diverses formations.[1] Le guanche **gan** fils de, le targui **ag** fils, **agna**, plur. agnaten, frère, sont certainement formés de ce vocable.

3º Nous trouvons ensuite un troisième courant, caractérisé par d'autres expressions.

En effet, on voit paraître un terme généralement affixé, qui est écrit selon les variantes de prononciations locales -**ul**, -**yl**, -**il**. Ce terme est antérieur à l'occupation romaine, comme le montrent certains noms de tribus tels que Gœtuli, Massyli, Massessyli, Μασσούλιες (Nicolas de Damas, fragm. 134).

- Dans les dialectes d'Asie Mineure, et plus spécialement en lydien, on trouve un suffixe en -**il** ou -**ul** ayant le sens de fils. Exemples : **Mursilos**, **Mrshtul**.

De nos jours, fille se dit encore **illi** en kabyle. Ce terme peut être assimilé à **filia** fille. Cette acception est d'autant plus plausible que Curtius assimile filia au grec θῆλυς féminin. Or, fille se dit aussi en kabyle **θallest**, mot qui représente le grec à peine altéré.

En chaouïa, fils se dit *mem* et aussi **falou** = **filius**. Il y a là une influence latine plus marquée que dans les exemples cités précédemment, dans lesquels *f* initial avait disparu.

Ces termes de filiation sans *f* initial paraissent libyens, tandis que les noms suivants, tirés du *Corpus* (VIII), se ressentent peut-être de l'influence latine. Tels sont Ia **fis** (69), Ta **fis**, Maso **fis** (supp., 12171); Maso **pis** (supp., 12036, 12051); Mas **fis** (*Bull. archéol.*, 1899, p. 226, nº 121). En libyen, la même altération phonétique du mot *filius* s'est produite que pour le français *fils*.

En résumé, trois sources de termes pour exprimer la filiation en berbère :

1º Mas, d'origine thraco-phrygienne, qui persiste encore;

2º Divers termes se rattachant aux dialectes helléniques;

3º Quelques termes paraissant plus particulièrement en relation avec les dialectes italiques.

[1] Page 104 et *Revue Tunisienne*, 1905, p. 44.
[2] *Grundzüge der griechischen Etymologie*, p. 252-253.

Termes servant a désigner les places fortes

1° La plus ancienne et la plus répandue est formée avec le vocable sagh, Σεχ, ayant le sens de tenir, résister, défendre.

Nous avons donné dans ce travail [1] une trop longue liste de mots formés sur ce vocable pour en recommencer l'énumération. Bornons-nous à rappeler que ce vocable a fourni des noms au sanscrit, au zend, au grec, au gothique, au celtique, au libyen, au berbère.

2° La domination phénicienne a introduit le mot sémitique kart, forteresse, d'où les noms tels que Karthago, Cartenna, Cirta, etc.

3° Enfin, la forme grecque πύργος est courante encore à l'époque actuelle ; on prononce ce mot bordj. Nous avons mis ce nom après le punique, parce que des auteurs ont attribué son importation à l'influence byzantine. Peut-être, ce terme lui est-il antérieur. Les langues celtiques et germaniques possèdent les termes briga et burg, assimilables à bordj.

Dans le berbère moderne, le village fortifié est appelé, selon les régions, kesseur, kasseur, keçar, kçar. Ce terme se retrouve dans l'Europe occidentale avec la même signification. Il se prononce kathair ou kesar en gaélique. Ce type de mots a été rapproché de castrum et de casæ. [2]

Ces divers exemples permettent de retrouver les diverses couches de population européennes qui ont successivement immigré dans le nord de l'Afrique et ont formé le peuple berbère.

---

[1] Pages 107, 108 et *Revue Tunisienne*, 1895, t. XII, p. 47-48.
[2] D'ARBOIS DE JUBAINVILLE : *Les premiers habitants de l'Europe*, t. I, p. 363.

RÉSUMÉ GÉNÉRAL ET CONCLUSIONS

Parvenu au terme de notre travail, nous croyons utile de le résumer dans ses principales lignes. Les nombreux détails accumulés pour justifier notre exposé d'une question encore inconnue ont pu faire perdre de vue l'ensemble. Il est donc nécessaire de le condenser en quelques mots.

Nous avons réuni, dans cette étude, les documents historiques, légendaires et linguistiques susceptibles de faire connaître qu'une puissante immigration, d'origine européenne, s'est établie dans l'Afrique du Nord avant l'arrivée des Phéniciens. Les derniers bans, les plus nombreux d'ailleurs, de ces émigrés importèrent une langue facilement reconnaissable à l'aide du grec ancien.

I
Documents mythiques et historiques

L'historique de cette immigration européenne peut se grouper en trois périodes :

1º Période archaïque ;
2º Période protohellénique ;
3º Période thraco-phrygienne.

I. *Période archaïque.* — L'histoire n'en parle pas. Le mythe du règne de Saturne en Afrique rappelle jusqu'à un certain point ce mouvement. Saturne, dieu national des premiers peuples de l'Italie, pourrait être une indication sur l'origine adriatique de ces immigrés. Les noms identiques de **Ligyes** (Λίγυες) en Europe, de **Libyes** (Λίβυες) en Afrique, semblent confirmer que telle est la direction à donner aux recherches. En Europe et en Afrique ces peuples composaient les noms de leurs montagnes avec le vocable **Dir, Dar, Dor, Tor**. Leurs fleuves et leurs montagnes étaient désignés au moyen d'un vocable **Ger, Gar, Gor. Sar** et **Ar** ont servi à désigner des cours d'eau, ainsi que **Sab, Sav** ou **Saf**. Ces nombreux rapprochements permettent de penser qu'en Europe, comme en Afrique, se parlait alors une même langue.

II. *Période protohellénique.* — Les souvenirs des invasions des populations protohelléniques en Afrique sont conservés dans les inscriptions de l'Egypte. Dès la XIᵉ dynastie, Soukheri Amoni se fait gloire d'avoir fait faiblir les Hanebou, terme synonyme des Ouinin (Ioniens) employé plus tard.

Thotmès III occupa les iles des Danaouna (Danaï). Le mot de Tahennou (ou peuple à peau blanche) était employé en Egypte par homophonie pour désigner ces Danaouna.

Sous Minephtah Ier, la grande confédération européenne qui attaqua l'Egypte comprenait un contingent d'Akaïouscha (Ἀχαίος) Achéens.

Les légendes confirment et développent grandement ces rares données historiques. En effet, le Folklore de la Grèce épique abonde en récits concernant les aventures des populations helléniques dans le nord de l'Afrique. Elles commencent aux époques les plus reculées :

1º D'une part, c'est Atlas, fils de Iapetos, fixé avec sa descendance dans le Maroc moderne. Ces Atlantes attaquèrent l'Egypte, comme le raconta le prêtre de Saïs.

2º *Mythes argiens*. — Puis vient une série de mythes originaires de l'Argolide. Ces mythes ont trait précisément aux Tahennou ou Danaou des inscriptions égyptiennes : *a)* l'Argienne Io émigre en Afrique. Son fils Epaphos y fut le père de *Libyé*, mère des Libyens ; *b)* Danaos, petit-fils de cette dernière, héros éponyme, porte le nom de la race. Refoulé par les Egyptiens, il retourna à Argos, berceau de sa famille ; *c)* l'arrière-petit-fils de Danaos, Perseus, originaire aussi d'Argos, fit la conquête de toute l'Afrique Mineure jusqu'à l'océan (de 1666 à 1380 avant notre ère) ;

3º *Mythes thessaliens*. — L'hégémonie exercée par les Thessaliens sur la Grèce se fit sentir jusqu'en Afrique : *a)* le mythe de Cyrène et d'Aristée, *b)* les récits concernant le chef thessalien Teutamos, *c)* enfin, le voyage des Argonautes en Libye, ont trait à cette période d'activité des Thessaliens au sud de la Méditerranée. Ces Thessaliens paraissent être les Akaïouscha des Egyptiens. Ils s'appelaient euxmêmes Achéens. (1333 à 1282 avant notre ère.)

III. *Période thraco-phrygienne*. — Un ensemble plus probant encore de documents indique l'existence d'un courant migratoire d'une grande importance, venu d'Asie Mineure en Afrique. Cette colonisation peut avoir commencé deux mille ans avant notre ère. Elle se continua jusque vers l'an 1000.

a) L'histoire nous fournit des documents appréciables sur cette émigration. En effet, ces peuples figurent dans diverses coalitions contre l'Egypte. Parmi ces noms se trouvent : 1º les **Mashaouasha** ou **Mysiens**. Hérodote nous signale sous le nom de **Maxyes** leurs descendants. Ils sont établis au nord du fleuve Triton et se disent originaires de Troie. Les Berbères modernes ont conservé ce nom ethnique, reconnaissable dans l'appellation de Mazigh ; 2º les **Tourshas** ou **Tyrsènes**. L'inscription de Karnak dit que ce peuple avait pris l'initiative de la grande invasion sous le règne de Minephtah Ier (XIVe siècle) : « Chacun de ses guerriers avait amené sa femme et ses enfants. » Le territoire où avait émigré tout au moins une partie de ce peuple nous est connu par les auteurs sémitiques. La version des

Septante traduit **Tarschich,** ou pays des Tourschas, par Karkedon. C'est donc dans le territoire de Carthage qu'il faut chercher cette colonie. Les auteurs arabes précisent davantage son emplacement. D'après El Kairouani, El Bekri, Mealem, etc., Tunis portait chez les Sémites le nom de Tarschich. Ce fut donc la capitale des Tourschas africains. Sa fondation remonterait à 1300 ans avant notre ère.

b) La légende confirme l'histoire. Nous avons comme légendes se rapportant à des émigrations venues d'Asie Mineure en Afrique : 1° le mythe des Amazones de Libye, qui avaient comme dieux Dionysos, divinité phrygienne, et Athena, déesse pélasgique ; 2° l'*Odyssée,* réminiscence d'une migration de Troyens (Tourschas) en Libye. Homère attribue à son héros quelques aventures fabuleuses survenues à ces émigrants ; 3° le récit d'Hérodote sur la migration de Tyrsenos (Tourshas) qui, après diverses aventures, arriva en Italie ; 4° le mythe d'Hiempsal, conservé par Salluste, sur le peuplement de l'Afrique par des immigrants venus d'Asie Mineure, qu'il appelle Mèdes, Perses et Arméniens.

c) L'onomastique complète les données de l'histoire et des légendes.

Dans le tableau ethnographique de la Genèse, on trouve une énumération des peuples connus des Juifs vers 1700 avant notre ère. Les peuples aryens sont énumérés comme fils de Japhet.

Gomer, l'aîné, correspond à la population thrace. Ce sont les Κιμμέριοι ou Cimmériens de l'antiquité classique. Ce nom est fréquent en Afrique. Nous le trouvons dans celui de **Ghomer**acen, **Gomar**a, **Khoumir,** groupes berbères importants. Nous trouvons comme analogues de ces noms Γομαρεῖς, nom ancien de la Galatie (Josèphe, *Ant. jud.,* I, 6) et **Gamir,** ancien nom de la Cappadoce chez les Arméniens, d'après Moïse de Khorène (I, 80). Selon Lenormant, les populations d'origine phrygienne de l'Asie Mineure portaient le nom générique de **Gomér**ites.

Les **Gétules** à peau claire, qui de l'Aourès dominaient les Mélano-Gétules, peuvent être rapprochés d'un peuple de Gomer, les **Gètes.**

Un groupe de la race de Gomer, d'Asie, portait chez les Hébreux le nom d'**Afriqâ. Afriqâ** était la **Phrygie.** Ce nom, retrouvé en Libye par les Romains à leur débarquement, est devenu l'appellation de tout le continent. Les indigènes actuels appellent encore **Ifrikia** (la Phrygie) tout le nord-est de la Tunisie, du cap Bon jusqu'à Kairouan. Ce nom finit par prédominer sur celui de Tarschich, donné primitivement à une partie de cette région ; en effet, les Targoumim substituent Afriqâ à Tarschich.

Barbaryah, chez les Sémites, désignait le peuple phrygien. **Barbaria** et **Barbarus,** à l'époque impériale romaine, s'appliquaient au même peuple. Horace emploie **barbarum** pour désigner le mode phrygien. Comment s'étonner que Barbarus, devenu **Berbère,** serve encore à désigner les membres de la grande colonie de même race habitant l'Ifrikia ou Phrygie libyenne ?

Rappelons l'identité de noms des **Byzantes** d'Afrique et de ceux du Bosphore. Après les considérations qui précèdent, ce rapprochement a sa valeur.

Les Arméniens antiques étaient considérés par les anciens comme parents des Thessaliens et des Troyens ou Tyrsènes, et, d'après Hérodote (VII-73), leur habitat primitif s'étendait à l'ouest de l'Arménie actuelle, à côté de leurs frères les Phrygiens. Le chapitre ethnographique de la Bible donne **Togarmah**, ancêtre des Arméniens, comme un fils de Gomer. C'était donc un rameau thrace. Ce nom se retrouve en Afrique dans celui de **Garamas**, ancêtre mythique des **Garamantes**. Ce Garamas, d'après la légende, était petit-fils de Minos, c'est-à-dire que sa dernière étape, avant d'arriver en Afrique, avait été la Crète. On ne saurait nier la ressemblance phonétique de **Garamas** avec **To-garmah**. Dans ce dernier, to est l'article phrygien soudé au substantif, selon l'habitude de ce peuple.

Ajoutons que la coutume des habitations troglodytes et de l'ensevelissement dans des tombes creusées dans les rochers en falaise est aussi fréquente dans la Tripolitaine, ancien habitat des Garamantes, que dans l'Arménie et la vieille Phrygie.

Meschech, sixième fils de Yaphet, correspond à un peuple habitant jadis la Cappadoce. Sa capitale était Mazaca, plus tard Césarée. C'est un document sur les origines de la nation des **Mashaouasha**, Mysiens, Amazones ou **Maxyes**.

On trouve dans l'onomastique des traces d'une immigration de **Cariens**, les grands navigateurs des côtes d'Asie Mineure. Ce sont, au sud de la Tunisie, un fleuve **Akerit** et une tribu d'Ac **caras** (Cariens); au Maroc, une tribu porte aussi le nom de **Z'kara** (z = article); dans l'antiquité, une tribu libyenne de **Μαύδωλοι** et une de **Καῦνοι** rappelaient des noms cariens. Un port s'appelait Μυσο κάρας λιμήν le port myso-carien; un endroit **Καρικόν** τεῖχος le village carien. Le mot de τεῖχος, correspondant au thraco-phrygien **dizus**, était très employé par les Grecs pour traduire les noms des villages de cette contrée d'Asie. Il est étonnant de constater son emploi en Afrique dans les mêmes conditions. Citons encore καρ κωμή (Ptol.) le bourg carien; **Καρ** επούλα (pour πόλις), la ville carienne (?); **Καρ** άμβυς, Karambys, la colline carienne, etc.

Ajoutons à ces détails que les principales villes d'Asie Mineure ont leurs homonymes plus ou moins correctement reproduits en Libye.

Ainsi donc tout concorde à attribuer à l'Afrique du Nord un important peuplement venu d'Asie Mineure : l'histoire d'Egypte, le Folk lore égéen et l'onomastique locale.

II
Documents linguistiques

La langue libyenne paraît avoir été en grande partie un dialecte thraco-phrygien. Les travaux des linguistes, entre autres ceux de Fick et de d'Arbois de Jubainville, classent le phrygien à côté du grec. En supposant une langue souche, chacune de ces langues en serait un rameau. Outre les termes communs entre elles, il existait des mots particuliers à chacune.

Le libyen paraît avoir possédé de nombreux termes particuliers au phrygien. Les noms libyens **battos** roi, **thoès** chacal, **bassarion** renard, **mas** fils, **bounos** colline, **mapalia** chaumière, **abrid** passage, appartiennent à des dialectes thraco-phrygiens. Ajoutons que l'on retrouve dans le berbère moderne les mots phrygiens suivants : **aloum**=ἔλυμος roseau, chaume; **agelid**=gela (carien) roi; **seraf**= **siro**s, silo, etc.

Outre son vocabulaire particulier, le phrygien avait introduit dans le libyen son article préfixé au mot. Cette coutume persiste dans le berbère contemporain.

Diverses autres particularités grammaticales rapprochent le libyen du phrygien, comme par exemple la recherche des désinences en **as, es, is**, et l'emploi fréquent des participes comme adjectifs ou comme substantifs. Ajoutons que les formes berbères rappellent les dialectes du nord de la Grèce, et plus spécialement le dorien, plus voisin du phrygien

Enfin, les noms théophores composés avec **Mên** (divinité lunaire) et **Bagaios**, dieu suprême du panthéon thraco-phrygien, marquent aussi l'influence de ce peuple dans la composition du groupe libyen.

Ajoutons que les tribus décrites par Scylax et Hérodote dans l'est de l'Afrique Mineure ont des noms thraco-phrygiens ou helléniques.

Telles sont les influences plus spécialement phrygiennes. Quant à l'hellénisme du libyen, il est frappant. La presque totalité des noms de villes libyennes peut s'expliquer par le grec.

Le grec (ou libyen) était tellement la langue du pays, que, dès les guerres médiques, il y avait à Carthage même des écrivains composant en grec, comme Charon. Proclès, Silenus, Jarbitas étaient des indigènes : ils écrivirent des ouvrages grecs.

Le grand Hannibal, quoique Phénicien, se servit de la langue grecque dans ses écrits.

Tous les princes indigènes s'entouraient de lettrés et d'artistes venus de la Grèce. Nous avons à ce sujet des renseignements positifs concernant Massinissa, Micipsa et Juba II.

Ainsi que nous l'avons exposé, le latin africain fut de plus en plus altéré par cette action hellénique (libyenne). Les auteurs substituaient des doublets grecs plus ou moins latinisés aux mots latins.

Ils formaient des expressions nouvelles d'après les procédés de la langue grecque. La construction des phrases se faisait d'après les formes grammaticales de cette langue. Certains auteurs en vinrent même à mélanger le grec et le latin dans leurs écrits, tels Fronton ou Fulgence. Presque tous les auteurs africains (Apulée, Lactance, Tertullien, etc.) convenaient que le grec leur était plus familier que le latin.

Le libyen, qui avait résisté à la latinisation au point d'avoir grécisé le latin, persistait à l'époque de l'invasion arabe. Seulement, il avait perdu ses déclinaisons et réduit les temps et les modes des formations verbales. Tombé à l'état de langue populaire des tribus illet-trées, privé de tout contact avec l'hellénisme classique, luttant contre la langue du conquérant, qui est en même temps celle de la religion musulmane, le libyen s'est de plus en plus dégradé. Des termes ont disparu. Des mots arabes berbérisés ou non ont pris la place des mots abandonnés. Tous les noms abstraits ont ainsi disparu du berbère moderne.

La manière de prononcer des tribus d'autres origines que les Libyens a déformé beaucoup de mots, au point de les rendre méconnaissables. Et cependant, si on groupe les mots provenant d'une racine commune au grec et au berbère, on constate que celle-ci sert à former, avec des modifications sensiblement les mêmes, des mots berbères parallèles aux mots grecs.

Si on poursuit l'étude du berbère, on y retrouve les principaux caractères du libyen. D'abord, des termes phrygiens que nous avons signalés; puis, des formes archaïques plus rapprochées du sanscrit que du grec; enfin, des mots qui présentent des affinités avec le vocabulaire des langues de l'Europe septentrionale.

La prononciation des mots berbères ne peut se figurer exactement qu'au moyen de l'alphabet grec.

Quant à la grammaire, réduite à quelques règles, elle participe à la décadence de la langue et ne se retrouve plus qu'à l'état fossile dans le berbère moderne.

ARTICLE

L'ancien article phrygien et libyen s'est maintenu préfixé au substantif : on a ainsi **a**groun = ὁ γέρων le vieillard; **a**kioun = ὁ κύων le chien; **a**leγou = ὁ λόγος la parole, etc.

L'article féminin est *ta*. Exemple : **ta**naout = ναῦς navire; **ta**noumi = νομή coutume, etc.

L'article pluriel masculin est *i* = οἵ; pluriel féminin : *ti*.

SUBSTANTIF

Les substantifs cessaient d'être déclinés dès la fin de la période romaine. Dans les noms berbères, on peut reconnaître les traces des anciennes déclinaisons grecques. En voici quelques exemples sans leur article :

1ʳᵉ déclinaison grecque. — A) *féminins en a* : **γa** = γᾶ (dorien) terre ; **ma** = μᾶ mère ; **defa** = δίψα soif ; B) *Féminins en i* : **ougegi** = ἀγωγή direction, éloignement ; **ziri** lune = σείρη féminin de σείριος brillant, comp. *Sirius.*

2ᵉ déclinaison grecque. — *Masculins en os* : **akkous** = ἄγγος vase ; **cadous** = κάδος mesure des liquides ; **oullous** = ὀῤῥός lait caillé ; etc. Chez beaucoup *s* final a disparu : **goro** = γύρος cercle ; **aliou** = ἥλιος soleil ; **ouzou** = αὖδος chaleur ; etc.

3ᵉ déclinaison grecque. — A) *Masculins :* **imar** = ἦμαρ jour, temps ; **lar** = λᾶρ rocher, contrefort ; **kanoun** = κανών code ; etc. ; B) *Féminins :* **erkis** = ἀκρίς sauterelle ; **bsiz** = ψίξ miette ; **deris** (lèvre) = δέρις cou ; etc.

Certains pluriels ont été conservés dans le berbère sans modification. Exemple : **kerrai** = κάραι les têtes ; **beri** = θέροι les moissons.

D'autres forment des pluriels neutres, bien qu'appartenant parfois à un autre genre dans le langage classique : **iouga** = ζύγα (juga) les jougs ; **taguelia** = tuguria les chaumières ; **isouca** = σάκοι les sacs.

CONJUGAISON

Les verbes ont perdu les flexions si nombreuses du grec classique. Les indigènes ont adopté un des temps les plus usités pour en faire un radical verbal à la mode sémitique. Les indigènes de nos jours traitent de même façon certains verbes français qu'ils adoptent. Or, ce thème radical n'est pas toujours fixé sur le même temps. Selon les dialectes, il est emprunté à des temps différents. L'aoriste et l'impératif, temps les plus usités, ont le plus souvent fourni ces radicaux.

a) Exemples de thèmes verbaux tirés de l'aoriste :

Gelek se moquer, vient de ἐγέλαξα (e gelak sa) rire ; **edesa** de ἔδυσα cacher, enfermer ; **esigeg** de ἐξήγαγον emmener ; **eθessa** boire, de ἔδυσα teter, boire ; **ekous** s'échauffer, de ἔκαυσα allumer ; **anèz** de ἔνευσα s'incliner ; **efesi** de ἔφυσα croitre.

b) Exemples de thèmes verbaux tirés de l'impératif :

Ag vient de ἄγε agir ; **ennefi** de ἀναφλάε exc...r ; **aui** chanter, de αὖε retentir ; **efenez** de ἀφάνιξε diminuer ; **ekker** de ἔγειρε s'éveiller ; **ad** dévorer, de ἔδε manger ; **ereθ** agacer, de ἐρέθε provoquer ; **ek** de ἵκε venir ; **lex** de λείχε lécher ; **amel** de ὁμίλε parler ; **ebrez** de ὑβρίζε outrager ; **krah** de χράε acquérir, etc.

J'ai donné de nombreux exemples de ces formations et de celles empruntées à d'autres temps.

Dans la conjugaison berbère actuelle, on retrouve la conjugaison primitive européenne bien simplifiée.

* *

Tel est le résumé de l'étude, quelque peu aride, exposée dans la *Revue Tunisienne* depuis le numéro d'octobre 1897 jusqu'aujourd'hui. A ce propos, qu'il me soit permis de remercier l'Institut de Carthage de l'hospitalité un peu prolongée qu'il m'a accordée.

On pourra certainement adresser à ce travail des critiques de détail. Je ne me dissimule pas son imperfection. La difficulté de la tâche entreprise, jointe à la nouveauté du sujet, m'attireront, je l'espère, quelque indulgence.

Cependant, il semble peu probable que l'on arrive à modifier sensiblement les trois conclusions par lesquelles on peut le terminer :

1º Dès les temps les plus archaïques, de nombreuses populations européennes ont émigré dans le nord de l'Afrique. Les dernières migrations provenaient des rives de la mer Egée ;

2º Ces populations, antérieures aux Phéniciens, parlaient un dialecte européen, le libyen, voisin des dialectes helléniques et apparenté au phrygien ;

3º Les populations berbères modernes emploient encore aujourd'hui des dialectes dans la composition desquels ce parler libyen, altéré surtout par le sémitisme, entre pour une part assez importante.

APPENDICE I

—

GLOSSAIRE ÉTYMOLOGIQUE

Il nous a paru utile de grouper en un glossaire les mots berbères et libyens de provenance européenne étudiés dans le cours de ce mémoire.

Le plan adopté est le suivant. Nous donnons le terme européen, à la suite duquel nous énumérons les divers termes soit libyens, soit berbères qui paraissent en provenir. Chacun de ces termes est suivi de l'indication des pages où il a été cité. En se reportant à celles-ci, le lecteur pourra retrouver les raisons qui justifient l'assimilation étymologique d'un mot berbère à un mot européen. Cette façon de présenter les choses lui permettra aussi de se rendre compte des variations d'altérations phonétiques d'un même mot selon les dialectes. Nous avons fait figurer dans ce glossaire les noms indigènes d'individus et de villes de l'époque libyenne et romaine. Beaucoup de ces mots sont encore conservés à l'époque actuelle. Ces comparaisons permettent de se rendre compte de la filiation des langues libyenne et berbère.

Dans ce glossaire, pour mieux permettre les comparaisons du berbère, nous avons supprimé aux substantifs l'article affixé et le *t* final du féminin et aux verbes-adjectifs leur pronom personnel préfixé.

D'une façon générale, nous avons essayé de rapprocher le plus possible l'orthographe des mots berbères de celle du terme européen dont ils dérivent. L'orthographe berbère actuelle, que nous avons en général respectée dans notre mémoire, est uniquement phonétique. Celle que nous emploierons sera, en plus, étymologique. Les arabisants nous reprocheront certainement d'avoir laissé subsister des termes berbères susceptibles d'être expliqués aussi par des racines sémitiques. Nous en avons supprimé beaucoup. Si nous en avons maintenu un certain nombre, c'est parce que nous estimons que les mots qui ont à peu près la même consonnance et aussi le même sens dans deux groupes linguistiques sont, par cette homophonie même, ceux qui ont dû se conserver de préférence. Or, comme les éléments européens du nord de l'Afrique sont bien antérieurs aux phéniciens ou aux arabes, les mots susceptibles d'être expliqués à la fois par les langues européennes et sémitiques sont antérieurs à l'invasion de ces Asiatiques. Dans ces conditions, rien ne vient légitimer leur suppression. Enfin, leur présence n'infirme aucunement les conclusions générales de notre travail.

Nous présentons ce glossaire en trois divisions :

1º Mots berbères correspondant à des termes helléniques (grec, phrygien, thrace) ;

2º Mots berbères correspondant à des termes italiques ;

3º Mots qui se rapprochent davantage de termes inconnus dans les deux groupes précédents. Ces mots proviennent d'une langue-souche européenne, préhistorique. Ils se retrouvent plus ou moins altérés dans d'autres langues européennes où ils ont persisté, telles que le sanscrit, le gothique, le celtique, etc. Nous les avons groupés dans une troisième division.

GLOSSAIRE I

MOTS DES LANGUES HELLÉNIQUES
qui ont des synonymes homophones en libyen ou berbère

Ἄϐαξ, plateau : **Thibica** (nom de ville), 167.

ἀϐρά, gracieuse : **Iabra** (nom propre), 36, 63.

ἀγαθός, bon : **Agatho pula** (n. p.), 158. — **Agas ant** (n. p.), 162.

ἄγαμαι, admirer : **aqoun** (taïtoq), 14, 62, 80.

ἀγανός, aimable : **Sagganis** (n. p.), 163, 167, 169.

ἀγαθή, admirable : **Th agastə** (n. v.), 167.

ἀγγαρειαϐάϭις, étape des courriers : **Agariabas** (n. v.), 162.

ἀγγέλλω, envoyer : **enqi** (nefoussa). 19.

ἀγγέλος, ange : **anglous** (gerbien), 39, 47.

ἄγγος, vase : **aqqous** (taït.), 47, 194.

ἀγείρω, -ε, réunir : **ajerou** (mzabite), 13, 103.

ἀγέλη, troupeau : **ajelaf** (taït.), 51, 93, 103. — **eheré** (taït.), 72, 92, 103.

ἀγερμός, réunion : **aɣerem** (taït.), 38, 48, 68, 103, 156. — **seɣerem** (tamahaq), 103. — **Agarmi** (n. v.), 156, 158, 163. — **aɣer as** (Beni-Menacer), 103 — **aɣar** (sud oranais), 103.

ἀγινέω, amener : **acide** (tam.), 75, 85, 103.

ἀγκών, coude : **agm or** (chaouïa), 111.

ἄγκυρα, crochet : **Ancora rius mons** (n. p.), 154.

ἀγλάος, brillant : **adlaj**, **adla** (taït.), 73.

ἄγμος, lieu abrupt : **agmou n**, 38, 52, 102, 182. — **Agma** (n. v.), 155, 163.

ἀγνός, saint, chaste : ἀγνεία, chasteté. — **Egnes** (n. p.), 59. — **Egnatia** (n. p.), 158. — **Thigni ca** (n. v.), 167.

ἀγορά, assemblée, marché : **Th agora** (n. v.), 35, 103, 167. — **agoro** (canarien), 41, 48, 103. — **agouni** (kabyle), 60, 90, 103.

ἀγοράζω, rassembler : aɣar (s. or.), 103.

ἄγρα, gibier : aɣrou (targui), 48, 103.

ἄγχουαι, se serrer : aqemen (taït.), 14, 64, 103.

ἀγχόνη, lacet : agella (kab.), 88, 102. — aẍenec (kab.), 102.

ἄγχω, -ε, -εῖν, -ῆγξα, serrer : ank (taït.), enɣ (taït.), 102. — aẍi (taït.), 17, 102 (verbe), 55 (subst.). — m'aẍaït (taït.), 58, 102. — aqqen (taït.), 18, 102. — enx (kab.); aẍenec (kab.), 102.

ἄγω, conduire, agir, -ε : ag (zenaga), 12, 17, 24, 103. — eg (targui), 17, 103. — ig (nef.), 103. — ouka (zen.), 103. — m'ouk (subst.), 103. — m'egga (tam.), 56, 103. — aor. ἤγαγον : ougeg (zen.), 12, 15, 64, 103. — part. ἀγών : agan, 26. — agod (ch.), 75, 103. — ἄγωγι : ougegi (targui), 44, 194. — aɣi (ch.), 103. — aji (taït.), 103. Voir les mots εἰσάγω, ἐξάγω, ἡγέομαι, συνάγω.

ἀγωνία, lutte : egen (tam.), 45. — ἀγωνίζομαι (impér.) ου : eqenez (targ.), 18, 64, 86, 103. — aqenaz (taït.), 54, 103.

ἅελιος (dor.), ἥλιος, soleil : ahel (taït.), 38, 49, 59. — aliou (guanche), 47, 62, 194. — eliou (guanche), 52.

ἄζω, vénérer, d'où ἅγιος, vénéré : Ruzazu (nom géographique), 182.

ἀθῶος, innocent : Atho (n. p.), 162.

αἴξ, αἰγός, chèvre : aixi (mz.), 70. — axa (can.), 43. — ixi (taït.), 41, 44. — haxas (can.), 41. — aɣa (ch.), 42. — ara (guanche), 88. — αἴγαγρος, chèvre sauvage : agingara (aouel), 38, 50, 78.

αἴρω, αἴρε, ôter, prendre : ar (kab.), 17. — err (riffain), 17. — ἤρθην (aoriste) erfed (kab.), 75. — αἴρων (part. prés.) erran, 26.

αἴσσω, ἤξα, sauter : eggez (B.-Men.), 15, 70. — egged (targ.), iggi (taït.) (subst.), 55.

αἰτέω, ἤτησα, demander : eteter (zen.), 15.

αἰχμή, lance : aẍda (targ.), 102.

ἄκαινα, ἄκανος, épine : acenan (kab.), 61, 85, 102. — aɣediou (kab.), 68, 75, 102.

ἀκίς, pointe : akesa (kab.), 102. — ekes (kab.), 102. — agous, 41, 102. — aget (tam.), 102.

ἀκκίζω, être maniéré ; ἀκκώ, femme maniérée : Zaacciqua (n. p.), 168.

ἀκμά, instant : achma (kab.), 68, 70.

ἀκόνη, objet pointu : echoni (zen.), 63, 102. Voir ἄκων.

ἀκούω, ἤκουσα, écouter : eked (tam.), 86. — m'aked (tam.), 33.

ἀκρίς, sauterelle : erkis (ch.), 45, 99, 194.

ἄκρον, extrémité, cap : akerou (kab.), 38, 52, 68, 95, 102, 182. — Acra (n. p.), 155. — Takrouna (n. p.), 102. — Rusucurum (n. p.), 183. — acrolithus (lat. afric.), 132. — herca (taït.), 182.

ἀκωκή, pointe : **aget** (tam.), 102.

ἄκων, javelot : **aken** as (ghadamésien), 38, 50, 102.

ἀλγεινός, qui cause de la douleur : **Salginus** (n. p.), 36, 167.

ἀλήθεια, vérité : **Salit** (n. p.), 37, 168.

ἀλήπτη, imprenable : **Alipota** (n. v.), 68, 159, 160.

ἀμαθής, ignorant : **amedi** ou (mz.), 68.

ἀμάω, aor. ἤμησα, moissonner : **imas** en (ch.), 15. *Voy. metere.*

ἀμύνω, -ε, défendre : **emoud** (tam.), 17, 75. — ἀμύνων (part. présent) : **amoudan**, 26.

ἀμύττω, égratigner : **emente**! (tam.), 78.

ἀμφορεύς, chargé du service des amphores : **Amphuru** (n. p.), 162.

ἀνά, vers : **en** (berghouata), 115.

ἀναγκη, nécessité : **aneggi** (taït.), 38, 63, 171. — **Men ange** (n. p.), 171. — ἀνάγκω, avoir besoin : **anegou** (zen.), 61. — ἀναγκαῖος, nécessaire : **inagga** (tam.), 31.

ἄναξ, ἄνασσα, prince, princesse : **inis** sa (libyen), 60, 71, 104, 169.

ἀνάπτω, brûler : **anefdou** (ghad.), 82. — **Hanapsua** (n. p.), 171.

ἀναφλάω, exciter : **enefli** (tam.), 17, 60, 95, 195.

ἀναφύσις, glorification : **anfous** (riff., mz.), 42, 67.

ἀνεγείρω, réveiller : **aneγer** a (tam.), 43.

ἄνεμος, âne : **anem** us (lat. afric.), 130. — **Sahnam** (n. p.), 36.

ἄνηβος, homme mûr : **Anabus** (n. p.), 158.

ἄνθρωπος, homme : **antraha** (guanche), 84.

ἀξίνη, hache : **aqbach** (tam.), 42, 85, 94, 102, 111. *V. aqvesi,* Glossaire III.

ἁπλούς, honnête : **n'aflous** (nef.), 33, 82.

ἀραιός, mince : **Arhaio** (n. p.), 59.

ἄργας, blanc : **argaz, arias** (ch.), **ales** (taït.), 186.

ἄργιλος, argile : **oggud** (zen.), 88, 96. — **Argedudeas** (n. p.), 88.

ἄργυρος, argent : **azouref** (zen.), 92.

ἄρειν, ajuster : **seren** (taït.), 18.

ἄρεσκος, qui cherche à plaire : **Aresk** i (n. p.), 59, 105.

ἀρηγεύς, libérateur : **Areugi** (n. p.), 162.

ἀρητήρ, prêtre : **Taratara** (n. p.), 36, 166.

ἀρίσημος, remarquable : **Arsim** a (n. p.), 159.

ἄρνυμαι, prendre, lutter : **ernou** (kab.), 14, 61, 66, 77. — **ermes** (targui), 77.

ἄροσις, terre à labourer : **ereza** (kab.), 41, 62.

ἄρατρον, charrue : **azerar** (kab.), 99.

ἀῤῥωστία, faiblesse : **arezzi** (taït.), 39, 98.

ἄρσην, mâle : **Arsen**aria (n. v.), 154.

ἄρτιος, bien proportionné : I**artis** (n. p.), 165.

ἀσινής, innocent : I**asina** n. p.), 36, 165. — **hedna** (kab.), 165.

ἀσκίον, outre : **askiou** (kab.), 39, 52.

ἀσκύρον, millepertuis : T**ascuri** (n. p.), 36, 166.

ἄσμενος, joyeux : **Asmunis** (n. p.), 159, 169.

ἄσπις, bouclier : **Aspis** (n. v.), 156.

ἄστηρ, astre : **atri** (taït.), 39, 97.

ἀσχαλάω, -ά (impér.), se mettre en colère : **esχela** (kab.), 17. — **aχela** (kab.), 55.

ἀτυφία, modestie : **Atupi**nius (n. p.), 160. — **Sadufa** (n. p.), 168.

αὔειρειν, se lever : **aouen** (targ.), 90.

αὐθέντης, dominatrice : **Autenti** (n. p.), 159, 161.

αὔξω, -ε, augmenter, croître : **ogg**i (zen.), 70. — **ezzi** (kab.), 12, 17, 71. — **segg**et (tam.), 29. — ηὔξησα (aor.) : **eoza**ð (zen.), 12, 15.

αὖδος, chaleur : **ouzou** (kab.), 47, 194.

Αὐσοριανοί (n. p.), 89.

αὔω, -ε, retenir : **aoui** (tam.), 17, 195.

ἀφάνης, terne : **afan** (riff.), 31, 109.

ἀφανίζω, réduire : **efenez** (tam.), 17, 62, 195. — **efenezan**, 26. — **afanaz** (tam.), 54.

ἀφασία, silence : **afas**o (zen.), 38, 48, 109.

ἀφάσσω, -ε, toucher : **eθes** (taït.), 17, 79.

ἀφελής, facile : **ehel** (kab.), 84.

ἄφεσις, abandon : **efesi** (kab.), 46, 62. — **afes**ad (kab.), 86. — **afes**aï (kab.), 46.

ἀφίημι, imp. ἄφησε, laisser : **efesi** (kab), 18.

ἀχήν, pauvre : I**achen**i (n. p.), 35, 165.

ἄχθος, fardeau : **akouch** (kab.), 76, 103.

ἄχνυμαι, ἄχομαι, souffrir : **eqmem** (taït.), 103. — **eqmou** (taït.), 103.

ἄχος, douleur : ἄχμος (lib.), **aqmou** (taït.), 41, 67, 103. — **aχmer** (taït.), 103.

ἄψος, articulation : **afoud** (taït.), 50, 86. — Th**apsus** (n. v.), 167.

βαθύς, creux : **batou**l (tam.), 95.

βαίνω, βάσκε, marcher : **eggeoh** (targ.), 17. — ἔβην (aor.) : **eoun** (targui), 15.

Βαγαῖος, Βακχος, Dieu : Bacchus, Bacos, 115. — Bakhou (n. p.), 59, 172. Bocchus, Bogud, Boxus, Bocchar (n. hist.), 172, 192. — Bacuates. Bacates, Baccharis, Iobacchi, Begguensis, Bacchuina, Bagaÿ, Bagaïsa, Baga (n. géogr.), 172.

βάλανος, gland : bellouth (kab.), 95.

βαλήν (phrygien), roi : Ballene (n. v.), 174.

βάλλω, -ε, lancer : ger (kab.), 79, 92. .

βᾶς, βασιλεύς, roi : battus (libyen), 168, 175, 192. — Bisil (n. p.), 60, 157, 162. — Bithuas (n. p.), 168. — βασίλειος : Bezereos (n. v.), 61, 158. *Comparez page 176*. — βασίκος : Bisica (n. v.), 157.

βασσάρα (thrace), vêtement en peau de renard : βασσάριον (lib.), 176, 192. — Bassachites (n. de tribu), 176. — Bezereos (n. v.), 176. — Barer (kab.), 176.

βάσταγμα, fardeau : bastaga (lat. afric.), 132. — tsabga (kab.), 132.

βερίκοκκον, abricot : berkouk (ch.), 52, 67.

βότρυς, raisin : botrus (lat. afric.), 134. — Botria (n. v.), 154.

βούδειος, bouvier : Taboudeos (n. v.), 167.

βούκαλις, gargoulette : boukal (kab.), 37, 46.

βούλομαι, vouloir : aboul (kab.), 19.

βουνός, colline : bouch (kab.), 77, 85, 178, 192. — bouna (divers), 179. — βουνίτης, situé sur une colline : Thabunati (n. v.), 61, 157, 159, 167.

βούς, bœuf. — βουβόσκη, le pâturage des bœufs : Tibubuci (n. v.), 167. — βούσοπτος, bœuf boucané : Tubusuptus (n. v.), 167.

βούτυρος, beurre : Buthurus (n. géogr.), 156. — Buturarius (n. p.), 154.

βρασμός, ébullition : Braisamo (n. p.), 159.

βύρσα, cuir : Byrsa (n. v.), Tubursicum Bure (n. v.), 156.

γᾶ, γῆ, terre : γα (kab.), 43, 62, 104, 194. — gé (guanche), 104. — gech (zen.), 50, 85, 104. — Γαῖα (n. p.), 125.

γάλα, γάλατι, lait : γil (div.), 39, 53, 60. — belete (guanche), 79.

γαζοφύλαξ, garde du trésor : Gazophyla (n. v.), 162. — gazophylacium (lat. afric.), 130.

γελά (car.), roi : gelid (div.), 51, 60, 175, 192.

γέλαρος (phryg.), beau-frère : aleres (taït.), 71.

γελάω, ἐγελάξα, rire : gelek (kab.), 15, 70, 195. — m'gelek (kab.), 33, 56.

γένεσις, race : genimen (lat. afric.), 133. — gan (guanche), 187. — gezi (zen.), 46, 78, 104, 187. — aqchich (kab.), 104, 187.

γένης, famille : gens (div.), 39, 104.

γεννικός, de naissance noble : Iyenoukhen (n. p.), 59.

γέρανος, grue : **jerin**a (sud oranais), 43, 50, 59, 93.

γέργερος, gorge : **cherchour** (kab.), 37, 48.

γερρον (Hésychius), bouclier persan : **γer** (taït.), 37.

γέρων, vieillard : **geroun** (zen.), 37, 52, 194.

γεωργός, laboureur : **γierz**a (ch.), 73, 104.

γήδιον, petit champ : **jedi** (ghad.), 39, 93, 104.

γῆρυς, voix : **γery** (tam.), 41, 46, 87. — **γoury** (taït.), 55, 64.

γηρύω, faire entendre sa voix : a **γer** (taït.), 19, 55.

γίδι (grec moderne), chevreau : **gedi** (div.), 40, 111.

γλουρός (phryg.), jaune : **aourar** (kab.), 32, 40.

γλῶσσα, langue : **lesse** (targui), 98.

γνῆτος (cypriote), frère (*voyes gnato*. Glossaire III) : a **gna**, **agnat**en (taït.), 38, 58, 77, 104, 187. — **ag** (targui), 104. — **aqchi**ch (kab.), 104, 187.

γόμφος, mâchoire : **γemas** (div.), 97, 111.

γονή, fertilité, enfant : **gan** (guanche), 187. — **qena** (taït.), 31.

γονία, tempête : Rus**gunia**e (n. géogr.), 183.

γράφη, γράφος, écriture : **graou** (taït.), 84, 98.

γράω, ἔγρησα (aor.), manger : **aggech** (kab.), 96.

γῦρος, cercle : **goro** (guanche), 47, 194. — **gour** (kab.), 37, 48, 95. — **garef** (kab.), 51, 62. — **gyrus** (lat. afric.), 131.

γωνία, angle : **gouni** (kab.), 44, 66.

δαιος, habile : **Daïus, Daïa, Taïa** (n. p.), 161. — **daïss**an (taït.), 161.

δαίμων, démon : **daïmoun** (nef.), 52.

δακρύω, pleurer : **tagya** (zen.), 74, 97.

δάκτυλος, doigt : **dakdy** (zen.), 54, 72. — **dad** (B.-Men., targui), 40, 72. — **daged** (rhadmès), 72.

δάος (phryg.), loup : θώς (libyen), 176, 192.

δαψιλής, généreux : **dapsilis** (lat. afric.), 132. — **tsebil** (kab.), 132.

δέ, particule de renforcement : **d'** (berghouata), 116.

δεικνύω, montrer : **sekn** (taït.), 19, 86.

δείλη, obscurité : **teli, tili** (targui), 74, 95.

δειρή, δειρός, cou : **zar**our (kab.), 76. — **ar**our (v. de Paradis), 76, 91. — **iri** (div.), 76.

δέρις, gorge : **deris** (rhadm.), 45, 59, 194.

δέω, ἔδεον, unir : **eddiou** (taït.), 14. — ἔδησα (aor.) : **edesa** (zen.), 15, 195.

δηλῶν, celui qui frappe : **Dillon**is (gén.) (n. p.), 170.

διαϐόρος, faible : **Diaboro** (n. p.), 161.

διϐκῶν, qui lance le disque : **Discun** (n. p.), 170.

δίψα, soif : **defa** (zen.), 43, 64, 83, 194. — διψήρης, altéré : **Tipsaris** (n.p.), 158, 161.

δολόμϰι, tromper : **delem** (kab.), 14. — δολός, piège : **tihila** (kab.), 42. — **dahli** (kab.), 60. — **dolus** (lat. afric.), 132.

δραχμή, monnaie d'argent : **draham** (div.), 45, 68, 72.

δυνάμαι, ἐδυνάμην, pouvoir : **edoubet** (tam.), 78. — δύναμις, force : **doula** (kab.), 89.

δύς, mauvais : **dyr** (kab.), 33, 91.

δύω, ἔδυϐα, enfoncer : **edej** (taït.), 93.

δῶμα, construction, temple : 'Αϐδυμή (n. p.), 163.

ἐγείρω, -ε, s'éveiller, 136 : **eqer** (ch.), 17, 78, 195. — **enqer** (taït.), 17, 78. **enqueran**, 26. — **aneqra** (tam.), 55. — **Menegere** (n. géogr.), 171.

ἔγχεομαι, ἔγκείϐομαι (fut.), presser : **eyeseb** (kab.), 81.

ἐγκέφαλη, cerveau : **ankalif** (taït.), 99.

ἐγκλέϜω, -ε, informer : **eylef** (tam.), 17.

ἔγκυος, plein, abondant : **angi** (taït.), 39. — **igget** (tam.), 31.

ἔγω, je : **ey** (div.), 24.

ἕδρα, siège, derrière : **asroun** (v. de P.), 86.

ἔδω, ἔδε, manger : **ahd** (B.-Men.), 17, 62, 104, 195. — **added, aded** (kab.), 104. — **ended** (kab.), 78. — **ett** (div.), 56. — ἔδεῖν : **eden** (tam.), 18, 104. — **aδen** (taït.), 104, 112. — **m'adan** (taït.), 56, 104. — **m'adin** (taït.), 56. — **m'oud** (div.), 56.

ἐθίζω, accoutumer : **eθi** (targ., kab.), 19.

εἰδέα, apparence : **idi** (snd or.), 44. — **idolum** (lat. afr.), 134.

εἴδω, ἰδεῖν, voir : **iδin** (kab.), 19.

εἰκός, εἰκόν, semblable : **iken** (taït.), 32, 40.

εἴργω, Ϝείργε (impératif), enclore : **fereg** (kab., tam.), 17.

εἰρήνη, paix : **ihena** (kab.), 92.

εἰϐάγω, εἰϐάγε, introduire : **esougé** (targui), 17, 28, 103. — εἰϐάγωγη, introduction : **asougé** (tam.), 103.

ἔκνους, dangereux : **Rusucnoma** (n. p.), 183.

ἐκκρούω, faire tomber : **aggoui** (kab.), 97.

ἑκοῦϐα, qui agit volontiers : **Tæcusa** (n. p.), 36, 166, 171.

ἐκφέρω, -ε, se porter dehors : **effer** (kab.), 17, 20, 26, 97, 110. — aθ **efferey** (targui), 26. — **ifer** (ch.), 110.

ἐλαία, olivier : **Elaiones** (n. de tribu libyen), 170.

ἐλαχύς, faible : alouhou (kab.), 32, 72.

ἔλαω, pourchasser d'où ἐλλός, faon; ἔλαφος, cerf; ἔριφος, chevreau;
ἐλέφας, éléphant : elou (targui), éléphant : ilef, iref (rif.), ilfe
(guanche); hallouh (ar. mogh.), sanglier, porc; allouch (ar.
mogh.) : elahi (taït.), mouton, 105; Salaputis (n. p.), 158, 160.

ἐλίσσω, εἴλιξα, enrouler : elijou (taït.), 93. — zeleg (kab.), 15, 71.

ἕλκομαι, se retirer : elkem (tam.), 14, 65, 91. — erkeb (iam.), 81, 92.

ἔλυμος (phryg.), roseau : aloum, alim, 38, 48, 71, 72, 112, 156, 176, 192.
— Elymas (n. lib.), 168, 169.

ἐμέω, ἐμήμεκα, vomir : emaouek (kab.), 16.

ἐμπορίον, marché : Timbure (n. v.), 161, 167.

ἐνδύπτω, plonger : enõeb (taït.), 97.

ἐνδύω, ἐνδῦειν, pénétrer : enõel (tam.), 14, 18, 89, 90.

ἐνέδρα, embuscade : enedi (kab.). 92.

ἕν, un : en (Berghouata), 115.

ἐνῶ, réunir : edou (tam.), 13.

ἐξαγορεύμαι, faire savoir : seγerem (tam.), 28, 103.

ἐξάγω, aor. ἐξήγαγον, éloigner : esigeg, 12, 15, 28, 71, 195. — ἐξάγογη,
éloignement : asigeg (tam.), 45, 55, 61, 103. — exagium (lat.,
afric.), 131.

ἐξαιτήσις, demande : asouθer (kab.), 91.

ἐξεράω, évacuer : exer (Ioua.), 19, 28, 70. — exterus (lat. afric.), 131.

ἐξορίζω, exiler : ester (tam.), 33. — m'estour (tam.), 33.

ἐξυβρίζω, irriter : sibles (iam.), 28.

ἔραμαι, désirer : agamai (tam.), 105. — erhel (kab.), 14, 90, 105. —
arehal (tam.), 105. — irherd (kab.), 105. — m'eradhi (kab.), 105.

ἔραος ἔρως, amour : eraou (tam.), 43, 45, 105. — era (targui), 55, 105. —
ourda (tam.), 105.

ἐράω, ἐρᾷε, aimer : er (targui), 105. — ari (targui), 17, 61, 105. — eres
(kab.), 17, 57, 105. — m'esri (kab.), 57. — Erotianus (n. p.), 154.

ἔρεβος, obscurité : Thereba (n. p.), 36, 163, 166.

ἐρέθω, provoquer : ereθ (kab.), 17, 195.

ἑρμηνεύω, faire connaître sa pensée : elmid (v. de Par.), 19, 75, 91.

ἐρυθρανός, ἐρυθραῖος, rouge : æruthreus (lat., afric.), 133. — ereren
(taït.), 31.

ἔρυμα, abri : aroula (kab.), 43, 55.

ἐρύω, -ε, écarter : err (taït.), 17. Comp. αἴρω.

ἔρχομαι, venir : elkem, 14, 65, 91. Comp. ἑλκόμαι : eggel (tam.), 97.

ἐρόω, ἐρώειν, aller vivement : erouel (mz.), 18, 89. — aroul a (kab.), 34, 55. *Comp.* ἔρυμα. — m'eroual (sud or.), 57.

ἐδθίω, manger : ekch (taït.), 56. — etch (kab.), 85, 99, 104, 112. — itch a (ch.), 104. — eks (kab.), 104. — outchi (kab.) 104. — m'ekch a (zen.), 56, 104. — m'ekch i (taït.), 56, 104. — m'eks a (kab.), 56, 104. — akes a (kab.), 104. — seks ou (kab.), 104.

ἐδμός, essaim : ousm a (kab.), 43, 50, 64.

ἑσπέρα, soir : ouazar (taït.), 94, 98.

ἑστία, habitation : esd er (kab.), 74.

εὕδω, -ησα, εὕδευκε, dormir : ettes (targui), 13, 15, 74, 95. — oudech (zen.), 13, 17, 96.

εὐθύς, droit : efous (ch.), 33, 79.

εὐρύς, large : eraou (ch.), 33, 111. — ahraou an (kab.), 32. — m'era (taït.), 33.

εὗρος, vent d'est : irif (zen.), 51.

εὕς, bon : iousi (tam.), 31, 63.

εὐφράντα, gaie : Euphranta (n. v.), 155. — ifrah, 155.

εὕω, εὕδα, faire griller : is ou (mz.), 155.

εὐώδης, odoriférant : ouahih en (taït.), 76.

ἔφεδις, action de lancer : ifessi (tam.), 41, 44, 46, 96, 171. — Men ephese (n. v.), 171,

ἐφίζω, -ε, placer dessus : efezer (v. de Par.), 17.

ἐχθραίνω, détester : exen (taït.), 15. — m'ixen (taït.), 33, 57.

ἐχῖνος, hérisson : axenis i (tam.), 62, 64.

ἔχις, vipère : afes a (rif.), 79.

ἐχυρός, fortifié. *Voyez* ἰσχυρός ; ἐχυρότης, solidité : ixourad (taït.), 52, 62, 66, 108.

ἔχω, ἔχειν, ὀχές, avoir : eken (tam.), 19, 108. — exes (gerb.), 18. — inch (zen.), 78. — axar (taït.), 108. — ak our (kab.), axedaf (k.), 108.

ζέμα, bouillon : himi (gouraya), 78.

ζεύγνυμι, ἐζύγην, joindre : ejoujed (ch.), 16, 93.

ζέω, ἔζεδα, bouillir : ezoues (targui), 15, 78.

ζῆλος, empressement : zelus (lat. afric.), 131. — zela (kab.), 43, 51.

ζηλόω, avoir de l'ardeur : ezil, azel (kab.), 19, 64.

ζυγέω, ἐζυγήν, joindre : ejoujed (ch), 16, 93. *Comp.* ζεύγνυμι.

ζύγον, joug : zoug a (chel.), 71, 94, 195. — zouidj a (kab.), 93. — youg (Bougie), 53, 112. *Comp. jugum*, Glossaire II (latin).

ἡγέομαι, diriger : eɣemem (kab.), 14. 67, 103 ; egged (tam.), 103. — ἡγεσία, commandement : aɣi (ch.), 43, 103 ; aji (taït.), 87, 103 ; igaou (kab.), 103. — ἡγήμα, conduite, armée : egen (kab.), 103 ; m'egga (taït.), 103. — ἥγησις, domination : Tigisis (n. v.). 159, 167 ; Agisil (n. p.), 162.

ἧδος, plaisir : adiou (taït.), 43, 54. — ἧδυς, doux : izid (tam.), 76, 86. ἡδυφαής, au doux éclat : Sadufa (n. p.), 36, 162, 168. — ἥδω, réjouir : edou (taït.), 13, 57 ; seddou (taït.), 95. — ἥδων, charmant : zidan (kab.), 32 ; Zaedon (n. p.), 168 ; idoui (taït.), 55 ; m'idi (taït.). 57 ; m'idoua (taït.), 57.

ἥλιος. voy. ἄελιος.

ἧμαρ, ἡμέρα, jour : imar (mz.), 40, 51, 194 ; imira (B.-Men.), 64 ; imir (zen.), 40, 61, 64.

ἡμί, parler : imi (djeridien), 13, 64. — ἤν (aor.) : enn, eni (div.), 16 ; in (targui), 16, 64 ; m'enna (kab.), 56, 109 ; ena (taït.), 109.

ἡσυχία, tranquillité : azouk (tam.), 45. — ἡσύχος, tranquille : idiqel (tam.), 31, 86.

ἠχέω, ἤχησα (aor.), résonner : agged (kab.), 62. — ἠχός, bruit : iɣes (kab.), 40, 64 ; agged (kab.), 86.

θαλλός, rameau : θell (taït.), 38, 48, 62.

θαμνός, buisson : θemem (B.-Men.), 68, 79, 97.

θαρσήεις, résolu : Tharas (n. p.), 163.

θαῦμα, étonnement : aouham (kab.), 76.

θάω, ἐθήσα, têter : eθessa (zen.), 16, 96, 105, 195 ; etteθ (kab.), 57, 74, 105 ; teδa (kab.) 105 ; θiθin (taït.), 105 ; sessi (tam.), 55 ; m'eθ ou (div.), 57, 105 ; ifef (tam.), 79, 105,

θέλω, θά, vouloir : aθ (kab., ch.) ; ad (targui), 26 ; θema (kab.), 90.

θεός, Dieu : thos (guanche), 65. — Tiopila (n. p.), 160.

θερίζω, -ε, moissonner : ferez (taït.), 17, 64, 79 ; faraz (taït.), 55.

θέρομαι, ἐθέρην, chauffer : eθerel (kab., ch.), 16.

θέρος, moisson : faras (taït.), 50, 55 ; θέροι (plur.) : beri, 58, 194.

θέρω, -ε, allumer : sir (kab.), 17 ; siri (kab.), 55 ; aθθerel (kab.), 25.

θεωρέω, contempler : θer (kab.), 56. — θεώρημα, spectacle : m'θeriou, 56.

θεωρία, action de voir : aouri (kab.), 76. — θεωρητός, visible : θeer (kab.), 31, 76.

θηλάζω, allaiter : souθeth (kab.), 29.

θηλή, mamelle : θé (tam.), 105 ; θin (kab.), 105 ; seθenau (kab.), 105.

θῆλυς, féminin : θales (kab.), 42, 187 ; tounti (taït.), 105.

θίγω, θίγε, toucher : θeger (kab.), 17.

θῖναι, les dunes : Thænæ (n. v.), 155.

θολόω, troubler : θelou (kab.), 13, 65 ; aïθelou (kab.), 25.

θρέω, pleurer : θrou (kab.), 13.

θυμός, idée de feu : θymes (kab.), 42, 51, 66.

θύομαι, sacrifier : θoual (taït.), 14, 90. — θυσία, sacrifice : Thysdrus (n. v.), 157.

θύος, bois odoriférant : θou (taït.), 47.

ἴκομαι, ἴασα, guérir : iazi (tam.), 16, 96.

ἰατηρ, médecin : Iadir (n. p.), 63, 159 ; inτήρ (inscr. Sousse), 61, 158.

ἰαχή, cri : agged (kab.), 86. *Comp.* ἦχος.

ἰδέα, idée : idi (Sud or.), 44 ; iti (tam.), 41, 44, 63, 74.

ἰδεῖν, voir : idin (kab.), 19, 86.

ἰδικός, propre, particulier : hedig (tam.), 33.

ἴδος, sueur : idi (kab., taït.), 44.

ἴεραξ, faucon : isri (kab.), 40.

ἰερός pour ἰσερός, fort : izouer (kab.), 32, 108, 155, 167 ; Iaro (n. p.), 59 ; Ihar (n. p.), 58, 162 ; Hiea (n. p.), 161.

ἰκανός -η, suffisant : agada (taït.), 38. — ἰκανόω, rendre suffisant : akouma (kab.), 79.

ἰκετεύω, supplier : eked (tam.), 19, 64, 74, 95.

ἰκμαίνω, oindre : sicem (tam.), 111.

ἴκω, ἴκε, venir : ek (taït.), 18, 64, 195 ; ika (taït.), 18.

ἴλιγγος, tournoiement : elijou (taït.), 93.

ἰλύς, limon : aloud (kab.), 87.

ἴμερος, passion : Himir (n. p.), 158, 162 ; Himerilla (n. p.), 154.

ἴξις, arrivée : isi (tam.), 41, 46, 71.

ἴολη, violette : Iol (n. v.), 156.

ἰστορία, ἰστορικός, recherche, histoire : tsarik (kab.), 99.

ἰσχίον, hanche : isχoum (kab.), 80,

ἴσχνος, maigre : idjnos (zen.), 31, 93.

ἰσχυρός, -ῶν, fort (*voy.* ἰερός) : azouar (kab.), 108 ; azouran (kab.), 32 ; Ἴσχερεἴ (n. v.), 108, 155 ; Tascuri (n. p.), 157, 166 ; Tisuros (n. v.), 35, 72, 108, 167. — ἰσχύω, -ε, être fort : isχa (taït.), 18 ; osχa (taït.), 32.

ἴσως, probablement : itoun (zen.), 87.

ἴφι, courage : Ifis (n. p.), 59. *Comp. filius*, Glossaire II.

— 209 —

ἴχνος, trace de pas : ichem (zen.), 80.

κάδος, mesure pour les liquides : cadous (div.), 47, 194.

καιρός, temps : are (zen.), 71.

καίω, fut. καύσω, brûler : ezou (kab.), 15, 71. — ἔκαυσα (aor.) : ekous (tam.), 16, 21, 67, 195.

κακός, mauvais : chechad (tam.), 31.

κάλαθος, corbeille : chelouθ (ch.), 48, 62.

χάλαμος, roseau (comp. ἐλύμος) : alim, aloum (div.), 38, 48, 71, 72, 112, 156, 176 ; Calama (n. v.), 156, 158.

καλέω, appeler : hell (kab.), 71, 112 ; ciouel (kab.), 99.

καλός, beau, bon : elhou (kab.), 112 ; χalef (B.-Men.), 51 ; Cala (n. v.), 155 ; Calianus (n. p.), 154 ; Pancalio (n. p.), 161.

καλύβη, cabane : chelouh (kab.), 54.

κάλυμμα, voile : gelmous (targui), 37, 48, 62, 67.

καλύπτω, cacher : Ciripsa (n. p.), 157.

καμάρα, chambre : kaber (targui), 41, 44, 81 ; camara (lat. afric.), 131.

καμίσον (grec moderne), chemise : kamis (targui), 42.

κάμνω, κάμνε, se fatiguer : kammi (kab.), 18, 97, 111.

κάμπτω, courber : Tacamtissa (n. p.), 36, 166, 171.

κανών, règle : kanoun (kab.), 39, 52, 194.

κάρα, tête : kara (zen.), 53 ; karou (kab.), 37, 48 ; kerraï (plur.) (kab.), 58, 194 ; choran (guanc.), 178 ; adicran (lib.), 178 ; Mastucaranis (n. p.), 178.

κάρδαμος, cresson : gerninouch (kab.), 75, 80 ; Gardimaou (n. v.), 75.

καρδία, cœur : goudiem (ghadm.), 92.

καρπός, plur. καρποί, fruit : Carpi (n. v.), 156.

καρκίνος, crabe : Cercinis (n. géogr.), 61.

καρτός, coupe : ertès (targui), ketech (zen.), 111.

καῦμα, chaleur : cauma (lat. afric.) 130.

καῦσις, brûlure : oukesi (taït.), 99.

κεῖμαι, se reposer : kim (div.), 14 ; kimi (div.), 55 ; m'kam (ghadm.), 57 ; egen (kab.), 80.

κέλλιον, cellier : Cillium (n. v.), 156.

κέλυφος, coquille : chelem (kab.), 81.

κενός, creux : kena (kab.), 31.

κεντέω, aiguillonner : gous (kab.), 41, 102 ; gousa (kab.), 57. Comparez ἀκίς.

κεράσιον, cerise : **kirez** (V. de Par.), 52, 63.

κεραυνός, foudre : **Keraoun** (n. p.), 59.

κερδαίνω, fut. κερδανῶ, gagner : **ernadou** (zen.), 15, 71, 99.

κερδός, dommage : **m'kerad** (kab.), 57 ; **akour** (kab.), 57.

κεστός, κέστρα, aiguillon : **gous** (kabyle), 41, 102, **gous**a (kabyle), 57 ;
    Cestronis (n. p.), 170. *Comp.* ἀκίς.

κεφαλή, tête : **gef**an (guanche), 89 ; **gef** (targ.), 39 ; **cap, cab** (ch.), 173 ;
    Kebaon (n. p.), 52.

κήδω, -ε, s'inquiéter : **eken** (taït.), 18, 75.

κῆρ, cœur : **oul** (kab.), 112.

κηρός, cire : **kir** (kab.), 41, 48, 64.

κίμωλος, *kimo* (carien), blanc : **timel** i (tam.), 73.

κίνεω, faire un mouvement : **kenou** (kab.), 13, 64 ; aï**kenou** (kab.), 25 ;
    Chin itus (n. p.), 152.

κλέος, bruit : **lehs** (kab.), 80.

κλέπτης, voleur : **ketta** (kab.), 97.

κνήθω, fut. κνήσω, gratter : **kmez** (kab.), 80.

κόκκυξ, coucou : **kouk** (kab.), 54.

κολακεύω, -ε, flatter : **keloulef** (taït.), 18.

κόλλοψ, cuir de bœuf : **Chullu** (n. v.), 162.

κολοκασία, fève d'Egypte : **coulcas** (V. de Par.), 67.

κολώνος, colline : **alous** (taït.), 72.

κονίλος, lapin : **gounin** (kab.), 48, 89.

κόνις, poussière : **chan** (Sud or.), 40, 62.

κόπη, κόπις. épée : **kouba** (targ.), 43, 52, 81.

κόπος, coup : **gou** (kab.), 54.

κοράλλον, corail : **korodj** (zen.), 94.

κόρις, punaise : **koured** (kab.), 46, 59, 87.

κορμός, bûche : **karoum** (kab.), 68.

κορωνιάω, se recourber : s'**kourneni** (kab.), 29.

κόσκινον, crible : **as**γ**ini** (touat.), 71 ; **couscous** (div.), 78.

κοτέω, s'irriter : **Cot**uzan, **Cut**aï, **Cut**aïu, **Cot**uza (n. p.), 170.

κότις, cap : **Cotis** (n. géogr.), 155.

κοῦρος, jeune garçon : **geroud** (kab.), 50, 65, 87.

κόφινος, panier : **koufan** (kab.), 48, 61, 66.

κραβάτος, lit : **krif** (ch.), 54, 80.

κράμβη, chou : **krambi** (Nabeul), 40, 42 ; **kroumb, karoumb** (kab.), 40,
    45, 62, 111.

κριός, bélier : **keri** (kab.), 39, 48, 68, 95.

κρύος, froid : **grys** (kab.), 37 ; **chyrou** (kab.), 68, 70.

κρυπτός, caché : **Creptalusa** (n. p.), 171.

κρύσταλλος, glace : **grest** (tam.), 41, 43, 65.

κυάνος, bleu : **cheouni** (tam.), 32, 70 ; **Chian** (n. p.), 162.

κύαρ, cavité : **gouriz** (kab.), 67.

κύκλος, κρύκος, cercle : **kres** (kab.), 71, 111 ; **Cricinus** (n. p.), 154.

κύμβος, vase : **kembouch** (kab.), 42, 49, 65, 85 ; **hamba** (ar. mog.), 71.

κυρία, maitresse de maison : **Curia** (n. p.), 169.

κύων, chien : **kioun** (kab.), 37, 52, 194 ; **gayan** (guanche), 111 ; **Chian** (n. p.), 162, 178.

κυνίδιον, petit chien : **Chinidial** (n. p.), 178.

κώμη, bourg : **χam** (div.), 37, 45, 63.

κώνωψ, moustique : **Cinyps** (n. géogr.), 159.

κώπη, poignée : **kabi** (riff.), 81.

κωφός, κωφάων, muet : **gougam** (kab.), 79.

λάβρος, vorace : **Tilabiru** (n. p.), 160, 162, 166 ; **Labreco**, 162.

λάθω, oublier : **ettou** (ch.), 93.

λαιμάσσω, avoir faim : **laz** (div.), 84.

λάμπω, briller : **lemma** (kab.), 98 ; **lampo** (lat. afric.), 134. — λαμψις, éclat : **Lambæsis** (n. v.), 159.

λᾶρ, λᾶς, rocher : **lar** (kab.), 51, 88, 182, 194 ; **dar, dir** (div.), 88, 182 ; **Atar**antes (n. géogr.), 88, 182.

λατομία, carrière de pierres : **Latomiæ** (n. géogr.), 156.

λάχανα, marché aux légumes : **Lacene** (n. v.), 61, 156, 158.

λάχεσις, sort : **leχal** (taït.), 91.

λέγω, λέγε, parler : **leyt** (tam.), 18. — ἔλεξα (aor.) : **ales** (taït.), 16, 18, 71.

λείχω, λεῖχε, lécher : **leχ** (taït.), 19, 195.

λέμμα, peau, tégument : **lem** (chel.), 39, 53 ; **lim** (div.), 94 ; **djim**, plur. **lemoun** (zen.), 94.

λεπτή, aride : **Thelepte** (n. v.), 35, 167 ; **Lepta** (n. v.), 158 ; **Leptis** (n. v.), 155, 169.

λευρίζω, lisser : **selouer** (kab.), 29.

λήμμα, profit : **lemmes** (taït.), 42, 54, 62.

λίβυες, libyen, 78.

λιγυρός, souple : **lougouar** (kab.), 33, 68.

λιμνιάδες, marécageux : **Lammian** a (n. v.), 61, 97, 157.

λοβός, gousse : **lefas** (targui), 42, 51, 80 ; **loub** ia (ar. mogh.), 80.

λογίζου κι, énumérer : **loγisəm** (taït.), 14, 86.

λογός, discours : **leγou** (taït.), 37, 47, 194.

λόγχη, lance : **laγ** (taït.), 45.

λόφος, colline : **lous** (taït.), 84, 182.

λύπη, chagrin : **louf** (kab.), 41, 45, 82 ; **loufa** (kab.), 58.

μᾶ, μαῖα, mère : **maya** (guanche), 165 ; **ma** (divers), 36, 43, 165, 194 ; **A maïa** (n. p.), 36, 39, 165.

μάγγανον, sortilège : **Migin** (n. p.), 157 ; **Meggen** i (n. p.), 158.

μ.άγειρος, boulanger : **aγerou** n (ch.), 84.

μαδάρα, dénudée : **Am mœdara** (n. v.), 165.

μαδάω, μυδάω, être humide : **mad** or (lat. afric.), 140 ; **maid** e (guanche), 167, 174 ; **Ta mud** a (n. v.), 167 ; **Timid** a Bure (n. v.), 174.

μακάρ, μακρός, sens de béni, de long (*Comp.* μέγας) : **Macar** a (nom géogr.), 106, 156 ; **Meker** a (n. géogr.), 106 ; **Macar** œa (n. géogr.), 106 ; **Ta macar** (n. p.), 36, 166 ; **Mecr** asi (n. p.), 158, 162 ; **Ia mcar** (n. p.), **Ia mgur** (n. p.), **Ia mrur** (n. p.), 36, 165 ; **maker** (tam.), 106 ; **mekeri** (tamahaq), 106 ; **mekour** (doubdou), 106 ; **mokor** (ghadm.), 106.

μαλακός, mou : **amagouz** (kab.), 32, 93.

μαλὸς, blanc : **mel** al (kab.), 91.

μανθάνω, apprendre : **el med** (targui), 107 ; **el moud** (targui), 107.

μανίκος, extravagant : **Minekou** (targui), 59 ; **min oun** (kabyle), 107 ; **Man** ionis (gén., n. p.), 171.

μάρμαρος, brillant : **Marmaris** (n. p.), 169.

μ.άσσω, pétrir : **eggou** (kab.), 84, 86 ; **m'adji** (zen.), 93.

μαστιγόω, brandir une épée : **Mastig** as (n. p.), 169.

μαῦρος, noir : **Mauro** sa (n. p.), 154 ; **Mavo** ni (n. p.), 161 ; **A maura** (n. p.), 165 ; μαυροι, 186.

μάχη, combat : **theo mach** ia (lat. afric.), 133 ; **menγ** i (targui), 64 ; **menγ** a (taït.), 58. — μάχαιρα, coutelas : **machæra** (lat., afric.), 132. — συμμάχος, compagnon d'armes : **Summac** (n. p.), 162. — μαχητής, combattant : **Adyr machides** (tribu libyenne), 180 ; **Mechiet** (n. p.), 160.

μεγαλίζω, augmenter : **se mouγer** er (kab.), 29.

μεγαλείος, glorieux : **magnalius** (lat. afric.), 106, 132.

μέγαρον, palais, temple : **mogaren** (guanche), 64, 179 ; **magalia**, **mapal** ia (libyen), 106, 179.

μέγας, grand : Meγasa (n. v.), 106, 155 ; Amigas (n. géogr.), 106 ;
    Thamugas, Thamugadi (n. v.), 161, 167 ; Megethius (n. p.),
    154 ; megada (guanche), 106 ; meγar (zen.), 106 ; meγer (kab.),
    106 ; mouγer (kab.), 106 ; mejer (zen.), 106 ; moggar (bergh.),
    115, 116 ; mogran (divers), 106 ; s'maγer (kab.), 106 ; mezzar
    (taït.), 106 ; eγari (tam.), 106 ; aggane (tam.), egiret (rhadm.),
    ehejeren (taït.), 106 ; hejerin (taït.), 106. — μάσσων (comparat.)
    Massonas (n. p.), 106, 169 ; Magon (n. p.), 106 ; Macon (n. p.),
    178. *Comp.* μχκάρ.

μεθύω, s'enivrer : edouah (ch.), 84.

μέλι, miel : men (div.), 42, 89.

μέλας, μέλαινα, noir : Melanina (n. p.), 154 ; Tamellani, 159, 163, 165.

μελικός, musicien : Iamelicus (n. p.), 165.

μέλω, -ε, montrer, prendre soin : mel (kab.),18. — μέλων (p. prés.) :
    melan, 26 ; mouli, 55.

μενθήρη, préoccupation : meθren, miθran (taït.), 107 ; semmeθren
    (tam.), 107.

μένος, âme : man (div.), 39, 49, 62, 106 ; men (kab.), 106 ; menni (kab.),
    mana (kab.), 106 ; aγemen (kab.), 107 ; Mastiman (n. p.), 106 ;
    mekti (kab.), 107.

μεριστής, qui partage : Merisath (n. p.), 158, 159.

μερμερίζω, chagriner : ermer (taït.), 84. — μερμερος, triste : ermer
    (taït.), 84.

μέσεγγυος, médian : Amsiginus (n. p.), 36, 165.

μέσος, milieu : mas (ch.), 37, 49, 62.

μέσθα, intermédiaire : Mesphe (n. p.), 155, 158.

μῆκος, haut de taille : Miccasi (n. p.), 162.

μῆλον, fruit : meloul (ouargl.), 89.

μῆν, le dieu Mên : Meninx (n. géograph.), Menange (n. géograph.),
    Menephese (n. géogr.), Menegere (n. géogr.), Membrone,
    Membressa (n. géogr.), Mephanias (nom pr.), 171, 172, 193. —
    μήνη, lune : Samana (n. p.), 37.

μῆνις, colère : minoun (kab.), 105. — μηνίω, être en colère : bede
    (taït.), 75, 81, 107.

μηνύων, indiquant : manoun (nef.), 32.

μηρός pour μεσρός, cuisse : mesfel (kab.), 81 ; arma (kab.), 99.

μῆτις, sagesse : miθran (taït.), 107.

μικρος, petit : medri (tam.), 73.

μίσγω, μίσγειν, mêler : mesqel (taït.), 19, 89.

μίσυ, truffe d'Afrique : Misua (n. v.), 156.

μνιαρά, moelleuse : **Mniara** (n. p.), 155.

μόνος, μοναχός, seul : **Monic**a (n. p.), 60, 157, 158, 163 ; **Mon**ina (n. p.), 154.

μόρα, partie : **mour** (B.-Men.), 44.

μοχλός, levier : **a**χ**il**en (adrar.), 84.

μύσος, crime : **moud** (ghadm.), 87.

μύστις, mystique : **Mustis** (n. pr.), 157. — μυστήριον, chose sacrée : **myste**rium (lat. afric.), 134.

νᾶμα, source : **aman** (div.), 77.

ναός, ναῦς, navire : **naou** (maroc.), 41, 43, 46, 77, 194.

νάω, couler : **aman** (div.), 77, ; **nou** (Sud), 77 ; **naou** (maroc.), 41, 46, 77, 194 ; **ne**χ**el** (taït.), 77 ; **aoum** (kab.), 77.

νεκρός, mort : νέκυς, cadavre ; νεκρόω, faire mourir ; **ne**γ**y** (kab.), 44, 55 ; e**ne**γ (div.), 19, 97 ; **enec**are (lat. afric.), 146.

νέος, νεᾶνις, νεΓαρός, jeune : **naï** (taït.), 31 ; **Inae**nnus (n. propre), 165 ; **Nepheris** (n. v.), 169 ; **Nea**polis (n. p.), 155.

νεῦσις, inclination : **nous** (kab.), 46. — νεύω, ἔνευσα (aor.), s'incliner : **anez** (kab.), 16, 67, 195.

νῆμα, fil : **nel**e (ghadm.), 90, 112 ; **lem** (kab.), 89.

νήχομαι, nager : **ne**χ**el** (taït.), 14, 77, 90.

νίγγειν, neiger : **defel** (kab.), 75 ; **ning**or (lat. afric.), 132, 139.

νόεω, ἔνευσα, opiner : **nouou** (kab.), 67 ; **anez** (kab.), 67. *Comp.* νεύω.

νομάδες, nomades : **Numid**ae (n. de tribu), 60, 157.

νομή, coutume : **noumi** (kab.), 41, 44, 194. — νομίζω, avoir l'habitude : **nem** (kab.; targ.), 19, 65 ; se**nem** (tam.), 29.

νόμος, pâturage : **remou** (touat.), 90.

νόσος, maladie ; **hass** (kab.), 77.

νυκτερίς, chauve-souris : **metchouri**a (kab.), 99.

νύξ, nuit : **nist** (touat.), 77 ; **nac** (guanche), 77 ; **idh, it** (zen. kab.), 72, 77, (mz.), 71.

ξηραίνω, -ε, dessécher : **sir**er (tam., kab.), 18, 90. — ξηρος, sec : **ser**

ξύλον, bois : **kchoud** (riff.), 83 ; **kchal** (kab.), 70.

ξυρός, rasoir : **xousa**l (Vent. de Par.), 91. — ξυρέω, tondre : **cherrou** (kab.), 71.

ξύω, gratter ; aor. ἔξυσα : **ixousa** (V. de Par.), 70 ; aor. moy. ἔξυσμαι : **ezoukmé** (tam.), 16, 71 ; **isilm**es (ghadm.), 16. — ξύσμα, raclure : **zoukma** (taït.), 86.

ὄαρ, compagne : Thoar (n. v.), 167.

ὀδεύω, -ε, faire route : eddou (kab.), 18, 65, 95.

ὁδός, route : oudou (tam.), 41, 45.

οἰνοφερής, qui produit du vin : Aunobaris (n. v.), 159.

ὄϊς, troupeau : ouilli (div.), 94, 95. *Voy. ovilis*, Glossaire II.

ὄκϝο, œil : aval (tripolit.), 112.

ὀκτώ, huit : attam (gerb.), 72.

ὅλος, ὅλλος, complet : oullou (zen.), 33, 95.

ὁμαλός, plan : amalou (kab.), 48 ; imoula (kab.), 58. — ὁμαλίζω, éga-
liser : semelil (kab.), 29.

ὁμήθεια, intimité : Omidia (n. p.), 159, 161.

ὁμιλω, -ε, parler : amel (gerbien), 18, 63, 195 ; ὁμιλών : amelan. —
ὅμιλος, assemblée : amehiou (tam.), 48.

ὄμμα, regard : immi (touat.), 59. — ὀμμάτιον, œil : imetti (kab.), 52,
58, 66 ; imettaoun (kab.), 58.

ὅμορος, voisin : Ziommoris (n. p.), 168, 169.

ὁμός, semblable : am (bergh.), 116.

ὀνομάζω, nommer : eneba (ch., ar. mogh.), 19, 81 ; Onomasius (n. p.),
154.

ὀξύς, pointu : ixaï (ch.), 32, 70, 102, 169 ; iketea (kab.), 87, 169 ; aqda
(kab.), 102 ; Oxynlas (n. p.), 169.

ὀργή, colère : ourrif (kab.), 98. — ὀργιοῦμαι, se fâcher : argani (kab.),
55 ; ergem (kab.), 14, 55.

ὀρθός, droit : Ortaïas (n. p.), 169.

ὁρκίζω, prêter serment : ecchez (tam.), 97.

ὅρος, limite : iri (kab.), 40, 44, 66.

ὄρος, montagne : Aoures (n. géogr.), 38, 91, 182 ; Aurasius (n. géogr.),
182 ; ourir (kab.), 182 ; hor (targui), 182.

ὀρρός, petit lait : irri (kab.), 40 ; allous (taït.), 47, 194 ; arou, 48.

ὄρυζα, riz : arouz (div.), 44, 63.

ὄρυξις, action de creuser : arouzi (kab.), 44, 46, 63 ; Urusis (n. géogr.),
155.

ὀρύσσω, -ε, fouiller : erez (kab.), 18, 65 ; ὀρυσσών : erezan, 26.

ὀσσεύων, devin ; gén. Tossunis (n. p.), 166, 171

ὅταν, lorsque : ouden (zen.), 74.

οὐδείς, aucun : oulien (kab.), 88.

οὐρανός, ciel : irahi (guanche), 78, 88 ; litogan (guanche), 88.

οὐχ, non, pas : our (div.), 88, 116.

ὄφις, serpent : **afes** a (riff.), 79.

ὀχή, caverne : **Uchi** (n. v.), 159.

πάλαι, autrefois : **areï** at (zenaga), 84. — παλαίος, vieux : **I pali** arus (n. p.), 165.

πάρμη (phryg.), bouclier : **arma** (taït.), 84.

πᾶς, πᾶσα, tout, complet : **Ti pasa** (n. v.), 35, 82, 167 ; **Te fessa** d (n. v.), 82.

πάσχω, ἔπαθον, souffrir : **aθeb** (kab.), 84.

παῦρος, petit : **barad** (ghat.), 31, 51, 67, 87.

πέδον, plaine : **foudou** (zen.), 82.

πειράζω, essayer : **areδ** (kab.), 84.

πελάργος, cigogne : **bellirech** (kab.), 61, 85, 98.

πελτή, bouclier : **Te pelte** (n. v.), 35, 167 ; **Ta balta** (n. v.), 156.

πέρασις, passage : **brid** (kab.), 81.

περκάζω, rendre noir : **s bertch** (mz.), 29 ; περκάζων : **berkan** (kab.), 32. — πέρκος, noir : **berik** (kab.), 31, 68.

πέσσω, cuire : **issou** (mz.), 84.

πέτομαι, voler : **fer** (kab.), 82.

πίθακη, guenon : **Pitaca** (n. p.), 158.

πλάτυς, plat : **feltes** (taït.), 31, 82, 99.

πληθύς, plein : **feθi** (kab.), 82, 98 ; **Oued Fissi** (n. géogr.), 82.

πλόκαμος, boucle de cheveux : **Plocam** iano (n. p.), 161.

πλούσιος, riche : **Sa plutius** (n. p.), 37, 168.

πολύ, beaucoup : **poul** as (targui), 84 ; **houl** lan (kab.), 82, 84.

πονόεις, qui prend de la peine : **Fonhoe** (n. p.), 162.

πόντος, mer : **Pontos** (n. p.), 155.

πόριμος, -η, industrieux : **A pormi** a (n. p.), 36, 159, 165.

πορνική, prostituée : **Thu burnic** a (n. v.), 167.

πόρος, passage, marché : **Bur** e (n. géogr.), 161, 164, 174 ; **Alti buros** (n. v.), 157, 161 ; **Buri** anus (n. p.), 161 ; **Bur** icus (n. p.), 161.

πούς, ποδός, pied : **pod** ia (latin africain), 133, 135 ; **aδ** ar (div.), 84, 91 ; **pod** ismos (lat. afric.), 133.

πρέπουσα, distinguée : **Prepusa** (n. p.), 171.

πτέρον, aile : **fer** (kab.), 82, 97.

πύξ, poing : **fous** (div.), 82.

πυργόω, protéger : **Burga** on (n. géogr.), 52, 171. — πύργος, forteresse : **bordj** (div.), 49, 81, 93, 188.

πυρός, blé : **faro** (guanche), 63, 82.

πῶλος, petit animal : **foulous** (div.), 38, 40, 47, 82.

ῥαίω, casser ; aor. ἔρραισα : **errez** (div.), 16, 86.

ῥάκος, débris : **rekaou** (taït.), 43, 45 ; **rekou** (kab.), 48 ; **rek** (kab.), 49, 62.

ῥακόω, mettre en lambeaux : **erkou** (kab.), 13.

ῥέεθρον, ruisseau ; ῥύσις, courant : **reθer** (div.), 53, 91, 186 ; **rahar** (targ.), 186.

ῥέω, couler ; aor. ἐρρύην : **enrel** (tam.), 16, 89.

ῥήσσω, ῥήγνυμι, rompre ; aoriste ἔρρηξα : **errez** (divers), 16, 21, 56, 71. — ῥῆγμα, rupture : **m'zeriou** (kab.), 58. — ῥῆξις, déchirure : **rezi** (taït.), 40, 46, 148 ; **Seressis** (n. v.), 168.

ῥίζα, racine : **rhizou** (targui), 48.

ῥύμη, force : **Rummeus** (n. p.), 163.

σάγμα, charge : **sabga** (kab.), 99 ; **seqla** (kab.), 90 ; **agmar** (ch.), 87.

σάκος, sac : **sakou** (kab.), 38 ; **souka** (kab.), 58, 195 ; **sagoun** (kab.), 52.

σάλος, mouvement : **Salo** : (n. p.), 161.

σάνδαλον, sandale : **feddele** (Vent. de Par.), 97.

σαρωτής, balayeur : **ferad** (kab.), 85.

σαφής, pur : **sefa** (kab.), 165 ; **A safi** (n. p.), 159, 161, 165.

σέβω, vénérer : **m'sebal** (kab.), 57.

σείρ, soleil ; σείριος, brillant : **zeri, ziri**, 41, 44, 59, 108, 109, 166 ; **Tziro** (n. p.), 159, 162, 166.

σειριάω, briller : **sir, serer** (div.), 109 ; **siri** (kab.), 109 ; **err** (kab.), 109 ; **zered** (kab.), 87 ; **sar** (taït.), 87, 109 ; **irrik** (kab.), 109.

σελήνη, lune ; σελήνιον, petite lune : **Selidiou** (nom pr.), 75, 108, 161 ; **Seline** (n. p.), 159.

σευώ, ἔσευα, lancer : **ezoui** (kab.) ; **ezaief** (taït.), 16, 61, 86.

σημαίνω, -ε, montrer : **semoun** (kab.), 18.

σιγάω, se taire ; imp. ἐσίγον : **souzen** (ch.), 15 ; **Sugan** (n. p.), 170.

σικύος, courge : **Auziqua** (n. v.), 163.

σιρός (thrace), silo : **seraf** (kab.), 51, 176, 192.

σκαζόμαι, être boiteux : **sgaθeler** (targui), 76, 87.

σκάφος, barque : **chqof** (kab.), 49, 62, 86.

σκεδάννυμι, mettre en déroute ; fut. σκεδῶ : **sked** (kab.), 15.

σκέλος, jambe : **sagel** (ch.), 49, 68, 98.

σκέπη, abri : skef (kab.), 82.

σκηνή, hutte : skene (guanche), 40, 45.

σκοίδιον, σκίας, -αδος, ombre : sedelem (kab.), 98.

σκολιός, courbe : zeleg (kab.), 98.

σκόροδον, ail : skaret (largui), 53, 63, 67, 74; chirt (Vent. de Par.), 96.

σκῶμα, σῶμα, corps, substance : ksoum (div.), 53, 99.

σούα (carien), tombeau : Sua (n. v.), 174.

σοφός, sage : Sufa (n. p.), 158; zouf (div.), 158; Sophon (n. p.), 170; Zouphones (n. de tribu), 170; Sophonisbe (n. p.), 170.

σπαράσσω, déchirer : serres (kab.), 98.

σπένδω, faire des libations : Spendusa (n. p.), 171; Spendius (n. p.), 171.

στάγδην, στάξις, στίλη, goutte, goutte à goutte : tseqtir (kab.), 74, 90, 99; Sticsisis (n. p.), 157; Stilla (lat. afric.), 132.

στάσις, position, présence : zaatsi (kab.), 46, 99.

στατήρ, statère : Istatera (n. p.), 36.

σταφυλή, raisin : tafera (kab.), 92, 97.

στάχυς, épi : Stachumelis (n. p.), 36, 163.

στέμμα, couronne : tseme (kab.), 99.

στενάζω, gémir; aor. ἐστέναξα : tsenasa (kab.), 16, 99.

στέφανος, couronne : Isthefanus (n. p.), 36.

στίζω, piquer; aor. ἔστιξα : tseques (kab.), 99.

στιχάων, qui aligne des troupes : Stachaon (n. p.), 52, 157, 170.

στρῶμα, -ατος, coussin : soumeta (ch.), 98.

συγκαίω, brûler; fut. σύγκαύσω : soukes (kab.), 15, 28.

σύκά, figuier : Rusicada (n. géogr.), 183; Sycophanta (lat. air.), 131.

συλήσια, dénudée : Silesua (n. v.), 156.

σύλλεκτος, agglomération : Sullectum (n. v.), 156, 164.

συμμενθήρω, -ειν, réfléchir : semmenθeren (tam.), 27.

συμφέρω, réunir; infinitif συμφέρειν : senferen (tamahaq) 19, 27, 110; Sumpherusa (n. p.), 171.

σύν, avec : sou (ch.), 78.

συναγείρω, -ε, rassembler : semegouret (tam.), 27, 80, 103; seuker (taït.), 27.

συνάγχομαι, se froisser : senacham (kab.), 14, 72.

συνάγω, rassembler; aor. σύνήγαγον : sengougou (kabyle), 12, 16, ; 103; segou (kab.), 12, 13, 28, 78, 103.

συνδυάζω, accoupler : sedoukel (tam.), 28.

συνδέω, réunir : sedou (lam.), 12, 28. — aor. συνέδησα : senteð (kab.), 12, 16, 27, 74, 87.

συνεδαφίζω, -ς, plier, niveler : senedefez (taït.), senefedez (kab.), 18, 27, 62, 100.

συνίημι, rapprocher; fut. συνήσω : sihez (lam.), 78. — σύνεσις, jonction : sihes (tam.), 78.

σύνοψις, réunion : synopsis (la. afric.), 131.

σύρω, ἔσυρην, trainer : esourer (kab.), 16, 90.

συστέλλω, -ς, raccourcir : souzell (kab.), 18, 28, 98 — συστολή, raccourcissement; souzel (kab.), 45, 55.

σφίγγω, saisir : sfiki (taït.), piller; m'sfiki (taït.), 33.

σχάζω, ouvrir en coupant : keder (kab.), 96. — σχάσις, incision : skot (ch.), 111.

σχίζομαι, fendre, séparer : egzem (kab.), 99; izzoun (targui), 14. — σχίσις, fente : xissi (kab.), 39, 46, 96.

σχοίνος, σχοινίον, corde : sxoun, saxoun (B.-Men.), 49, 68, 98.

τάλας, malheureux : taleggi (taït.), 32; Mastalaï (n. p.), 178.

ταραχή, trouble : tareti (targui), 73.

ταριχεία, saline : Tarichiæ (n. v.), 156.

ταχύς, prompt : taky (tam.), 31.

τέ, τύ, toi : kaï, kaïou (targui), 73.

τέγος, abri : dej (ghadm.), 49, 74, 93; toq (taït.), 49; tigmi (kab.), 44, 54.

τείνω, tendre : fut. τενῶ : tem (touat.), 80.

τεῖχος, mur : dej (ghadm.), 49; toq (taït.), 49. Comp. τέγος.

τέκνον, τέκος, enfant : dag (taït.), 74; tecnon (lat. afric.), 133.

τέναγος, bas-fond : tindja (div.), 42, 51, 67, 93, 159; Tingis (n. v.), 159.

τέχνη, art : teknou (targui), cna (kab.), 76.

τίγρις, tigre : tiγres (targui), 51.

τίθημι, ἔθην, θήσω, mettre : eθens (taït.), 16; aθens'εγ (targui), 26.

τιθήνη, nourrice : θin (kab.), 45, 64; plur. ţiθiθin, 105.

τίκτω, accoucher : tiro (mz.), 13.

τιμά (dorien), estime, estimation : tama (kab.), 43, 74; Stimandra (n. p.), 168.

τίμαω, τίμα, apprécier : demâ (kab.), 18, 55, 64, 74.

τίτυρος, mouton qui conduit le troupeau : Tituris (n. p.), 169; Tityrus (n. p.), 175.

τίφη, variété de blé : Sitifis (n. v.), 168, 169.

τομεύς, couteau : **kemmie** (Vent. de Par.), 73, 96.

τόξεια, τόξον, arc : **tagaï** (tam.), 44, 71 ; **tadjanhé** (taït.), 42, 63.

τράγος, bouc : **tragi** (tam.), 42, 43, 55 ; **reg** (tam.), 55.

τυγχάνω, obtenir : **ekχem** (kab.), 76, 80.

τύμβος, tombeau : **timbo**line (tam.), 91.

τύμπανον, tambour : **tebel** (ar. mogh.), 89, 98.

τύπτω, frapper ; aor. ἔτυψα : **estafia** (guanche), 83 — τυπάς, marteau :
    tafedis (kab.), 42, 82.

τύραννος, chef : **tyrann**us (lat. afr.),133 ; Κυρήνη (n. v.),155 ; Adicran
    (n. p.), 178 ; Mastu**caranis** (n. p.), 178 ; **choran** (guanche), 178.

τυρόν, fromage : **Turon**is, gén. (n. p.), 171.

τύχα, fortune, sort : **Touka** (n. p.), 59 ; **Thugga** (n. p.), 163 ; Eu**tych**is
    (n. p.), 159 ; Eutych**ianus** (n. p.), 154 ; Tucca**bor** (n. p.), 160 ;
    Mas**touka**n (n. p.), 59.

ὑβός, sinueux : **Ub**us (n. géogr.), 156 ; Thub**a** (n. v.), 167.

ὑβρίζω, outrager : **ebrez** (kab.),18,195 ; s**ibles** (tam.), 29

ὑγιάζω, guérir : **eji** (kab.), 19, 93.

ὕεται, il pleut : s**ouet** (kab.), 14, 185. *Voy. su*, Glossaire III.

υἱός, ὑύς, fils : **iou** (ch.), 37, 187 ; **aou** (div.), 61 ; **ou** (B.-Men.), 187.

ὑμεῖς, vous : **em** (div.), 24.

ὑμνέω, chanter : **emounou** (zen.), 13.

ὑφαιρέω, -ε, soustraire : s**oufer** (kab.), 18.

ὑψαιός, ὕψι, haut : **Ibs**a (n. p.), 59 ; Mic**ipsa** (n. p.), 177.

ὑψηλός, élevé : **Usel**is, **Usal**is (n. de villes), 156, 169 ; **Usil**a, **Usil**ita,
    Usilitanum, **Ouzal**ai (n. de villes), 83 ; **Oussal**eton (n. géogr.),
    oufella (zen.), 83 ; **asal**as (kab.), 83.

φαίνω, φάω, briller : i**faou** (targui), 12, 13 ; e**ffou** (ahaggar), 109 ;
    — aor. ἔφην : e**feδ** (targui), 12, 16, 75, 109 ; f**ededj** (taït.), 109.

φανερός, φάνης, visible : **finar** (targui), 49, 61 ; **Fanæ**a (nom pr.), 161 ;
    Me**phan**ias (n. v.), 172.

φάος, φῶς, lumière : **fao** (ch.), 41, 43, 109 ; **fa** (taït.), 109 ; **fa**t (kab.), 109 ;
    fe (guanche), 109 ; **faou** (ch.), 109 ; **fou** (nefoussa), 43, 109 ; as**fa**
    (syouah),109 ; **fais**ca (guanche),109 ; **fo**c (taït.), 109 ; **fao**(aouel.),
    109.

φάρος, cavité : **far**aou (tam.), 42, 45, 110 ; i**fri** (divers), 39, 110 ; I**fru**,
    I**four**as, Ti**four**a, I**fur**aces (noms propres), 110 ; e**fel**ou (kab.),
    110 ; **fla** (kab.), 110 ; **fal**aï (taït.), 110 ; ber**nin** (kab.), 110.

φελλίνη, de liège : **Phelline** (n. p.), 156.

φατός, mort : **bas, basina, tombeau** (div.), 113.

φέρω, -ε, porter : **fer** (kab.), 110 ; **ifer** (ch.), 110 ; **erfou** (tam.), 99, 110 ; **fouri** (kab.), 110 ; **arou** (div.), 110 ; **barad** (taït.), 110 ; - fut. οἴσω : **a ouid** (V. de P.), 87. — φέρειν : **feren** (k.), 19, 110 ; **fouren** (zen.), 110 ; **erfed** (ch.), 110. — φόρος, porteur, messager : **serfaht** (ch.), 110 ; **Aunobaris** (n. v.), 169 ; **Bérénice** (n. v.), 80, 160 ; **Euporia** (n. p.), 160. — φόρος, paiement d'impot : **fouri** (kab.), 110 ; **fert** (zen.), 110. — φερνή, dot : **ferni** (kab.), 110.

φηλόω, tromper : **fil** (Vent. de Par.), 19, 64 ; φηλόων : **filan**, 26.

φημι, parler ; aor. ἔφησα : **efesser** (kab.), 96. — ἦν : **en** (kab.), 59, 109 ; **enni, in** (targui), 109 ; **m'enna** (kab.), 56, 109 ; **Eupmus** (n. p.), 159, 160. — φήμη, parole : **imi** (div.), 40, 83, 109.

φθάνω, arriver le premier : **Tiftenc** (n. p.), 166.

φιαρός, brillant de santé : **Pieris** (n. p.), 158, 160, 169.

φρίσσω, frissonner : **frious** (kab.), 18, 100 ; **raïach** (kab.), 83.

φρούρα (plur.), remparts : **Ta phroura** (n. v.), 156.

φρύνη, φρύνος, crapaud : **grou** (targui, syouah), 39, 54, 78, 79.

φύσις, nature, traits : **fousaï** (kab.), 41, 44, 45, 66, 109 ; **fousa**, 61.

φυτεύω, engendrer : **Fittanis** (n. p.), 170.

φύω, croitre ; aor. ἔφυσα : **efesi** (kab.), 16, 61, 95 ; **Iafis** (n. p.), 166, 187 ; **Ifis** (n. p.), 59, 83, 106.

χαλκός, cuivre : **helka** (ar. mogh.), 71.

χαμαί, à terre : **hamas** (ghadm.), 42, 51 ; χαμᾶθεν, à terre : **amaθal** (tam.), 71, 72, 89.

χάραξ, pieu : **harkiz** (kab.), 67, 70, 111, 156 ; **Charax** (n. v.), 156.

χαρίζουαι, plaire : **herezem** (k.), 12, 14, 65, 71, 80, 111 ; impér. χαρίζου : **xares** (kab.), 12, 18, 165 ; **exerez** (taïtoq), 18, 131. — χαρίεις, agréable : **iègraz** (tam.), 31, 70, 168.

χάρις, grâce, 137 : **Sagaris** (nom pr.), 36, 168 ; **Zeucharis** (n. v.), 168, **Charius** (n. p.), 154 ; **Acharita** (n. p.), 165 ; **eucharis** (lat. afr.), 131. — χάρων, joyeux : **Charunus** (n. p.), 153.

χάρτης, papier : **xaret** (kab.), 39, 49, 68 ; **chert** (kab.), 49.

χάσμα, ouverture de la bouche : **xesmar** (kab.), 59.

χειμασία, froidure : **semeθ** (kab.), 45.

χειμερίος, orageux : **ximera** (kab.), 72.

χείρ, main : **cher** (kab.), 51.

χελιδών, hirondelle : **Cheidon, Gildon, Khaldoun** (n. pr.). 161.

χέραδος, gravier : chera (ch.), 54.

χερρεύων (part. prés.), être ferme : korran (kab.), 32.

χέρρος, dur : kor (div.), 31, 70.

χέω, répandre; imparf. ἔχεον : choud (kab.), 15; aor. ἐχύθην : echeθel : (kab.), 16, 89.

χηλός, coffre : qchoual (kab.), 49.

χιλός, fourrage : Tichilla (n. v.), 163, 167.

χίμαρος, chevreau : zimer (kab.), 36, 49, 62, 165; Acimarius (n. p.), 36, 165.

χιτών, chemise : chaït (figuig.), 53.

χλαμύς, chlamyde : clemoun (Vent. de Par.), 43, 62, 66, 75.

χλοερός, vert : kouel (taït.), 33, 91, 93.

χλωρός, jaune : ourar (kab.), 32, 33, 40. *Comp.* χλοερός et γλουρός.

χόρτος, fourrage : gord (kab.), gourt (Vent. de Par.), 39, 49, 70, 74.

χράω, -ε, prendre en main : krah (taïtoq), akrah (tam.), 18, 54, 195; — aor. ἔχρησα : ekraɔ (taït.), 16, 86.

χρῆσις, usage : χeda (kab.), 87, 97.

χριθῆ, χιρθῆ, orge : irden (kab.), 72; riθa (largui), 72.

χρίω pour χίρω, frotter : χerrou (gerb.), 13, 95.

χρόα, peau : χri (taït.), 67.

χύσις, fusion : fesaï (kab.), 79.

χώρα, contrée : gel, ger (div.), 40, 60, 70. *Comp. ager*, Glossaire II.

ψηλαφάω, caresser : selef (kab.), 19, 83, 98; selaf (kabyle), 55; — part. prés. ψηλαφάων : seloufoun (taïtoq). 32. — ψηλαφία, caresse : selaf (kab.), 45.

ψίξ, miette : bsis (kab.), 37, 71, 82, 194.

ψυθίζω, mentir; aor. ἐψυθίζα : eshudid (ch.), 16, 76, 83.

ψύττω, cracher; aor. ἐψύττησα, : esoutef (kab.), 16.

ὠδία, odeur : adi (zen.), 39, 44, 63. *Voy. adi*, Glossaire III.

ὠθέω, frapper : ouθ (zen., kab.), 13, 18, 24; ouθou (tamahaq), 13; aout (ghadm.), 13; outs (ch.), 18. — ὤθησις, choc : iθa (kab.), 43, 55; ouiti (taït.), 44, 55.

ὠόν, plur. ὠά, œuf : ouji, plur. oja (zen.), 112.

ὥρα, heure : Ziora (n. p.), 37, 168.

ὠσίς, impulsion : azizi (kab.), 39, 63.

ὠτειλή, blessure : Tiotelus (n. p.), 166.

GLOSSAIRE II

MOTS DES LANGUES ITALIQUES
qui ont des synonymes homophones en libyen ou en berbère

Acumen, sommet : **agmoun** (kab.), 38, 182.

adducere, conduire : **adeg** (targui), 20.

adeo, **adivi**, entrer : **adef** (ch.), 21.

ager, champ : **iger** (kab.), 40, 60, 70; **agger** (div.), 95; **agel** (div.), 70, 91. *Voy.* χώρα.

aggressura, attaque : **aγessar** (targui), 44, 62, 96, 103.

agnus, agneau : **ana** (guanche), 50.

amare, aimer : **amel** (kab.), 20, 91; **amil** (Vent. de Par.), 96.

amnis, fleuve : **Amnisos, Hamiz** (noms de fleuves), 97.

angor, **anxius**, préoccupation : **anzioum** (ch.), 103.

annona, nourriture : **anoun** (ch.), 44.

arator, laboureur : **arak** (zen.), 73.

asinus, âne : **azig** (zen.), 73; **arioul** (kab.), 39, 91, 99.

augere, augmenter : **ouger** (targui), 20.

aurora, aurore : **aroura** (taït.), 39, 67.

aurum, or : **aourar** (kab.), 32; **ouri** (zen.), 40; **ourer** (gerb.), 40.

auxilium, aide : **aouziou** (kab.), 53. On peut rapprocher aussi **aouziou** du verbe dorien **ἀϝόϝέω**, secourir, d'après Moschus.[1]

barba, barbe : **mart** (targui), 81.

bonus, bon : **bous** (zen.), 32, 77.

cadere, tomber : **chodor** (zenaga), 20, 72; **odar** (zenaga), 20, 72; **aðeren** (zenaga), 72. — **cado** : **oudou** (tamahaq), 20, 72. — **cecidi** : **jejidi** (ch.), 21, 93.

calceus, soulier : **ercas** (kab.), 72; **kerco** (guanche), 72, 92; **harcous** (B.-Men.), 92.

camera, chambre : **caber** (targui), 41, 44.

candela, chandelle : **candil** (div.), 44.

canis, chien : **Mascanis, Saccanis** (n. p.), 178.

capio, **captus**, prendre : **enfou** (kab.), 72, 112; **ettef** (div.), 72.

caput, tête : **cabt** (ch.), 41, 53, 67; **cab** (lib.), 173.

---

[1] BRÉAL : « Elymologies », *Mém. de la Soc. linguist. de Paris*, t. XII, fasc. 4.

cardare, carder, de *carduus,* chardon : **cardach** (ch.), 20.

casa, maison : **seca** (kab.), 99.

catus, chat : **gatt, gattous** (div.), 95 ; **iatous** (gerb.), 47.

cicer, pois chiche : **kikir** (kab.), 40, 51, 63 ; **chicheï** (guanche), 92.

cingulum, ceinture ; **celengou** (tam.), 53, 99.

cinis, poussière : **chan** (Sud or.), 40.

coagulum, caillé, fromage : **agouglou** (kab.), 53 ; pl. **igougla** (kab.), 57 ; **agougli** (kab.), 66.

cognatus, agnatus, lié par les liens du sang : **agna, agnaten** (targui), 38, 58, 77, 104, 187.

collis, colline : **ɣill** (div.), 66 ; **alous** (taït.), 72.

coquus, cuisinier : **ouqouas** (Vent. de Par.), 68, 72, 112.

cor, cœur ; **oull** (kab.), 72, 92, 112.

corvus, corbeau : **gerfiou** (kab.), 65, 68.

dea, déesse : **Thadea** (n. p.), 36.

ducere, amener : **doukel** (kab., tam.), 20, 92. — impér. **duce** : **adeg** (targui), 20.

effere, porter hors : **effer, effir** (kab.), 17, 20, 26, 97, 110. *Comp.* ἐχφέρω.

egere, porter hors : **eger** (kab.), 20.

equus, cheval : **echou** (targui), **ech** (Vent. de Par.), 47.

exire, sortir : **exer** (touat.), 19, 20.

extero, bannir : **ester** (tam.), 20 ; **m'estour** (tam.), 33.

faba, haba, fève : **abaoun** (kab.), 83.

falco, faucon : **falcou** (ch.), 38, 51.

fari, parler : **fir** (targui), 60, 90. *Comp.* φήμη.

farina, farine : **varen** (ghadm.), 38, 44, 64, 110 ; **aren** (B.-Men.), 83.

felare, sucer : **ifef** (kab.), 106.

ferre, porter : **err**, 83. *Comp.* φέρω.

festa, fête : **faski** (taït.), 73.

filia, fille : **illi** (div.), 40, 44, 83, 95, 106, 187.

filius, fils : **falou** (ch.), 41, 47, 106, 187 ; **Ifis** (n. p.), 59 ; **Iafis** (n. p.), 166, 187 ; **il** (div.), 83, 106. — Massyli : Μασσούλεις, Gurzil, Gœtuli, Tafis, Masofis, Masopis, Masfis (noms propres), 187.

firmus, énergique ; **Firmus** (n. p.), 168.

focus, foyer : **foc** (taït.), 59, 109 ; **fac** (aouelim.), 109.

folium, feuille : *fer,* pl. **ferioun** (kab.), 58, 92.

foro, percer : a**flou, felou** (kab.), 20, 92, 110.

frigus, froid : **fricus** (kab.), 72.

frux, **frugis,** fruit : **faqi**a (div.), 92.

fundo, **fudi,** dissoudre : e**fesi** (tam.), 21.

fundus, plaine : **foudou** (zen.), 47.

furca, fourche : **furca** (kab.), 41, 43.

furnus, four : **fournou** (kab.), 38, 47 ; pl. **fourn**a, 57 ; **feurn** (ch.), 49.

futis, fusion : **fesaï** (kab.), 79.

gens, famille : **gens** (div.), 39, 104.

gradus, gradin : **grado** (ch.), 47.

gurges, gouffre : **cherch**our (kab.), 37.

gutta, goutte : **qit** (kab.), 44.

hortus, jardin : **ourti** (kab.), 40, 66 ; **ourtou** (B.-Men.), 47.

hostis, hôte, ennemi : **chechti** (kab.), 38, 65, 86, 111. Comp. *ghostis,* Glossaire III.

humus, terre : **hamas** (ghadm.), 42, 51.

ignio, cuire : **ign**a (taït.), 20.

ignis, feu : **ignas** (targui), 52, 61.

in, dans : **id** (kab.), 75.

jugum, pl. **juga,** joug : **ioug** (Bougie), 53, 112 ; **iouga** (kab.), 57, 94, 195, **zouga** (chel.), 94, 195. *Comp.* ζύγον, Glossaire I.

jugum, revers de fossé : **djougou** (zen.), 53.

lateo, oublier : **etou** (ch.), 93.

lens, lentille : **lent** (kab.), 41, 43 ; — pl. **lentes** : **lades,** 97.

lilium, lys : **lili** (ch.), 53.

lima, lime : **lema** (B.-Men.), 41, 96.

loquor, parler : **aqual** (Léon l'Afric.), 93.

lutum, boue : **lod** (ch.), 53.

magnus, grand : **magn**alius (latin africain), 106, 132 ; — **major**es : **mezour**a (ch.), 58, 94, 106.

mancus, incomplet : **mancas** (kab.), 111.

mantile, serviette : **mendil** (ar. mogh.), 74, 94.

maxilla, mâchoire : **madji** (zen.), 93.

mel, miel : **men** (div.), 42.

mensa, table : **mensi** (taït.), 38, 61.

messis, moisson : pl. **mezzin** (S^d or.), 86 ; **meter**e, moissonner : **meger** (kab.), 20, 73, 86.

metari, mesurer : **meter** (kab.), 20.

motus, mouvement : **moussou** (taï.), 47.

murus, mur : **marou** (ch.), 47, 63.

mustus, nouveau (lat. afric.), 157.

muto, changer ; impér. **muta** : **mouti** (taït.), 20.

nasus, nez : **nezer** (kab.), 40, 62, 91 ; **nesar** (kab.), 54.

natus, né : **agnatus** ; **agna**, plur. **agnaten** (taït.), 38, 58, 77, 104, 187 ; **aït** (div.), 77 ; **gnato** (*Corp.*), 58.

neco, eneco, tuer ; impér. **eneca** : **eneca** (ch.), 20.

nego, nier ; impér. **nega** : **ouga** (zen.), 76.

nobilis, noble : **Nubel** (n. p.), 168.

occasus, déclin : **occous**, pl. **icassen** (taït.), 58, 62.

ordino, arranger : **ourdou** (tam.), 20 ; **aden** (ch.), 20.

oriri, ouvrir : **ari** (div.), 20.

oro, parler ; impér. **ora** : **ora** (zen.), 20.

os, ossis, os : **issi** (zen.), 66.

ovilis, troupeau de brebis : **avali** (ghadm.), 61, 94 ; **ouilli** (div.), 94, 95.

porta, porte : **bourt** (kab.), 41, 43, 45 ; **boura** (kab.), 58.

pullus, poussin : **foullous** (div.), 38, 40, 47, 82.

quercus, chêne : **querrouch** (ch.), 49, 85, 98.

qui, qui : **oui** (div.), 72. — quid, quidam, qui : **ouidi** (div.), 72.

rideo, rire ; passé défini **risi** : **edhz** (tam.), 21, 92.

ruere, se précipiter : **erouer** (rif.), 20 ; **erouel** (mz.), 18, 89. *Com.* ἐρώω.

sagmarius, bête de somme : **agmar** (ch.), 87.

sal, sel : **sen** (maroc.), 89.

sapere, goûter : **aber** (ch.), 20.

scando, monter : **skedou** (taït.), 20.

secare, couper : **sekin** (ar. mogh.), 113 ; **sahars** (ch.), 72.

segmen, fragment : **segmed** (tam.), 53, 75.

serum, petit lait : **iri** (kab.), 40.

siccare, sécher : **ecar** (tam.), 20 ; **seccou** (kab.), 20.

siliqua, tiliba, gousse : **jilban** (div.), 67, 93 ; **chilista** (guanche), 86.

sitis, soif : **sit** (kab.), 46.

situla, seau : **sotol** (div.), 45, 65.

somnium, somnus, sommeil : **somme** (zen.), 20 ; **sommi** (zen.), 53, 97.

sulcus, soc : **silts** (ch.), 66, 73.

summa, somme : **soumma** (kab.), 39, 43.

super, sur : **soufel** (targui), 82, 92.

tamarix, tamarin : **tamaï** (ch.), 92.

tegimen, abri : **tigmi** (kab.), 44, 54.

temo, timon : **temoun** (ch.), 38.

texo, tisser : **ezdh** (kab.), 76.

tugurium, pl. **tuguria**, chaumière : **tagelia** (libyen), 42, 43, 57, 63, 92, 195.

tussio, tousser ; impér. **tussi** : **toussi** (ch.), 21 ; **toussouθ** (kab.), 43.

tussis, toux : **toussou** (kab.), 42, 55, 65 ; **oussou** (kab.), 55.

ulmus, orme : **oulmou** (ch.), 40, 47.

unguis, ongle : **ichech** (div.), 77, 111.

uro, brûler ; impér. **ure** : **err** (kab.), 20, 95 ; **arraï** (ch.), 55.

ursus, ours : **oursel** (Vent. de Par.), 59, 91.

vermis, ver : **jermeθ** (kab.), 87, 95.

vespera, soir : **ouazar** (taït.), 94, 98.

vir, homme : **our** (div.), 40, 178, 186 ; **var** (targui), 186.

GLOSSAIRE III

MOTS DES LANGUES DU NORD DE L'EUROPE ET DU SANSCRIT
qui ont des synonymes homophones en libyen ou en berbère

abred (kymr.), migration : **abrid** (div.), 81, 113, 181, 192.

adi (europ. prim.), odeur : **adi** (zen.), 39, 44, 63.

aga (sanscrit), chèvre : **aγa** (ch.), 42.

agaram (sansc.), habitation : aɣerem (taïtoq), 38, 48, 68, 103, 156;
   Agarmi (n. v.), 156, 158, 163.

ahva (goth.), œil : aval (tripol.), 112.

akt (v. h^t allem.), attention : akhtef (zen.), 112.

akva (europ. pr.), cheval : Caccabe (n. v.), 173. Voy. *equus*, Gloss. II.

ana (sansc.), ce : en (zen), eni (div.), 61.

ankami (sansc.), coude : agmor (ch.), 111.

aqvesi (europ. prim.), hache : aqbach (tam.), 42, 85, 94, 102, 111.

arg, argati (sansc.), étendre : arqis, échalas (kab.), 67, 70, 111, 156.

argass (Gallois), argoaz (Léonard), homme : argaz (div.), arias (ch.),
   ales (taït.), 186.

as, ar (europ. pr.), rapide : Ardalio, Armoniacum, Armua, Armascla,
   Araar (noms de fleuves), 184.

asan (sansc.), sang : aheni (taït.), 87, 111.

atjan (goth.), manger : etch, etj (ghadm.), 112.

bala (sansc.), force : Ballene (n. v.), 174.

baz (celt.), mort, tombeau : bas, basina (div.), 113.

benn (celt.), montagne : Abenni (n. de tribu), 178; βανίουροι (tribu),
   178; bounos (lib.), bouch (kab.), 77, 85, 178, 192; bouna (div.),
   179; Thabunati (n. v.), 61, 157, 159, 167.

bhar (sansc.), porter : barda (divers), 110; Bérénice (n. ville), 80, 160;
   Aunobaris (n. v.), 169.

çarkara (sansc.), caillou roulé : cherchar (ch.), 44, 92, 111.

cuan (védique), chien : Chian (n. p.), 178; gayan (guanche), 111.

dala (europ. prim.), piège : dahli (kab.), 60; tihila (kab.), 42, 60.

eka (sansc.), chaque : ak (targui), 62.

eijes (v. h^t allem.), œuf : ouji, pl. oja (zen.), 112.

filu (goth.), nombreux : oullan (div.), 82.

fraitan (goth.), manger (en parlant des animaux) : efred (tam.), 112.

gaccha (sansc.), marcher : egech (targui), 17.

gal (sansc.), lancer : ger (kab.), 79, 92.

galas (sansc.), gosier : ɣeres (taït.), 92.

gambhas (sansc.), mâchoire : ɣemas (div.), 97, 111.

gavaya (sansc.), qui vient de la vache : **qafaï, qavaij** (targui), 94, 111.

ger (européen primitif) = 1er sens, montagne : **Gorgones, Garas, Garaphi, Gurubi, Gyr, Gora, Gourin, Gouraya, Hoggar, Garian** (noms de montagnes), 181 ; **zerou, cherouf, ghil, gar, gour, γerda**, 181 ; **zegeries** (lib.), 35, 166, 180 ; **Menegere**, 172 ; **Segermes, Timezegeri**, 180 — 2e sens, cours d'eau venant de la montagne : **Ger, Igharghar, Gara, Gergour, Egeri, Gharis, Egere, N'ger** (noms de cours d'eau), 184 ; **γahar** (taït.), **γer** (ch.), **djer** (taït.), **jerjo** (guanche), 184, 189.

ghaida (europ. prim.), bouc : **ghedi** (div.), 40, 111.

ghostis (europ. prim.), hôte : **chechti** (kab.), 38, 65, 86, 111.

giftan (v. h^t allem.), donner : **eqef** (div.), 112.

gilden, **gald** (v. nordique), avoir une valeur : **galt** (taït.), 112.

gnâto (europ. prim.), parent : **agna, agnaten** (targui), 38, 58, 77, 104, 187 ; **gnato** (*Corp.*), 58.

go (sansc.), bœuf : **sou** (targui), 85.

hacele (vieux saxon), manteau : **acelsou** (tam.), 112.

haft (v. saxon), prisonnier : **enfou** (kab.), 72, 112.

hails (goth.), sain : **elhou** (kab.), 72, 112.

hairto (goth.), cœur : **oul** (kab.), 72, 112.

hairus (goth.), couper : **hertes** (tam.), 72.

halam (v. h^t allem.), roseau · **alim** (kab.), 72, 112.

hâlon (v. h^t allem.), appeler : **hell** (kab.), 72, 112.

harjami (sansc.), désirer : **herzem** (kab.), 111.

hlût (v. h^t allem.), bruit : **lehs** (kab.), 112.

ishiras (sansc.), fort : **izouar** (kab.), 32, 108, 155, 167 ; **Tisuros** (n. v.), 35, 72, 108, 167.

itara (europ. prim.), pareil : **iterouz** (mz.), 32.

kakras (sansc.), cercle : **ekres** (kab.), 71, 111.

kam (europ. prim.), **çam** (sansc.), être fatigué : **kami** (kab.), 18, 97, 111.

kara (sansc.), temps : **are** (zen.), 71.

karoumba (sansc.), chou : **karoumb** (kab.), 40, 45, 62, 111.

kart (sansc.), couper : **ketech** (zen.), **ertès** (targui), 111.

kathair (celt.), village fortifié : **kasseur, kçar** (div.), 188.

kishku (sansc.), mauvais : **chechaδ** (tam.), 31.

koch (allem.), cuisinier : **kouach** (kab.), 112.

lup (sansc.), chagrin : louf (kab.), 41, 45, 82.

mahat (sansc.), grand : Samatho (nom géogr.), 35, 106, 176 ; Mathos
    (n. p.), 106, 175.

manka (europ. prim.), peu : mankas (kab.), 111.

manu (sansc.), homme : man (zenaga), 186 ; miden (targui), medden
    (kab.), 186.

mard (europ. prim.), terre : mort (div.), 111.

mas (thrace, celtique, etc.), fils de : Massinissa (n. p.), 168, 169, 177 ;
    Massiva, Masintha (n. pr.), 177 ; Mastigas (n. pr.), 168, 169 ;
    Macai, Macatoutai, Macanitæ, Machynes, Machlyes (n. de
    tribus), 177 ; Massyli, Massessyli, Μασσουλιεις (n. de tribus),
    187 ; Maxyes (n. de tribu), 177, 190, 192 ; Mazippa (n. p.), 177 ;
    Micipsa (n. pr.), 168, 177 ; Masclonis (n. pr.), 177 ; Macomades
    (nom géogr.), Masmacon, Massuricus, Mascanis, Mastalaï,
    Mastucaranis (n. pr.), 178 ; Masofis, Masopis, Mastis (n. pr.),
    187 ; mas (targui), 177 ; mascel (lat. afric.), 177.

musa (europ. prim.), mouche : izi (kab.), 84 ; ehi (taït.), 84.

naç (sansc.), disparaître : hass (kab.), 77.

nahts (goth.), nuit : idh, it (zen., kab.), 72, 77.

nakhas (sansc.), ongle : ichech (div.), 77, 111.

nathla (goth.), fil : nehle (tam.), 90, 112.

pada (sansc.), pied : adar (div.), 84, 91.

para (thrace), passage : Bure (n. v.), 161, 164, 174.

sabas (europ. prim.), savas (sanscrit), sève, libation : Sava, Savus,
    Subur (noms de fleuves), 185 ; sif (berbère sept.), souf (berbère
    mérid.), 185, 189 ; Sufasar, Sufevar, Suffes, Suffetula (noms
    de fleuves), 185.

sah (sansc.), seg (europ. prim.), sens de combattre, résister : Sigus.
    Siga, Seggo, Segustero, Segermessa, Zagystis, Θiges, Θigisis,
    Θigibba (noms de villes), 108 ; Σιγιπλώσιοι (tribu), 108, 188.

sak (sanscrit), sens de couper : sahars (ch.), 72 ; — sekkin, couteau
    (celt.), 113 ; sekkin (ar. mogh.), 113.

sal (europ. prim.), sel : sen (maroc.), 89.

sama (sansc.), semblable : am (bergh.), 117.

samdayati (sansc.), réunir : semheyet (tam.), 27, 76, 111.

sar (sanscrit), couler : Oala (div.), Oara (B.-Ouriacen), 91, 184 ; Asar,
Assara, Issar, Sisaris, Asisarath, Zarythos, Ausere, Sufasar,
Isariren (noms de fleuves), 184.

segek (v. nordique), voir ; siged (kab.), 112.

sgaka (v. nordique), sauter : eskedou (taït.), 112.

sinkami (sansc.), être humide : sicem (tam.), 111.

skhad (sansc.), casser : skhed (kab.), skot (ch.), 111.

su (sansc.), pleuvoir : souet (kab.), 14, 185.

svadu (europ. prim.), doux : izid (tam.), 76, 86.

teuta (celt., goth., etc.), peuple : Macatoutai (n. de tribu), 177.

tor, dor (europ. prim.), sens de montagne : Adyrin (nom de mont.),
Dirin (n. p.), 179 ; Dyris (n. p.), 182 ; deren, dar (berbère), 179 ;
Atarantes, Adyrmachides (noms de tribus), 180 ; Dyr, Dira,
Adar, Edough (noms de montagnes), 180, 182, 189.

uksan (sansc.), taureau : achzer (zen.), achger (targui), 90.

unadmi (sansc.), étang : anoumda (Vent. de Par.), 111.

uraou (sansc.), large : eraou (ch.), 33, 111.

vijatis (sansc.), oiseau : iazid (gerb.), 112.

vîra (europ. prim.), homme : our (berb. sept.), 40, 178, 186 ; var (berb.
mérid.), 186.

visham (sansc.), venin : essem (kab.), 94.

vagan (goth.), wachen (m. ht allem.), veiller : aouqi (kab.), 112.

yug (sansc.), joug : youg (Bougie), 53, 112. *Comp.* ζύγον et *jugum.*

zahlen (allem.), paiement : zel (taït.), 113.

TABLE DES MATIÈRES

APPENDICE